Miteinander Bürger gewinnen

Miteinander Bürger gewinnen

Leitfaden für Bürgeraktivitäten und Projekte

Robert Moser

Karl Sieghartsleitner

Hans Lichtenwörther

Wien 2008

Manzsche Verlags- und Universitätsbuchhandlung

ISBN 978-3-214-00368-5

Telefon: (01) 531 61-0
E-Mail: verlag@MANZ.at
World Wide Web: www.MANZ.at
Datenkonvertierung, EBV und Satzherstellung: Jan Donner – Satz und Grafik, 1010 Wien

Inhaltsverzeichnis

Einführung

Bürgerbeteiligungsprozesse beginnen im Kleinen und können eine ganze Gemeinde zum Erblühen bringen.

Aufbau – Aufschwung – Aufstieg

Helga Moser

Aufbau
Aufschwung
Aufstieg
mehr als der andere
bessere als der andere
vorwärts ... –
einsame Höhen –
weiter ...
atemlos
erschöpft
getrieben
weiter ...
mehr ...
noch weiter ...
leer ... weiter ...
Angst ... weiter ...
Selbstbetrug, Lüge, Phrasen ...
weiter
Wohin?
Manche rennen nicht mit
stellen sich abseits
und warten
und suchen das wirkliche ICH
und DICH
Sollten wir nicht stehenbleiben?
Atem schöpfen
nachdenken
fühlen, hören, sehen lernen
den anderen wieder wahrnehmen
ihn anreden
mit ihm gehen
zu wieder anderen
Und gemeinsam etwas Sinnvolles tun?
Zurück zum Menschen
überall
in allen Bereichen
in der Familie
in der Schule
in der Arbeitswelt
in der Wirtschaft
in der Politik
Ist zurück nicht ein Vorwärts heute?

Vorwort

„Miteinander Bürger gewinnen“
Ein Traum wird Wirklichkeit!

„Mit-ein-ander“ – sowohl mit dem einen als auch mit dem anderen.

Der Inhalt dieses Wortes ist bei genauer Überlegung eine Vision, die eine Sehnsucht vieler Menschen ausdrückt.

Eine gute Beziehung, ein Miteinander sowohl zwischen

- dem Handwerker und dem Landwirt
- dem Arbeiter und dem Unternehmer
- der Jugend und den Senioren
- dem Bürger und dem Gemeinderat
- dem Konsumenten und dem Produzenten
- dem Mitarbeiter und dem Vorgesetzten
- den Gemeinderäten mit unterschiedlichen Weltanschauungen.

Die Vielfalt und die unterschiedlichsten Sichten unserer Gemeindebürger sind bereichernd und schaffen in der Zusammenarbeit immer neue Möglichkeiten. Dies ist die Voraussetzung, um Zukunftschancen wirkungsvoll wahrzunehmen.

Positionen und Posten werden nicht nach der Parteizugehörigkeit oder nach dem Prinzip von Seilschaften vergeben, sondern die besten „Köpfe“ sind mit Verantwortung und Aufgaben betraut. Der Leistungswille, das Können und die Fähigkeiten werden zum Maßstab.

Die Bürger und die Betroffenen sind sowohl in der Entscheidungsfindung als auch in der Durchführung am Entwicklungsprozess beteiligt. Die besten Ideen werden verwirklicht und bleiben auch jenen zugeordnet, die sie eingebracht haben.

Bürgerbeteiligung lebt von aktiven Menschen. Daher ersuchen wir Sie, Ihre Erfahrungen, Erkenntnisse und Beispiele uns mitzuteilen (siehe Kapitel 28).

In vielen Arbeitskreisen und Projektgruppen in der Gemeinde lernen auch junge Menschen in einem Klima des gegenseitigen Vertrauens für die Gemeinschaft zu arbeiten, sie lernen den Umgang in Gruppen kennen und demokratische Prozesse zu akzeptieren und zu schätzen.

Gemeinsame Ziele stehen im Vordergrund, und alle freuen sich über die gemeinsamen Erfolge, die bei Anlässen bzw. bei Festen gefeiert werden. Dabei gibt es Lob und Anerkennung für die Leistungsträger und die am Erfolg Beteiligten. Dies gibt Motivation und Mut für neue Aktivitäten.

Die Gemeinderatswahl stört das positive Klima in der Gemeinde nicht. Sie steht unter dem Motto „Miteinander Bürger gewinnen" und wird zur Anerkennung für jene, die am besten dem Gemeindewohl und den einzelnen Bürgern „gedient" haben.

Die hohe Wahlbeteiligung ist ein Zeichen des Grades der Zufriedenheit und des Engagements der Bürger für ihre Gemeinde und deren Verantwortungsträger.

Die Bürger stimmen nicht über „Parteilisten" ab, bei denen sie wenig Einfluss auf die darauf enthaltenen Persönlichkeiten haben. Ja, sie können genau jene Persönlichkeiten wählen, die sie für am fähigsten für die Zukunftsgestaltung ihrer Gemeinde halten.

Parteiinteressen treten in den Hintergrund; die Interessen der Bürger werden zum Maßstab und zur Orientierung in der Gemeindearbeit.

Zusammenarbeit, Ehrlichkeit, Gerechtigkeit, Offenheit und der notwendige Freiraum für die Entfaltung der Menschen und hier vor allem der Jugend prägen das Klima in der Gemeinde.

In Ihrer Gemeinde funktioniert dies schon?

Sie meinen, das kann nicht funktionieren?

Wenn Sie dieses Idealbild tatsächlich erhalten oder entwickeln wollen, dann kann dieses Buch für Sie Anregungen, Impulse und neue Möglichkeiten aufzeigen.

Der erste Schritt und jeder noch so kleine Schritt danach bringt Sie dieser Vision näher.

Ausdauer, Konsequenz und das „Nichtaufgeben" bei Rückschlägen setzt in der Gemeinschaft ungeahnte Kräfte frei und lässt sie erleben wie aus Visionen Wirklichkeiten werden.

Damit eröffnen Sie den kommenden Generationen Chancen und nachhaltig wirkende Zukunftsperspektiven.

Ing. Robert Moser

Die Autoren

Die Autoren verbindet eine gleiche Weltsicht, obwohl sie aus unterschiedlichen beruflichen und weltanschaulichen Bereichen kommen.

Ing. Robert Moser ist Bauingenieur, war über vierzig Jahre in der Privatwirtschaft tätig, bekennt sich zur christlichen Soziallehre und versuchte diese zuerst im Nahebereich der ÖVP und später auch in Betrieben für alle Menschen zugänglich und erlebbar zu machen.

Schon in seinem ersten Buch „Zurück zum Menschen – Die Überwindung des Unbehagens heute", das im Jahre 1981 erschienen ist, versuchte er, auch das Verbindende der beiden großen Parteien darzustellen.

Als Vorstand der SIMAC AG war er in Bratislava im Zuge der Umgestaltung von der Planwirtschaft (Stavoindustria, Zementwerke Horne Srne) zur Marktwirtschaft unter anderem bei der Gründung und beim Aufbau der Firmen Sibamac, Premac und Cemmac tätig. Die als Vorstand und Aufsichtsrat im Mittel- und Großbetrieben gesammelten Erfahrungen bringt er als Trainer und Unternehmensberater in Betriebe, sowie in Gemeinden und öffentliche Verwaltungseinrichtungen ein. Es ist ihm ein großes Anliegen, die überall vorhandenen positiven Kräfte zu bündeln, sie wirksam und für Menschen und Organisationen nutzbar zu machen.

Ing. Karl Sieghartsleitner ist Landwirtschaftsingenieur, war Geschäftsführer in der Landmaschinenbranche und baute als Bürgermeister der Gemeinde Steinbach an der Steyr ein international anerkanntes Modell für Gemeindeentwicklungen auf, das europaweit als Beispiel für die Lokale Agenda 21 (EU-Aktion) dient.

Seine Wurzeln hat er in der Katholischen Jugend, ist bekennender Christ und wurde als ÖVP-Kandidat Bürgermeister. Heute ist er Konsulent der oö. Landesregierung für nachhaltige Entwicklung und wird zu Vorträgen weltweit eingeladen, wo sich Menschen für nachhaltige Entwicklung am Beispiel des „Steinbacher Weges" interessieren.

MMag. Hans Lichtenwörther ist Magister der Betriebswirtschaft und Wirtschaftspädagogik. Er hatte sich in der Privatwirtschaft auf Personalentwicklung spezialisiert. Mit 40 erkannte er, dass für die Jugend eine verstärkte praxisorientierte Ausbildung für die Wirtschaft notwendig ist und studierte Wirtschaftspädagogik, um den Lehrberuf ausüben zu können.

Ing. R. Moser, Ing. K. Sieghartsleitner, MMag. H. Lichtenwörther

An der Handelsakademie Wr. Neustadt unterrichtet er Betriebswirtschaft, Management, Unternehmensgründung und praxisorientiertes Projektmanagement. Als LEADER-Manager konnte er zahlreiche Projekte für das Piestingtal in Niederösterreich erfolgreich umsetzen.

In die Gemeindepolitik stieg er im Jahr 2000 als unabhängiger Gemeinderat auf der SPÖ-Gemeinderatsliste ein. Das Aufgabengebiet war Gemeindeentwicklung und Kultur. Die Enge des Fraktionszwanges in einer etablierten Partei bereitete ihm großes Unbehagen. Er kandidierte daraufhin mit einer Bürgerliste: WIR für Waidmannsfeld/Neusiedl, die auf Anhieb ein Drittel der Mandate erhielt. Jetzt setzt er gemeinsam mit den Bürgern und allen Interessierten Projekte um.

Was verbindet die drei Autoren?

Die drei Autoren verbinden gemeinsam gefundene Werte sowie das Bestreben, Entwicklungen in unseren Gemeinden und Städten zu forcieren, bei denen

- das Gemeinsame vor dem Trennenden steht,
- der einzelne Mensch sich in der Gemeinschaft entsprechend seinen Fähigkeiten verwirklichen kann,
- als Grundlage für das Handeln erkannte Werte, Grundsätze und dem Menschen gerechte Strukturen dienen,
- nachhaltig wirkende Entwicklungen vor kurzfristigem Gewinndenken den Vorzug haben und
- Erfolge durch Lebensqualität und Effizienz erreicht werden.

Unser Dank

Unser Dank gilt auch den Mitwirkenden beim Schreiben, Korrigieren und Konzipieren: Mag. Monika Mittermayr, Helga Moser, Mag. Barbara Kern (Lektorin) und Roland Poschik.

Vorwort zu „Miteinander Bürger gewinnen“

„Wir sollten nicht ängstlich fragen, was wird kommen, sondern was können wir tun, um die Welt ein wenig lebenswerter zu gestalten.“ Mit diesem Satz bringt der große Philosoph Sir Karl Popper mehrere wichtige Gedanken auf den Punkt: Zunächst will er uns damit sagen, dass wir uns prinzipiell nicht vor der Zukunft fürchten sollen. Es ist vielmehr angebracht, uns in unserer menschlichen Existenz grundsätzlich selbst als Teil der Zukunft zu begreifen. Dieses Bewusstsein verleiht uns Selbstvertrauen. Selbstvertrauen, das uns zur Einsicht führt, dass der Verlauf der Zukunft nicht quasi naturgesetzlich über uns hereinbricht, sondern dass jede/jeder von uns in der Lage ist, die Zukunft auf ihre/seine Weise mitzugestalten. Popper fordert uns also auf, aktiv in den Lauf der Geschichte einzugreifen und dies nicht von Eigennutz getrieben zu tun, sondern dabei den Blick auf das Ganze zu richten. So soll es gelingen, „die Welt“ in unserem Handeln nicht aus den Augen zu verlieren. Da es mit „der Welt“ sichtlich nicht zum Besten steht, ist es an uns, ihre Verbesserungswürdigkeit, aber auch ihre Verbesserungsfähigkeit zu erkennen. Und Letzteres soll uns mit Optimismus an diese Aufgabe herangehen lassen, obwohl sie eine prinzipiell schwierige ist.

Die Frage „Was können wir tun, um die Welt ein wenig lebenswerter zu gestalten?“ deutet uns zugleich nahe liegende Antworten an: Zunächst geht es darum, den Weg vom „Ich“ zum „Wir“ frei nach dem Motto „Gemeinsam sind wir stark“ zu finden. Das kann beispielsweise eine Arbeitsgruppe sein. Diese hat sich einen Arbeitsauftrag zu suchen, den sie überblicken kann und dem sie sich gewachsen fühlt, der also räumlich und zeitlich klar begrenzt ist. Und schließlich geht es darum, einen Konsens darüber zu finden, was sich als „lebenswertere Zukunft“ darstellt. Das ist die Frage nach dem Leitbild, dem sich das Denken und Handeln der Gruppe verpflichtet fühlt.

Das, was sich abstrakt aus nur einer Frage eines Philosophen herauslesen lässt, hat aber auch eine sehr praktische Seite. Diese darzulegen ist Aufgabe dieses Buches. Möge das darin gebündelte Wissen in seiner Anwendung dazu führen, tatsächlich die Welt im Sinne Poppers „ein wenig lebenswerter zu gestalten“!

O. Univ.-Prof. Dipl.-Ing. Dr. Gerlind Weber

Universität für Bodenkultur Wien
Department für Raum, Landschaft und Infrastruktur (RaLI)
Institut für Raumplanung und Ländliche Neuordnung (IRUB)

Vorwort zur Veröffentlichung „Miteinander Bürger gewinnen“

Würden Sie heute noch mit Ihren Kindern in ein Dorf ziehen oder hätten Sie Angst vor fehlenden Arbeitsplätzen oder Bildungseinrichtungen? Was ist, wenn in einigen Jahren nur noch Senioren in den Dörfern leben?

Fortschreitende Globalisierung, demografischer und klimatischer Wandel, erneuerbare Energien, zunehmender Funktionsverlust, Politikverdrossenheit etc. bedeuten enorme, immer komplexer werdende Herausforderungen für Dörfer und Gemeinden in den ländlichen Räumen – die Einstellung zur Zukunft ist unsicher und skeptisch geworden.

Je mehr Internationalisierung, Komplexitätszuwachs und Beschleunigung, desto mehr steigt aber auch die Stellung der „kleinen Einheiten“, d. h. der Kommunen, als unmittelbar erfahrbare Lebenseinheit der Bürger. So überrascht es nicht, wenn wir immer öfter die Botschaft vernehmen, dass das 21. Jahrhundert das Jahrhundert der Kommunen sein werde. Um dieser Bedeutung gerecht zu werden und die wachsenden Herausforderungen meistern zu können, müssen Gemeinden identitätsstiftend und weltoffen zugleich sein; die Notwendigkeit und das Bedürfnis nach ganzheitlichen Programmen und Konzepten wächst. Nachhaltige Dorf- und Gemeindeentwicklung kann und darf deshalb keine sektorale Aufgabe sein, sondern muss als umfassendes, als ökonomisches, ökologisches, sozial-kulturelles und geistig-seelisches Anliegen verstanden werden. Moderne Dorferneuerung ist also nicht bloße Verschönerungspolitik, sondern eine ganzheitlich, ökonomisch fundierte und nach vorne gerichtete Fitnessstrategie.

Voraussetzung für eine erfolgreiche Dorfentwicklung und ein funktionierendes Gemeinwesen ist eine breite und aktive Beteiligung der gesellschaftlichen Akteure vor Ort. Im Sinne von „Local Good Governance“ sollen Gemeinden bestrebt sein, Partnerschaften einzugehen und die Zukunft durch gemeinsam entwickelte Ziele und Strategien zu gestalten. Die Bürger als Experten des eigenen Lebensumfeldes einzubinden ist also eine Kernaufgabe ganzheitlicher Dorfentwicklung und führt zu einem Klima der Motivation und Kreativität, wie das mit dem Europäischen Dorferneuerungspreis ausgezeichnete Steinbach an der Steyr zeigt. Bürger entdecken den

Wert ihres eigenen Lebensraumes, das Selbstbewusstsein und die Identität mit dem Lebensumfeld, mit der Heimat wächst.

Der Weg zum Erfolg muss aber nicht immer wieder neu erfunden werden. Informationsplattformen wie diese Veröffentlichung tragen dazu bei, Wissen, Ideen und ermutigende oder anregende Beispiele aus der Praxis zu sammeln und aufzubereiten. Zwar ist nicht jede Konzeption unverändert übertragbar, jedoch ist aus der Fülle der Anregungen Vieles und Grundsätzliches auch für die eigene Umsetzung geeignet.

Möge das vorliegende Buch mit seinen aufgezeigten Beispielen vielen Gemeinden als Ideen- und Impulsgeber für eine zukunftsfähige, ganzheitliche Gemeindeentwicklung dienen.

Möge es den Bürgerinnen und Bürgern Mut machen für die Bewältigung der Zukunft – Mut und Vertrauen auch in die eigenen Kräfte und Fähigkeiten!

Univ.-Prof. Ing. Dr. Holger Magel

Technische Universität München
Lehrstuhl für Bodenordnung und Landentwicklung

Einleitung

Sie informieren sich durch die Nachrichten im Rundfunk, durch die „Zeit im Bild“ im Fernsehen? Neuigkeiten über die Weltpolitik werden Ihnen ins Haus geliefert. Von der Gemeindepolitik wissen Sie vielleicht durch die Gemeindezeitung oder die Informationsblätter der einzelnen Parteien – schön gefärbt je nach Anschauung. Im Gasthaus, beim Kaufmann, beim Heurigen, im Freundeskreis wird darüber gesprochen.

Manches finden Sie gut. Manches ärgert Sie.

Und dann, eines Tages, verspüren Sie den Wunsch, auch mitzumachen. Anstöße zu geben, damit manches vielleicht besser läuft oder längst fällige Projekte endlich in Gang kommen.

Und dann stehen Sie vor vielen Fragezeichen.

Wie beginnen? Wo beginnen? Mit wem beginnen?

Oder

Sie sind seit langem Gemeindemandatar. Sie haben seinerzeit mit viel Schwung begonnen. Aber bald schon war klar, dass nicht viele an einem Strang ziehen. Und wenn es um konkrete Arbeit geht, sind es immer nur dieselben zwei oder drei, die tatsächlich etwas tun.

Und es gibt Konflikte immer wieder. Diese werden nicht wirklich gelöst, diese gehen weiter, bis zu negativen gesundheitlichen Folgen. Das alles behindert die Gemeindearbeit.

Sie fühlen sich allein gelassen. Sie überlegen: Soll ich überhaupt noch weitermachen? Hat es einen Sinn?

Oder

Sie sind Bürgermeister. Das Wahlergebnis war letztes Mal knapp. Sie machen Ihre Arbeit gerne, obwohl einige ganz unvorhergesehene Schwierigkeiten aufgetaucht sind.

Die Stimmung in der Gemeinde? Schwer zu sagen.

Da und dort ist man mit Ihnen nicht ganz einverstanden. Das wird nur zum Teil offen ausgesprochen. Wo schwelt noch etwas?

Jedenfalls würden Sie gerne weiter Bürgermeister bleiben.

Sie überlegen: Was ist jetzt zu tun?

Wenn Sie ähnliche Erfahrungen gemacht haben, beginnen Sie doch einfach zu lesen.

Dieses Buch ist als Anregung für erfolgreiche Gemeindearbeit gedacht.

Als Einzelkämpfer haben Sie auf Dauer wenig Chancen. Sie sind frustriert und haben mit der begonnenen Arbeit keine Freude mehr. Einige sind irgendwann ausgebrannt und geben auf.

Der Schlüssel zum Erfolg in der Politik ist nicht Parteipolitik, sondern eine breite Bürgerbeteiligung. Davon handeln die nächsten Seiten.

Alle Bürger haben irgendwelche Anliegen.

- Wenn Sie mit diesen interessierten Menschen Gruppen bilden,
- wenn diese Gruppen zusammenarbeiten und gut miteinander auskommen – das kann gelernt werden,
- wenn Sie die unterschiedlichen Fähigkeiten aller Mitwirkenden nutzen,
- wenn Sie sich gemeinsam Ziele setzen und diese Ziele in Projekten erarbeiten, dann werden Sie Erfolg und Freude erleben!

Willst Du mit anderen ein Schiff bauen
so lass nicht nur Holz und Werkzeug sammeln
sondern wecke die Sehnsucht nach dem weiten, weiten Meer
Frei nach Antoine de Saint-Exupéry

Donauschiff in der Wachau bei Dürnstein, NÖ

Dieses Buch bietet sowohl einen theoretischen Überblick als auch einen Erfahrungsbericht.

Wir danken für die Mitwirkung vieler Bürger aus allen politischen Richtungen, Verantwortungs- und Know-how-Trägern für ihre Beiträge, Erfahrungsberichte und Unterlagen.

Aus Gründen der besseren Lesbarkeit wurde eine geschlechtsneutrale Schreibweise verwendet. Alle angeführten Bezeichnungen beziehen sich auf beide Geschlechter.

Ausgangssituation

„Stimmungsbild" Südtirol, Schlern

1. Der Start
Ausgangslage der Gemeinden

Wie sieht es in unseren Gemeinden aus? Ob Sie mit der Gemeindearbeit neu beginnen wollen, oder ob Sie schon länger tätig sind – können Sie dem Folgenden zustimmen?

In der Praxis kann man in Gemeinden häufig unterschiedliche Situationen beobachten:

Weißenkirchen in der Wachau, NÖ

- Bürger wollen in der Gemeinde aus unterschiedlichen Gründen und Motiven etwas verändern.
- Bürger wollen in der Gemeinde etwas verändern. Sie haben es bereits in den etablierten Parteien versucht, ihre Vorstellungen konnten aber nicht zufriedenstellend umgesetzt werden.
- Politische Gruppen sind in Opposition und bringen ständig Ideen ein. Diese werden nach der Beratung in den zuständigen Ausschüssen im Entscheidungsgremium meist abgelehnt. Nach einer bestimmten Zeit werden diese Ideen von der Mehrheitspartei als eigene Initiative eingebracht.
- Eine politische Gruppierung ist an der Macht und spürt, dass die meisten Bürger kein Interesse an der Gemeinde und an der Mitarbeit haben.

In solchen Situationen gibt es dann verschiedene Strategien: So weitermachen oder das Interesse an der eigenen Gemeinde verlieren. Eine andere Variante ist, eine Strategie umzusetzen, die es ermöglicht, selbst als Entscheidungsträger zu fungieren.

Dieses Buch bietet dafür Anregungen und zeigt Möglichkeiten, Bürger auf breiter Basis einzubinden und eine aktive Bürgerbeteiligung zu beginnen. Dieser Weg führt unter anderem auch deswegen zum Erfolg, weil damit der Bürger erkennt, dass öffentliche Mittel sparsam eingesetzt werden und eine höhere Lebensqualität für die Bürger entsteht.

Wieso können immer wieder Bürger ihre Vorstellungen nicht einbringen oder wird die Opposition nicht gehört? Können die Gesetzgeber etwas ändern? Wie gehen die Parteien damit um?

Die Ursachen sind sehr vielfältig. Ein Hauptgrund liegt sicherlich darin, dass nur wenige Personen in die Entscheidungen mit eingebunden werden. Zu wenige Personen werden über ihre Wünsche und Vorstellungen befragt. Die meisten können ihre Erfahrungen und Kenntnisse nicht in die Gemeindearbeit einbringen.

In der Gemeindeordnung, das heißt im Rechtsstatut der Gemeinden, ist in der Regel weder bei der Entscheidungsfindung noch bei der Umsetzung von Entscheidungen eine Bürgerbeteiligung vorgesehen. In allen Parteiprogrammen wird eine Bürgerbeteiligung jedoch als sinnvoll erachtet.

Um nun also die Parteiprogramme der im Nationalrat in Österreich (vergleichbar mit dem Bundestag in Deutschland) vertretenen Parteien wirkungsvoll im Gemeindealltag umsetzen zu können, müssten die Landtage bzw. die Parlamente der Bundesländer die Gemeindeordnungen ändern und damit die Rechtssicherheit für Bürgerbeteiligungsprozesse (erst) herstellen.

Es gibt Gemeinden, in denen sowohl absolute Mehrheiten inklusive Bürgermeister einen Teil ihrer Rechte delegieren und die gewählten Gemeinderäte (Ratsmitglieder) als auch interessierte Bürger in Entscheidungs- und Durchführungsprozesse einbinden. Des weiteren gibt es auch Gemeinden, in denen die Opposition diesen Weg geht.

Meistens ist in diesen Gemeinden auch ein entsprechender Bildungsprozess für alle an der Bürgerbeteiligung interessierten Bürger vorangegangen.

Steinbach/Steyr, ÖÖ

Echte Bürgerbeteiligung bedeutet: Wissen, Know-how und das richtige Vorgehen der Führungskräfte bei gemeinsamen Prozessschritten.

Die Ausgangslage in den Gemeinden ist unterschiedlich. Dort, wo Bürger in Gemeinden Bürgerbeteiligungsprozesse schon seit Jahren erleben, ist der Erfolg für wahlwerbende Gruppen, die dieses Prinzip verfolgen, am größten.

Wo nur einige Elemente davon durchgeführt werden, gibt es meist nur kleine Erfolge. Misserfolge sind vorprogrammiert, wo diese auf halbem Weg durch einseitiges Parteidenken gehemmt werden oder zu wenig Mobilisierungskraft der wahlwerbenden Gruppen durch zu wenig Engagement der Mitglieder den Prozess nicht ermöglicht oder sogar abbricht.

Ein Hauptproblem ist auch ein falsch verstandenes Machtverständnis. Viele, die Verantwortung übernommen haben, meinen, durch Bürgerbeteiligungsprozesse, durch Delegation von Verantwortung bzw. durch die Mitwirkung von Oppositionsgruppen oder sonstiger Bürger Macht und Einfluss zu verlieren. Genau das Gegenteil ist der Fall: Wenn Verantwortungsträger die Bürgerwünsche und Probleme aufnehmen, sie von den Betroffenen selbst bearbeiten lassen und Lösungsvorschläge erwirken, gewinnen sie an Ansehen, Sympathie und Autorität.

Noch mehr können die Bürgermeister, Verantwortungsträger bzw. Führungskräfte erreichen, wenn sie durch die Einsetzung von Projektgruppen die Umsetzung delegieren und nur Hilfe zur Selbsthilfe geben bzw. organisieren.

2. Parteiprogramme
Gelebte Bürgerbeteiligung?

Unser politisches Leben ist von den Parteien geprägt. Es ist daher zunächst sinnvoll, sich mit den Programmen der Parteien auseinanderzusetzen und speziell anzuschauen, was sie zur Bürgerbeteiligung zu sagen haben.

Was sagen die einzelnen Parteiprogramme zur Bürgerbeteiligung? Einige Auszüge in alphabetischer Reihenfolge:

2.1 Österreichische Parteien

Aus dem Programm von BZÖ Bündnis Zukunft Österreich [1]

Schutz und Wahrung der Freiheit – mehr direkte Demokratie.

Das Programm der Freiheitlichen Partei Österreichs vom 30. Oktober 1997 [2]

... Es ist Auftrag für die Freiheitliche Bewegung, die Demokratie bürgernah auszubauen und zu erhalten.

Grundsatzprogramm der Grünen vom 8. Juli 2001 [3]

Die Erfahrung lehrt, dass sachgerechte Lösungen üblicherweise am besten und kostengünstigsten gefunden werden, wenn jene Gruppen, die vom frag-

---

[1] Vgl. www.bzoe.at; gesehen im August 2007
[2] Vgl. www.fpoe.or.at; gesehen im August 2007
[3] Vgl. www.gruene.at; gesehen im August 2007

lichen Problem besonders betroffen sind, von Anfang an in die Lösungsfindung eingebunden sind.

Aus dem Parteiprogramm der KPÖ vom März 1994 [4]

Eine Gesellschaft, in der Individualität der Bürgerinnen und Bürger respektiert wird und möglichst viele Bereiche des Zusammenlebens der Eigenverantwortung der Selbstverwaltung überlassen bleiben.

Grundsatzprogramm der Österreichischen Volkspartei vom 22. April 1995 [5]

Der einzelne und kleine Gemeinschaften sollen befähigt werden, ihre Aufgaben eigenverantwortlich und dadurch lebensnah zu lösen. Diese entlasten die übergeordneten Gemeinschaften und den Staat, die so ihre Kräfte für die Planung und Durchführung jener Aufgaben wirkungsvoller einsetzen können, die nur von ihnen zu bewältigen sind.

Grundsatzprogramm der Sozialdemokratischen Partei Österreichs von 1998 [6]

Wir setzen uns für eine Erweiterung demokratischer Rechte ein, durch die mehr Bürgerinnen und Bürger bei sie unmittelbar betreffenden Fragen kontrollieren, mitwirken bzw. mitentscheiden können. Uns geht es bei diesen neuen Modellen der Bürgerentscheidung um eine Ergänzung der Elemente der repräsentativen Parteiendemokratie im Sinne des stärkeren Engagements für Angelegenheiten der Gemeinschaft ... Wir wollen die SPÖ zu einer Plattform für die Beteiligung Jugendlicher am politischen Prozess entwickeln.

---

[4] Vgl. www.kpoe.at; gesehen im August 2007
[5] Vgl. www.oevp.at (Parteiprogramm); gesehen im August 2007
[6] Vgl. www.spoe.at (Parteiprogramm); gesehen im August 2007

2.2 Deutsche Parteien

Bündnis 90/Die Grünen – Grundsatzprogramm 17. 3. 2002 Berlin[7]

Lebendiges, vielfältiges bürgerschaftliches Engagement ist eine Voraussetzung …

Die Menschen wollen sich einbringen und aktiv mitwirken, sie wollen einen Sinn erkennen und nicht zuletzt Freude und Spaß dabei haben.

Die Bürgerbeteiligung von Bürgerinnen und Bürgern muss vom Staat unterstützt werden

CDU Deutschland – Grundsätze für Deutschland 7. 5. 2007[8]

Wird das Prinzip der Subsidiarität beachtet, so können sich Gemeinsinn und bürgerschaftliches Engagement entwickeln.

Unsere lebendige Demokratie baut auf aktive Bürger.

Menschen, die ein Ehrenamt ausüben, freiwillige soziale Arbeit leisten oder bürgerschaftliche Projekte zum Leben erwecken, müssen gefördert und dürfen nicht durch Vorschriften und Reglementierungen entmutigt werden.

CSU – Grundsatzprogramm 28. 9. 1997[9]

Die aktive Bürgerschaft ist ein Modell für die Menschen, sich zu entfalten, Mitwirkung mit Beteiligung auszubauen.

Dies gilt in besonderer Weise für die Gestaltung des unmittelbaren Lebensraumes … z. B. bei Projekten der Dorferneuerung und bei städtebaulichen Maßnahmen.

Die CSU sieht in der engen Vernetzung zwischen privaten Initiativen, Kommunen, Wirtschaft und Verwaltung die besondere Kraft und Chance der ländlichen Räume.

[7] Vgl. Grundsatzprogramm 17. 3. 2002 Berlin; gelesen im März 2008
[8] Vgl. Grundsätze für Deutschland 7. 5. 2007; gelesen im März 2008
[9] Vgl. Grundsatzprogramm 28. 9. 1997; gelesen am 25. März 2008

FDP – Wiesbadener Grundsätze 24. 5. 1997 [10]

Was der Bürger in eigener Verantwortung entscheiden kann, muss er auch entscheiden dürfen.

Subsidiarität heißt für Liberale: Vorrang hat die kleinere Einheit. Vorrang hat die Gemeinde.

Liberale sind im Zweifel für freiwillige Selbstorganisation der Bürger, Vereine, Genossenschaften, Stiftungen, Bürgerinitiativen, Selbsthilfeorganisationen und andere freiwillige Organisationen ... Sie haben Vorrang vor dem Staat ... dies führt zur „fußläufigen" Demokratie mit mehr Bürgerbeteiligung.

Wir wollen mehr Demokratie und Transparenz bei der Aufstellung der Kandidaten und eine Verbesserung des Auswahlverfahrens von Kandidaten. Im liberalen Wahlrecht muss auf allen Ebenen das Kumulieren (Anhäufung von Stimmen für einen Wahlvorschlag) und Panaschieren (Abgabe der Stimme für Kandidaten verschiedener Parteien) eingeführt werden.

Die Linke – Programmdiskussion seit Nov. 2007 [11]

Bisher noch keine Ergebnisse.

NPD – Parteiprogramm Stand 25. 3. 2008 [12]

Hier gibt es bis jetzt keine Hinweise auf Bürgerbeteiligungsprozesse.

SPD – Grundsatzprogramm 17. 4. 1998 Leipzig [13]

Politik muss getragen und durchgesetzt werden vom Bewusstsein und Engagement der Bürgerinnen und Bürger. Sie wird möglich als Resultat eines freien, im Ergebnis offenen Bürgerdialogs, der die Kräfte der Gesellschaft fordert und einbezieht, Information vermittelt, Problembewusstsein schafft, Urteilsfähigkeit fördert und schließlich zu Konsens führt.

---

[10] Vgl. Wiesbadener Grundsätze 24. 5. 1997; gelesen im März 2008

[11] Vgl. Programmdiskussion seit Nov. 2007; gelesen am 25. März 2008

[12] Vgl. Parteiprogramm Stand 25. 3. 2008; gelesen am 25. März 2008

[13] Vgl. Grundsatzprogramm 17. 4. 1998 Leipzig; gelesen im März 2008

> Das Prinzip der Subsidiarität des Vorrangs der kleineren Einheit vor der größeren kann, wo es nicht überdehnt wird, Macht begrenzen und zur Teilhabe ermutigen.
>
> Wir sind für eine frühzeitige und umfassende Bürgerbeteiligung bei den Planungen der Verwaltung.

Im **„Vertrag über die Europäische Union“**[14] in der Fassung des Vertrages von Lissabon steht dazu:

> Nach dem Subsidiaritätsprinzip wird die Union in den Bereichen, die nicht in ihre ausschließliche Zuständigkeit fallen, nur tätig, sofern und soweit die Ziele der in Betracht gezogenen Maßnahmen von den Mitgliedstaaten weder auf zentraler noch auf regionaler oder lokaler Ebene ausreichend verwirklicht werden können, sondern vielmehr wegen ihres Umfangs oder ihrer Wirkungen auf Unionsebene besser zu verwirklichen sind.
>
> ... dass die Entscheidungen entsprechend dem Subsidiaritätsprinzip möglichst offen und bürgernah getroffen werden.

Wie Sie sehen können, ist keine österreichische und auch keine deutsche Partei gegen Bürgerbeteiligung in ihrem Grundsatzprogramm. Auch im Vertrag über die europäische Union von Lissabon ist das „Subsidiaritätsprinzip“ als Gestaltungsgrundsatz verankert. Alle bekennen sich zur Mitwirkung des Bürgers.

Es stellt sich daher die Frage, warum geschieht dies so selten gerade dort, wo es am ehesten möglich ist, in den Gemeinden?

---

[14] www.bmeia.gv.at/aussenministerium/aussenpolitik/eu-reformvertrag.html; NOMOS Verlagsgesellschaft 2007, gelesen am 3. April 2008

Bürgerbeteiligung

Bürgerbeteiligungsprozesse gibt es schon sehr lange. Einige Beispiele sind im Buch beschrieben.

Feier zum 60. Geburtstag und Amtsübergabe von Ing. Karl Sieghartsleitner, Bürgermeister von Steinbach a.d. Steyr; Motor von Bürgerbeteiligungsprozessen

3. Die Philosophie der Bürgerbeteiligung – betrifft sie uns alle?

Bürgerbeteiligung in Waidmannsfeld, NÖ/
Bezirk Wr. Neustadt

Einmal in fünf Jahren für die eine oder andere Partei die Stimme abzugeben ist keine Bürgerbeteiligung. Es entsteht der Eindruck, dass eine Beteiligung der Bürger bei Entscheidungs- und Durchführungsprozessen oft gar nicht gewünscht wird, weil die Mitwirkung in vielen Gemeinden nicht einmal für Gemeindevertreter möglich ist.

Warum wird das Wissen darüber, wie man eine Bürgerbeteiligung initiiert, von den Parteiakademien und Gemeindevertreterverbänden nicht trainiert?

Bürgerbeteiligung, die Beteiligung der Bürger nicht nur in der Entscheidungsfindung, sondern auch bei der Ideenfindung und der Umsetzung, bringt nicht nur eine hohe Motivation, sondern erspart der Gemeinde auch erhebliche Kosten.

3.1 Bürgerbeteiligung ist gelebte Demokratie

Oberflächlich gedacht, setzen viele Bürgerbeteiligung mit Wahlen zum Gemeinderat, Landtag oder Bund gleich. Das ist eine wichtige Voraussetzung und ein Rahmen, innerhalb dessen Bürgerbeteiligung stattfinden kann. Wenn es aber nur dabei bleibt, ist es zu wenig.

Bürgerbeteiligung bedeutet, dass der Bürger nicht nur Repräsentanten wählt die für ihn in der Folge Entscheidungs- und Durchführungsprozesse erledigen, sondern das Leben in partizipativen Prozessen, in denen möglichst viele, die das auch wollen, die Möglichkeit zur Mitwirkung haben. Das erfordert ein Bindeglied zwischen dem Gemeinderat und dem Bürger.

In Arbeitskreisen und Projektgruppen kann jeder Bürger, der betroffen ist oder der entsprechende Fähigkeiten und Interessen hat, mitwirken. Die Arbeitskreis- und Projektgruppenleiter sind in die gesamte Gemeindeorganisation so einzubinden, dass sie eine Ergänzung zur vorhandenen Organisation und keine Parallelorganisation darstellen. Dies geschieht am besten durch eine Lenkungsgruppe, die aus dem Vorstand der Gemeinde und allen Arbeitskreis- und Projektleitern besteht. Den Vorsitz der Lenkungsgruppe hat prinzipiell der Bürgermeister oder jener, der die Initiative ergriffen hat und auch in dieser Funktion akzeptiert wird und Vertrauen genießt (siehe auch Kapitel 5.4).

3.2 Warum funktioniert in vielen Fällen die Bürgerbeteiligung nicht?

Vielen Lesern mag dies bis jetzt sehr einleuchtend erscheinen und trotzdem funktioniert Bürgerbeteiligung in vielen Bereichen nicht. Die Gründe sind vielfältig und sehr komplex. Sie haben mit der Einstellung des heutigen Menschen zum Leben, zur Gemeinschaft und zur Gesellschaft zu tun. Viele Menschen sind in allen Lebensbereichen in einer passiven, konsumierenden Rolle. Sie lassen sich mit Informationen aus Internet und Fernsehen berieseln oder sie sind „Sklaven" der dauernden Erreichbarkeit.

Selbst in unserem Bildungssystem wird eher Stoff gesammelt und Wissen vermittelt, als dass Erfahrungen erlebt und selbst Erkenntnisse gewonnen werden. Dies setzt sich im Berufsleben fort. Vielfach ist alles durch Bedienungsanleitungen, Ablaufprozesse und Verfahrensanweisungen, die andere festgelegt haben, reglementiert. Dies setzt sich fort in den öffentlichen Körperschaften, den Gemeinden, den Ländern und dem Staat. Der Mensch in der heutigen Zeit ist es nicht mehr gewohnt, selbst Entscheidungen zu treffen, kreativ, eigenverantwortlich und selbstständig zu leben.

Um Bürgerbeteiligung und gelebte Demokratie Wirklichkeit werden zu lassen, sind daher ein Umdenkprozess und eine neue Form des Zusammenwirkens in Organisationen, Gruppen und Gemeinschaften notwendig. Der Schlüssel für diese Umdenkprozesse ist die Ausbildung von Führungskräften, die dieses neue Denken zu mehr Eigeninitiative verinnerlichen und in ihrem Handeln auch zulassen und fördern.

Diese politische Arbeit ist von Einstellungen und Werten, nach denen sich viele Menschen sehnen, gekennzeichnet, die sie jedoch selten auch nur annähernd erreichen. Fast jeder bekennt sich zu Werten wie Freiheit, Gerechtigkeit, Ehrlichkeit. Kaum jemand bedenkt aber, dass diese menschlichen Urbedürfnisse direkt etwas mit Verhaltensweisen zu tun haben und auch mit Führungsgrundsätzen zusammenhängen.

Verhaltensweisen, die der Selbstständigkeit und Eigenverantwortung der Menschen dienen und im Begriff „Subsidiarität" ihre Zusammenfassung finden, sind z. B.

- die Leistung des Einzelnen fördern
- in der Kommunikation gleichwertig miteinander umgehen
- Konflikte austragen
- das Miteinander bei Gruppenprozessen
- Ideen dem Ideenbringer zuordnen
- die Arbeit des Einzelnen am Gesamterfolg anerkennen
- Aufgaben übertragen
- Hilfestellungen geben, wenn das Problem aus eigener Kraft nicht zu lösen ist

Dieses beschriebene Führungsverhalten ist trainierbar. In einem Aufbautraining, an dem in einer Gemeinde die politisch Verantwortlichen, Bedienstete, Vereinsvorstände, Unternehmer, Selbstständige, Lehrer, kurz alle teilnehmen können, die Führungsarbeit im täglichen Leben leisten oder leisten wollen, wird diese Form des Zusammenlebens in Seminaren trainiert und an konkreten Fällen in der Praxis erprobt.

Die bis jetzt erzielten Erfolge zeigen, dass in den Gemeinden mit solch qualifizierten Führungskräften eine neue politische Kultur Einzug hält, die die Bürgerzufriedenheit, das Wir-Gefühl und die persönlichen und gemeinsamen Erfolge messbar erhöhen.

Bürgerbeteiligung am konkreten Beispiel einer Projektentwicklung

z. B. der Erneuerung eines Freizeitzentrums mit Hallenbad

Zunächst sind die direkt Betroffenen (Beschäftigte, Gemeinderäte und interessierte Bürger) schon in die Entscheidungsfindung einzubinden. Dazu ist es sinnvoll, einen Arbeitskreis zu bilden, in dem alle Betroffenen vertreten sind und der alle Informationen, Vorstellungen und Wünsche sammelt und ein „Pflichtenheft" zusammenstellt, das einem Fachmann (Architekt) für die Planung dient. Bei manchen Projekten ist es auch sinnvoll, dass am Beginn ein Fachmann Möglichkeiten aufzeigt und Impulse gibt.

Der Arbeitskreis schlägt dann dem Bürgermeister gemeinsam mit dem Fachmann eine oder mehrere Varianten vor, der diese Vorschläge dem Gemeinderat zur Entscheidung vorlegt. Ist die Entscheidung mit dem entsprechenden Entscheidungsrahmen getroffen (leitbildkonform, Budget, Grundausnützung, Raumaufteilung, Standort, Erreichbarkeit), so sollte darauf geachtet werden, dass nicht weiter diskutiert wird, sondern sich alle Kräfte auf die Durchführung konzentrieren. Der einzige Grund für die Wiederaufnahme der Diskussion ist eine Änderung der Voraussetzungen (neue Erkenntnisse, neue Werkstoffe, neue Gesetze, Finanzmittel usw.).

Für die Durchführung ist es dann günstig, eine Projektgruppe zu installieren, in der wieder alle Betroffenen vertreten sind (siehe dazu Kapitel 5.4).

In der Projektgruppe trägt ein Projektleiter die Verantwortung gegenüber den Entscheidungsträgern. Dieser kann Entscheidungen innerhalb des Entscheidungsrahmens nach Vorschlägen der Projektgruppe treffen. Sollte der Entscheidungsrahmen nicht ausreichen (Verteuerung, zusätzliche Räume etc.), so ist dies umgehend dem Bürgermeister für den Entscheidungsprozess vorzulegen, der dann die Veränderungen der entsprechenden Rahmenbedingungen bewirkt.

Bad in Oberndorf/Melk, NÖ

Dem Bürgermeister deshalb, weil er entsprechend der Gemeindeordnung für alle Umsetzungsmaßnahmen der Gemeinde dem Gemeinderat gegenüber verantwortlich ist. Der Bürgermeister hat also dem Projektgruppenleiter einen Teil seiner Verantwortung delegiert.

Eine Projektgruppe zeichnet sich dadurch aus, dass sie nur über einen bestimmten Zeitraum aktiv ist. Es gibt einen konkret definierten Beginn und nach Beendigung des Projektes wird die Gruppe wieder aufgelöst.

In der Projektgruppe werden die Aufgaben entsprechend der Fähigkeiten der Teilnehmer verteilt und in Eigenverantwortung durchgeführt. Die Teilnehmer der Projektgruppe sind dem Projektleiter für die Erledigung der übernommenen Aufgabe verantwortlich, so wie dieser dem Bürgermeister gegenüber die Verantwortung für die ordentliche Durchführung trägt.

Wichtig ist auch, nicht nur gemeinsam zu arbeiten, sondern bei Abschluss des Projektes auch gemeinsam zu feiern und damit die Freude über das gelungene Werk auszudrücken und die Verdienste der Mitwirkenden entsprechend ihren Leistungen zu würdigen.

In manchen Gemeinden werden fast sämtliche Aufgabenstellungen in Projektarbeiten aufgeteilt. Durch die Nutzung der Kompetenzen der Bürger ist der Vorteil nicht nur ein wirtschaftlicher und qualitativer, sondern es geht von dieser Arbeitsweise auch eine enorme Motivation und Freude für die Bürger aus und das WIR-Gefühl in der Gemeinde wird gestärkt.

4. Das Erfolgsmodell „Steinbach an der Steyr“

Erfreulicherweise gibt es schon in vielen Gemeinden Bürgerbeiteiligung. Ein besonders konsequent durchdachtes und sehr erfolgreich verwirklichtes Modell, dem wir hier sehr breiten Raum geben wollen, ist der „Steinbacher Weg“. Jahrelang war Bgm. Karl Sieghartsleitner der Motor für Ideen und Umsetzung. Gemeinsam mit motivierten Bürgern und einigen Beratern hat er dieses Vorzeigebeispiel geschaffen.

4.1 Ausgangslage

Steinbach ist eine Gemeinde, die in den 1960er- und 1970er-Jahren durch den Zusammenbruch der Besteckindustrie in massive Schwierigkeiten geraten ist. Hohe Arbeitslosigkeit und Abwanderung der Jugend waren die Folge. Es stellte sich die Frage: Was kann die Gemeinde dagegen tun?

Steinbach a. d. Steyr, Bundesland Oberösterreich

Als erstes wurde eine Vereinbarung über die „neue politische Kultur“ getroffen, wie z. B. „Erfolge werden gemeinsam geteilt“, „Patentschutz der Ideen wird gewährt“ usw. (1987). Weiters wurde eine gemeinsame Vision in Form eines Leitbildes entwickelt und eine Analyse der Situation vorgenommen (Stärken-Schwächen-Analyse). Das darauf folgende Entwicklungskonzept bewirkte bei der Umsetzung eine wesentliche Verbesserung der Gemeindesituation.

Die **vier Säulen des Steinbacher Weges** sind:

- **Dorfgemeinschaft und Lebensqualität**
- **Kultur**
- **Arbeit und Wirtschaft**
- **Umwelt**

Ing. Karl Sieghartsleitner, Bürgermeister 1986–2002

Steinbach a. d. Steyr kurz betrachtet (im Jahr 2006):

- Seehöhe: 380 m (Hauptort) bis 1200 m (höchste Erhebung)
- Fläche: 28,2 km^2
- Landwirtschaftliche Nutzfläche: 54%
- Wald 36%
- Einwohner: 2004
- Bevölkerungsdichte: 72 Einwohner/km^2
- Haushalte: 675
- Gewerbe- und Dienstleistungsbetriebe: 56
- Bäuerliche Betriebe: 102
- Arbeitsplätze: 258 (ohne Landwirtschaft)
- usw.

In der Folge wurden mehr als 60 Projekte geplant und umgesetzt, wie z. B.:

- Revitalisierung der Industriehallen
- Ortsplatzgestaltung
- Revitalisierung alter Pfarrhof
- Steinbacher Advent
- Steinbacher Dörrobst und Natursäfte
- Hackschnitzelheizung, Nahwärme Steinbach an der Steyr
- Gesteuerte Baulandprojekte
- OÖ Landesausstellung und Ortsbildmesse 1998

Die umgesetzten Projekte brachten eine Belebung der Wirtschaft und der Dorfgemeinschaft. Mehrere Auszeichnungen, darunter der Europäische Dorferneuerungspreis, würdigen die erzielten Erfolge.

4.2 Der Initiator des Steinbacher Weges: Ing. Karl Sieghartsleitner

„Als ich von Herrn Robert Moser gefragt wurde, ob ich am vorliegenden Werk mitarbeiten würde, habe ich diese Einladung gerne angenommen. Viele Besucher der Nachhaltigkeitsschmiede[15] *– in der der Steinbacher Weg anschaulich präsentiert wird –*

[15] Nachhaltigkeitsschmiede Steinbach a. d. Steyr = Impulszentrum für nachhaltige Entwicklung und weltweite Gerechtigkeit

haben schon oft gefragt, ob es denn die Texte und Bilder auf den Tafeln auch in Schriftform gibt."

Mit diesem Beitrag im Buch werden die Schautafeln und die Inhalte des Steinbacher Weges ausreichend beschrieben.

„Bevor wir uns dem Inhalt zuwenden, möchte ich meinen Traum über ein zukünftiges Steinbach, wie ich ihn um 1980, in der Zeit des Niedergangs von Steinbach, zusammen mit meinen langjährigen Freund und Berater Robert Moser und seiner Frau Helga formuliert habe, anführen. Vieles von den Sehnsüchten und Hoffnungen wurde durch die großartige Zusammenarbeit vieler Steinbacherinnen und Steinbacher, denen ich an dieser Stelle herzlich danke, tatsächlich möglich."

Mein Traum:

„Die Zeit der Mutlosigkeit und Inaktivität ist vorbei. Selbstbewusste Bürger nehmen die Gestaltung der Gemeinde in die Hand. Jugendliche erkennen den Wert des bodenständigen Kulturgutes und den Sinn der Dorfgemeinschaft.

Alte Menschen freuen sich, dass sie gehört werden und ihre Lebenserfahrungen einen wichtigen Stellenwert bekommen.

Gewerbetreibende werden von der Bevölkerung durch Einkaufen im eigenen Ort zum Verbleib ermutigt. Die Zukunftschance des Gewerbes ist gesichert. Landwirte besinnen sich auf ihre altbewährten bäuerlichen Fähigkeiten. Sie produzieren entsprechend den Regelkreisen der Natur gesunde Lebensmittel und übernehmen die Aufgabe als Landschaftspfleger und -schützer.

Die Führungskräfte der Gemeinde haben eine neue Aufgabe in der Koordination der Aktivitäten und leben in dem Gefühl, Mitarbeiter zu haben, die hinter ihnen stehen und dieselben Ziele verfolgen. Gruppenegoismen und Parteienstreit gehören der Vergangenheit an.

Die im Volk verankerten christlichen Grundwerte haben wieder ihren Stellenwert, die Bürger erkennen die Wichtigkeit der geistigen Auseinandersetzung mit Grundwerten. Die Fähigkeiten und Kenntnisse des Gemeindepfarrers werden von den Bürgern benötigt. Sekten haben wenig Chance auf Gehör.

Wie bunte, leuchtende Blumen entstehen Aktivitäten, Arbeitskreise und Gruppen, die, einer natürlichen Wiese gleich, die Gemeinschaft bilden und formen. Mut, Hoffnung und Sinnerfüllung zeugen von einer neuen Lebensqualität in der Gemeinde."

„In besonderer Weise möchte ich diesen Teil des Buches meinem langjährigen Vizebürgermeister Karl Grassegger widmen, der viel zu früh aus dieser fruchtbaren Zusammenarbeit gerissen wurde."

4.3 Der Steinbacher Weg

- **Vom intakten zum gefährdeten Dorf**
- **Steinbach – ein frühes Opfer der beginnenden Globalisierung**
- **Zerfall der Kreislaufwirtschaft und Niedergang des Gewerbes**
- **Die Analyse der Gemeinde – Stärken und Schwächen erkennen**
- **Die intakte Umwelt wird als Entwicklungspotenzial erkannt**
- **Bürgereinbindung bei Projektentwicklung und Umsetzung**
- **Beziehungsfähigkeit als Voraussetzung zur neuen Entwicklung**
- **Von der Selbsterkenntnis zur gemeinsamen Vision**
- **Die Belastungsgrenzen unseres Planeten beachten**
- **Ein zukunftsfähiges und enkeltaugliches Entwicklungskonzept**
- **Nicht kopieren, sondern kapieren**
- **Lokale Agenda 21 in Österreich**
- **Durch Gemeindeentwicklung neue Arbeitsplätze schaffen**
- **Nahversorgung ist Lebensqualität für alle**
- **Der Ortsplatz – die gute Stube der Gemeinde**
- **Beziehungskompetenz stärken, Leben gewinnen**
- **Altes erhalten – Neues gestalten**
- **Impulse, Aufbruch, Begleitung und Bilanz**
- **Lebensraum auch für zukünftige Generationen erhalten**
- **Wertschöpfung sichert Obstsorten und Kulturlandschaft**
- **Klimaschutz und nachwachsende Rohstoffe**

Das goldene Steinbach

Der Handel sowie Feiern und Feste belebten den Ortsplatz.

Mehr als 500 Jahre bestimmten die Messerer das dörfliche Leben.

Vom intakten zum gefährdeten Dorf

Durch die Nähe zur 18 km entfernten Eisenstadt Steyr entwickelte sich am Flusslauf der Steyr ein kleines Industrie- und Handelszentrum. Schon 1422 ist erstmals das ehrsame Handwerk der Messerer und Klingenschmiede Steinbachs urkundlich erwähnt.

Ein Patent Kaiser Friedrichs III. sicherte ihnen das Handelsrecht im In- und Ausland. Es entstanden intensive Handelsbeziehungen mit Venedig, die dem Ort Reichtum und Wohlstand brachten.

Die Weiterentwicklung der gewerblichen Messerfertigung zur industriellen Produktion von Essbesteck bedeutete für die Gemeinde im 19. Jahrhundert einen weiteren Entwicklungsschub. So gab es schon um 1900 ein öffentliches Bad und eine Straßenbeleuchtung.

Über Jahrhunderte wurde das Leben geprägt von den Ressourcen der Region, von der Kleinräumigkeit der Kreisläufe und Zusammenhänge sowie der engen Verflochtenheit des menschlichen Miteinanders.

Das Holz und die Wasserkraft der Steyr dienten als Energieträger für die Eisenverarbeitung. Die kleinräumige bäuerliche Landwirtschaft konnte mit den Erträgen der steilen, aber fruchtbaren Felder und Wiesen die Versorgung der Menschen mit Lebensmitteln sichern.

Das kulturelle Erbe – die herrlichen Bürgerhäuser und zahlreichen Kleindenkmäler – gibt Zeugnis von der Wirtschaftskraft, der Lebensfreude und dem Gemeinschaftssinn. Bis zu zehn Gasthäuser im Ortskern, drei Fleischhauer, vier Bäcker und fünf Lebensmittelgeschäfte sorgten für eine äußerst beachtliche wirtschaftliche Struktur. Menschen hatten Beschäftigung und Einkommen aus ihrer Arbeit im Dorf.

Aus mehreren Nachbargemeinden kamen Arbeiter als Einpendler. Ein Zeichen für die Bedeutung dieses Ortes war die Errichtung der Steyrtalbahn, die einerseits Holz und Menschen vom Steyrtal in die Stadt Steyr beförderte und andererseits Arbeiter aus Nachbargemeinden zu ihrem Arbeitsplatz in Steinbach brachte.

Noch heute erinnern die Häuserfassaden an den einst blühenden Handel mit Venedig. Oft meint man, die Messerverleger hätten sogar das südliche Licht mitgenommen, wenn sich die Häuser in strahlender Sonne an das Wasser der Steyr schmiegen.

Durch die wirtschaftliche Bedeutung, die kulturelle Stellung und die bauliche Prägung des Ortes wurde Steinbach an der Steyr oftmals als „goldenes Steinbach" und als „Venedig der Eisenwurzen" bezeichnet.

Steinbach – ein frühes Opfer der beginnenden Globalisierung

Die Industrie, die sich entlang der Steyr eingepfercht zwischen Fluss und Hang entwickelt hat, konnte den modernen Anforderungen einer neuen Technisierung nicht entsprechen.

Während sich in Fernost, wie Japan und Hongkong, eine Besteckindustrie etablierte, die mit höchster Technik und niedrigsten Löhnen modernst produzierte, war die Industrie in Steinbach kaum ausbaufähig. Die schlechte Verkehrsanbindung des Ortes und das immer wiederkehrende Hochwasser der Steyr trugen ihr übriges zum Niedergang dieses Standortes bei. Die Konkurrenzfähigkeit war nicht mehr gegeben und führte letztlich zum Konkurs des Unternehmens.

Die Industrieanlage wurde bei der Verwertung der Masse an fünf verschiedene Käufer aufgeteilt. Kaum einer dachte an eine echte Nutzung der Räumlichkeiten, sondern vielmehr an bestehende Wasserrechte bzw. an mögliche Förderungen seitens der Politik.

Mehrmals wurden Teile der Industrieanlage weiterverkauft, aber nie war jemand bereit, in die Renovierung und Wiederbelebung zu investieren. Rechtsstreitigkeiten waren zudem oftmals die Folge unklarer Rechtsverhältnisse.

Steinbach an der Steyr verlor mit der Besteckindustrie mehr als 200 Arbeitsplätze ohne Berücksichtigung der Zulieferer und Dienstleister. Die Industriehallen selbst verkamen zu Industrieruinen. Sie waren Anziehungspunkt für illegale Müllablagerung und riskante Spielplätze für Kinder. Selbst die beiden Kleinkraftwerke wurden unbrauchbar bzw. unrentabel. Die rechts gezeigten Bilder stammen aus 1987/88. So wurde der einstige Stolz der Gemeinde – die Besteckindustrie – zum Schandfleck des Ortes.

Die Gemeinde war gefordert, eine Lösung für dieses Industrieareal zu suchen, da von privaten Käufern keine Revitalisierung bzw. Nutzung zu erwarten war. Nach dem Ankauf aller Gebäude hat die Gemeinde eine Halle abgebrochen und auf der Fläche Parkplätze und Verladezonen geschaffen. Das Hauptgebäude wurde zu einem Messerer-Museum umgebaut und ein-

In der Krise

Der Leitbetrieb, die Besteckindustrie „Pils-Werke“, musste 1967 für immer die Produktion einstellen.

Zunehmend verkommt der einstige Leitbetrieb zu einer Bauruine und zu einer illegalen Mülldeponie.

Bruch der Strukturen

Eine 20-jährige Niedergangsphase führte zur Aufgabe von Gewerbebetrieben, Geschäften und Gasthäusern.

Ungünstige Rahmenbedingungen beschleunigen den Niedergang.

gerichtet. Die verbliebenen Hallen wurden mit Hilfe von Langzeitarbeitslosen (Beschäftigungsprojekt) revitalisiert und an Jungunternehmer vermietet. Fair abgeschlossene Verträge mit den Mietern ermöglichen diesen, ohne Verlust der bisher bezahlten Miete ihren genutzten Teil auch käuflich erwerben zu können. Heute sind an die 40 Arbeitskräfte wieder beschäftigt. Der oö. Energieversorger errichtete ein neues Laufkraftwerk, das ausreichend Strom für die gesamte Versorgung des Gemeindegebietes erzeugt.

Zerfall der Kreislaufwirtschaft und Niedergang des Gewerbes

Eine 20-jährige Niedergangsphase führte zur Aufgabe von Gewerbebetrieben, Geschäften und Gasthäusern. Das ehemals größte und bedeutendste Gasthaus im Ort mit eigener Fleischhauerei stand in der Folge im Zentrum des Ortes mehr als 20 Jahre leer und verkam zur Ruine. Die Ausdünnung ging so weit, dass 1986 monatelang kein einziges Gasthaus im Ortskern verfügbar war.

Manche Gewerbeinhaber wurden durch den Wegfall von Aufträgen der Industrie und durch das Fehlen von Gästen und Kunden ebenfalls in den Konkurs getrieben oder zum Verkauf ihres Hauses gezwungen. Der vorhandene Fremdenverkehr wurde durch das Fehlen einer attraktiven Gastronomie gänzlich zum Erliegen gebracht.

Oftmals verblieben sehr betagte Menschen, vorwiegend Frauen, als Hauseigentümer. Die meistens kleine Pension reichte nicht aus, um diese Bürgerhäuser zu erhalten bzw. dem heutigen Stand der Ausstattung anzupassen. Meistens wurden diese Häuser im Ortskern nur geringfügig genutzt bzw. sind manche auch jahrelang leer gestanden.

Die Steillage der Ortschaft begünstigte den fortschreitenden Verfall und erschwerte die Renovierung.

Viele Arbeiter pendelten nach dem Verlust des Arbeitsplatzes zu den neuen Arbeitsplätzen, andere siedelten der Arbeit nach. Die Jugend begann, in Gunstlagen nahe städtischen Zentren ihre Zukunft aufzubauen. Im Heimatort sah man keine Perspektive.

Kleinbauern verloren oftmals ihre örtlichen Abnehmer der Produkte. Aufgelassene Industriehallen, leere Geschäfte, Gaststätten und Wohnhäuser prägten zunehmend den Ortskern. Verstärkt wurde diese Entwicklung durch die Enge der Straßen, die extreme Hanglage des Ortes und die schlechte überregionale Verkehrsanbindung. Dies führte zur Resignation, zur Schwächung der Identität und zum Verlust von Investitionsbereitschaft.

Zwischen den politisch Verantwortlichen bzw. den Parteien im Gemeinderat entwickelte sich eine Kultur der gegenseitigen Schuldzuweisung. Die jeweils amtierenden Bürgermeister konnten den Erwartungen der gegnerischen Parteien nicht genügen und hatten kaum Unterstützung bei ihrer zermürbenden Arbeit. So ist es nicht verwunderlich, dass zwei Bürgermeister in dieser Zeit des Niedergangs, begünstigt durch die Kränkungen, erkrankten und als amtierende Bürgermeister frühzeitig verstarben.

Die Analyse der Gemeinde – Stärken und Schwächen erkennen

Stärken und Schwächen der Gemeinde wurden erhoben und ergaben ein objektives Bild über die Situation der Gemeinde. Dazu einige Beispiele.

Eine Ortsbilddokumentation erfasste systematisch die baulichen Kulturgüter der Gemeinde. Schon während der Erarbeitung bzw. bei Vorträgen und Ausstellungen über den Reichtum der lokalen Baukultur konnten viele Steinbacher interessiert und aktiviert werden.

Analyse/Bestandsaufnahme

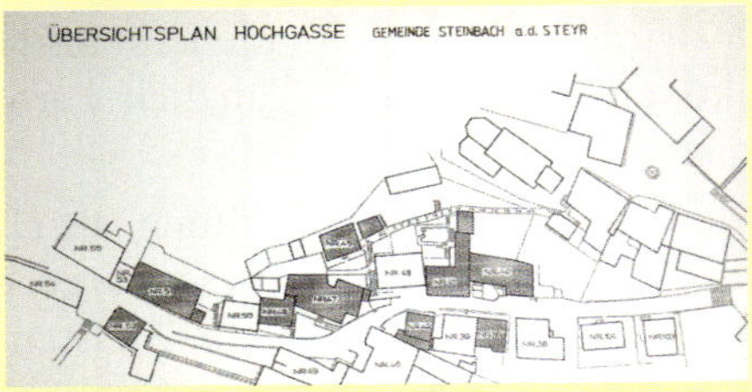

Kulturgüter und Geschichte wurden neu entdeckt:

- Ortsbilddokumentation und Haus-Chroniken
- Bestandsaufnahme im Ortszentrum
- Baubefundung des alten Pfarrhofes
- Dokumentation für Herrenhaus und Humpelmühle
- Aufarbeitung der Geschichte der Messerer
- Sammlung von Exponaten für geplantes Messerer-Museum
- Dokumentation der Geschichte der Schule von 1583 bis 1987
- Erhebung der Flur- und Kleindenkmäler

Zur Erfassung des Bau- und Nutzungszustandes der Häuser in der Hochgasse wurden die Bewohner befragt, die Fassaden aufgenommen und die Grundrisse durch Bauaktanalyse dokumentiert. Sowohl die Befragung als auch die Fassaden- und Grundrisserfassung wurden von Steinbachern durchgeführt. Eine Präsentation brachte den dringenden Handlungsbedarf zur Revitalisierung der Hochgasse (Häuser, Fassaden, Straßen und Stiegen) in Gang.

Durch die Dokumentation der Kleindenkmäler, die oftmals auf ein familiäres Ereignis hinweisen, wurde auch die Ortsgeschichte neu entdeckt. Aus der Zeit des florierenden Handels mit Venedig wurden Exponate für das spätere Messerer-Museum gesammelt und inventarisiert.

Durch die Analyse kam das Besondere zum Vorschein, der Wert des eigenen Lebensraumes wurde neu entdeckt, das Selbstbewusstsein und die Identität wurden gestärkt. Den Schwächen wurden Stärken gegenübergestellt.

Zahlreiche Objektsanierungen im Hauptort und im Außenbereich durch Gemeinde und Private (z. B. Sanierung von Stuck- und Holzdecken, Sgraffitofassaden) sowie Renovierung von Kleindenkmälern (Kapellen und Wegkreuze) sind ein sichtbares Zeichen einer neuen Wertschätzung des eigenen Lebensraumes. Es zeigte sich bald, was die Gemeinde will und dass die Bürger zur Mitarbeit gewonnen werden konnten.

Die engagierte Dorferneuerung wurde allerorts sichtbar und führte letztlich 1994 zur Verleihung des Europäischen Dorferneuerungspreises sowie zur OÖ Ortsbildmesse 1998 in Steinbach an der Steyr.

Die intakte Umwelt wird als Entwicklungspotenzial erkannt

Bei der Vorbereitung einer Apfelausstellung 1987 wurden im Gemeindegebiet mehr als 120 verschiedene Apfelsorten bzw. über 300 Obstsorten entdeckt und als Wert erkannt. Nun galt es, die Vielfalt dieser Obstsorten und die umfangreichen landschaftsprägenden Obstbaumbestände durch neue Formen wirtschaftlicher Nutzung dauerhaft zu sichern.

Stärken erkennen

- intakter Naturraum
- mehr als 120 Apfelsorten
- hervorragende Trinkwasserqualität
- reiches kulturelles Erbe
- lebendiges Vereinsleben
- viele Bürger mit verborgenen Talenten
- Bereitschaft zur Zusammenarbeit
- klare Ziele für die Zukunft

Die „Goldadern“ der Gemeinde entdecken

Die Beprobung der öffentlichen und privaten Wasserquellen sowie der Fließgewässer brachte die hervorragende Wasserqualität als besonderen Wert ins Bewusstsein der Menschen.

Die Ausschau nach Bürgern mit ausgeprägten Begabungen brachte eine Reihe hervorragender Personen hervor. Unter welchen Bedingungen werden sie wohl ihre Fähigkeiten und ihre wertvolle Zeit dem Gemeinwohl zur Verfügung stellen?

Viele Vereine, die ehrenamtlich tätig sind, konnten als Mitgestalter des kulturellen Lebens gewonnen werden. Hervorragende Persönlichkeiten wurden für den Gemeinderat und für Fachausschüsse gewonnen. Wenn diese Personen mit ihren Begabungen für ein gemeinsames Ziel eingesetzt werden können, wird die Gemeinde eine neue Zukunft erleben.

Die Erhebungsarbeit beim Obst war die Grundlage für die später realisierten Projekte „Steinbacher Dörrobst" und „Steinbacher Natursäfte". Durch die Interessen und Befähigungen engagierter Bürger entwickelte sich der Steinbacher Adventkalender, und es entstand das Adventkalender-Dorf Steinbach.

Die Gemeinderäte und Mitglieder in Fachausschüssen erkannten, dass ihre Tätigkeit und ihr Engagement nicht geduldet, sondern erbeten und erwünscht sind. Bauern, die sich auf die Veredelung ihrer Produkte spezialisiert haben, erfuhren Wertschätzung und Ermutigung.

Viele waren wieder stolz, Steinbacher Bürger zu sein.

Bürgereinbindung bei Projektentwicklung und Umsetzung

Schon von Beginn an Betroffene an Entscheidungsprozessen zu beteiligen, war und ist eines der Erfolgskriterien des Steinbacher Weges.

Ein externer Moderator begleitete den jeweiligen Prozess in themenbezogenen Arbeitskreisen. Dort wurden Ziele und Maßnahmen festgelegt und umsetzbare Projektideen formuliert. Verantwortlichkeiten wurden zugeteilt und nach Bedarf Experten beigezogen. Wenn es im Ort Fachleute zu verschiedenen Themen gab, wurden diese den Experten von außen vorgezogen.

Bei der Zusammensetzung der Arbeitskreise und Projektgruppen wurde darauf geachtet, dass alle Parteien in Person von Gemeinderäten oder betroffenen Bürgern vertreten waren. Eine Arbeitsgruppe muss das notwendige Wissen, die entsprechende Kompetenz und das klare Ziel als Ausgangspunkt haben.

Die Finanzierung von Projekten wurde ebenfalls gemeinschaftlich erarbeitet und dem Gemeinderat zur Genehmigung vorgelegt. Bei allen Projekten musste darauf geachtet werden, dass sie durchführbar, finanzierbar, nachhaltig wirksam und umweltverträglich sind. Durch diese Arbeitsweise war es ein Leichtes, den Anforderungen einer Lokalen Agenda zu entsprechen.

Wer zu Beginn des 21. Jahrhunderts immer noch nur von oben nach unten denkt, verschläft die aktuelle Entwicklung und den Aufbruch von unten. Wer Angst davor hat, dass „zu viele mitreden und mitregieren, die nichts davon verstehen“, unterdrückt die Entfaltung vorhandener Talente und Kräfte zum Schaden einer fortschreitenden Gemeindeentwicklung.

Es geht nicht nur ums Bauen und Erneuern von Gebäuden und die Gestaltung von Ortsplätzen und Straßen. Hinter den Fassaden und Mauern leben Menschen. Gelingt es, diese aus ihren Wohnungen herauszuholen und zur Mitgestaltung und Mitverantwortung ihres Lebensraumes zu bewegen, dann können wir auch unsere gefährdeten und im Niedergang befindlichen Gemeinden in eine gute Zukunft führen.

Dann ist es auch wieder möglich, abgewanderte Menschen zurückzuholen und die Jugend zum Verbleib in der Gemeinde zu bewegen. Zu-

Bürgerbeteiligung

Das Entwicklungskonzept baut auf den Leitbildprozess auf.

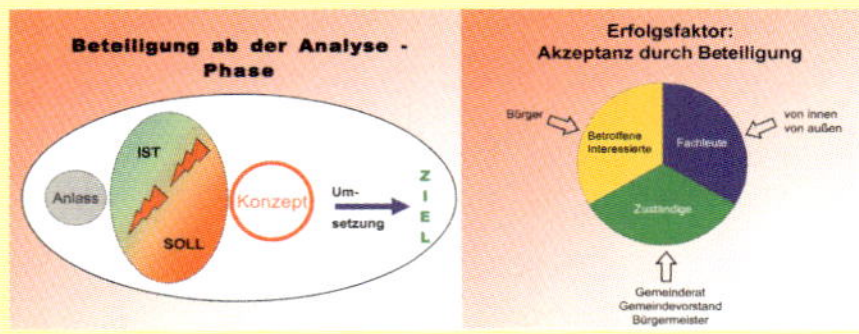

Beteiligung braucht professionelle Begleitung

- themen- oder projektbezogene Arbeitskreise
- moderierte Klausurtagungen mit Fachimpulsen von außen
- Festlegung von Verantwortlichkeiten und Kompetenzen
- Erarbeitung von kurz-, mittel- und langfristigen Maßnahmen
- Formulierung von umsetzbaren Projekten
- Suche nach Projektträgern
- Projektmanagement aufbauen
- Beginn der Projektumsetzung
- jährliche Erfolgskontrolle

Selbsterkenntnis und Aufbruch

Krise als Chance

- Erkennen der Notwendigkeit gemeinsamen Wollens und Handelns
- Bewahrung und Stärkung des Bestehenden
- tragfähiges menschengerechtes Gestalten des Neuen
- umfassende Erneuerung des Gemeinwesens
- Wiederbelebung der lokalen Wirtschaft
- langfristige Sicherung des natürlichen Erbes
- Visionen einer nachhaltigen Entwicklung (im Sinne der Agenda 21)

Ausgangspunkt:
eine neue politische Kultur

- Erneuerung der Beziehungskultur in der Gemeindearbeit
- Verantwortliche verschiedener Fraktionen beschließen Vereinbarung über eine „neue politische Kultur"

kunftsgestaltung braucht Visionen, engagierte Menschen und Gemeinschaftssinn.

Beziehungsfähigkeit als Voraussetzung zur neuen Entwicklung

Die eigentliche Sternstunde des Steinbacher Weges war der Neubeginn der politischen Kultur, der sich Verantwortungsträger aller Parteien verpflichtet fühlen. Den Beteiligten wurde klar, dass nur in einem neuen Miteinander die notwendigen Ideen geboren werden können und die Kräfte verfügbar werden, die notwendig sind, um die Gemeinde erfolgreich zu machen.

Um alte Missverständnisse und Verletzungen loszuwerden, wurde per Handschlag die Aussöhnung zwischen den wichtigsten politischen Partnern vollzogen.

Es zählte nicht mehr die Mandatsstärke einer Partei, sondern die Qualität einer Idee. Nicht ein Vertragsverhältnis regelte diese neue Art der Zusammenarbeit, sondern ein ausgeprägtes Vertrauensverhältnis zwischen den Akteuren. Diese neue Art der Zusammenarbeit führte zu einer explosionsartigen

Ausweitung der Kreativität. Es war nicht mehr eine Last, mitarbeiten zu müssen, sondern eine Freude, mitarbeiten zu können, zu dürfen und zu wollen.

Neue Freundschaften statt Seilschaften entwickelten sich und taten den Betroffenen sichtlich gut. Der Fraktionszwang bei Abstimmungen wurde abgeschafft und dadurch einer freien Mehrheitsfindung der Weg geebnet.

Die Bürger erkannten sehr schnell die Veränderung in der gelebten politischen Kultur. Dies war mit verantwortlich, dass bei einer Umfrage in 56 Gemeinden der Region die Steinbacher im höchsten Prozentsatz aller befragten Gemeinden angaben, eine gute Zukunft zu erwarten. Dies, obwohl Steinbach eine der finanzschwächsten und von der Lage her eine der am meisten benachteiligten Gemeinden der Region ist.

Der Wegfall von Abgrenzungen zwischen Parteien, Konfessionen und Berufsgruppen schaffte ein neues Wir-Gefühl, einen neuen Gemeinschaftssinn. Heute spricht man von der Zunahme des Sozialkapitals in einer Gemeinde. Dieses Aufeinander-Zugehen wurde auch von der Pfarre wirkungsvoll unterstützt und kam bei kirchlichen Feiern auch spürbar zum Ausdruck. Die Folge war ein neues Miteinander statt dem alten Gegeneinander.

Von der Selbsterkenntnis zur gemeinsamen Vision

Einer der ersten Schritte war die Abhaltung einer gemeinsamen Klausurtagung aller Fraktionen. Bei dieser wurden die Regeln für eine neue politische Kultur festgelegt, hinterfragt und schließlich vereinbart.

Die Leitbild-Diskussion wurde begonnen. Das Leitbild soll allen Bürgern des Ortes, den Menschen in den Nachbargemeinden und in der Region sowie den Politikern und Beamten von Bezirk und Land, insbesondere aber auch jenen, die zum ersten Mal mit der Gemeinde Kontakt haben, ein Bild vom „Geist" der Gemeinde geben.

Es soll, insbesondere für die Verantwortlichkeiten der Gemeinde, den Rahmen und die Richtlinien für die gemeinsame politische Arbeit darstellen und als eine lokale Agenda der nachhaltigen Entwicklung dienen.

Es soll den Bürgern, Partnern und öffentlichen Institutionen glaubhaft vermitteln, dass eine Gemeinde, die sich mit so großer Mühe dem Leitbildprozess unterzogen hat, weiß, was sie will und wie sie die erarbeiteten Ziele erreichen möchte.

Die nachhaltige Entwicklung einer Gemeinde baut auf die Säulen Wirtschaft, Umwelt und Gesellschaft auf.

Das Leitbild wurde erstmals 1987 erarbeitet und mit den Stimmen aller Fraktionen einstimmig beschlossen. Nach jeder Gemeinderatswahl erfolgt die Aktuali-

Säulen der Nachhaltigkeit

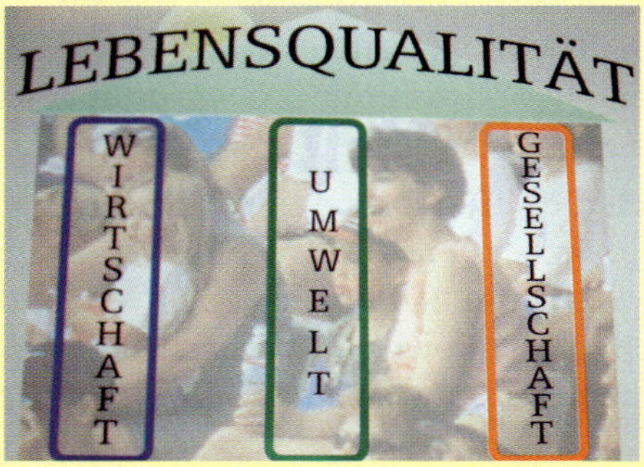

Regeln für eine neue politische Kultur

- Erfolge werden gemeinsam geteilt
- rücksichtsvoller Umgang miteinander wird gepflegt
- Informationen sind für alle gleich zugänglich
- jeder Beteiligte gibt sein Bestes zur Zielerreichung
- Patenschutz der Ideen wird gewahrt

Entwicklungsprinzipien

- Lebensbereich vor Produktionsbereich
- immaterielle Faktoren vor materiellen
- langfristiges und ganzheitliches Denken
- Partnerschaft statt Einzelgängertum
- Schließen von wirtschaftlichen Kreisläufen

Nachhaltigkeit bedeutet große Visionen vor Augen zu haben und im Rahmen unserer Möglichkeiten kleine Schritte in die richtige Richtung zu tun.

sierung. Alle Gemeinderäte und Fachausschussmitglieder werden auf die Einhaltung und bestmögliche Umsetzung des Leitbildes angelobt. Das noch aktuelle Leitbild wird derzeit überarbeitet. Es soll „Steinbach 2015“ heißen und wird neuerlich allen Haushalten der Gemeinde, den Ämtern und Behörden auf Bezirks- und Landesebene sowie den Nachbargemeinden zur Verfügung gestellt.

Wichtig ist, dass das Leitbild nicht in der Schublade einer Gemeinde verschwindet, sondern ständig zur Gestaltung herausfordert und sowohl im täglichen Arbeitsablauf als auch bei der Projekterstellung beachtet wird.

Die Belastungsgrenzen unseres Planeten beachten

Die Jahrtausendwende war Anlass, einen Blick nach vorne zu tun. Viele sind verunsichert durch das rasche Voranschreiten umfangreicher Veränderungen. Vielfach lautet die Frage: Was wird uns die Zukunft bringen? Wie werden die Lebensräume unserer Nachkommen aussehen? Denn unser Planet hat Fieber. Die fortschreitende Klimaveränderung zeigt deutlich das zunehmende Kränkeln unseres Planeten. Wir haben aber nur einen Planeten als Lebensraum zur Verfügung.

Die Zukunft lag auch der UNCED-Konferenz in Rio 1992 zugrunde. 30.000 Teilnehmer aus allen Teilen der Welt, darunter mehrere 100 Minister und 100 Regierungschefs, diskutierten über die wichtigsten Weichenstellungen des nächsten Jahrtausends. Die Agenda 21, ein weltweites Pflichtenheft für das 21. Jahrhundert, wurde von 180 Staaten beschlossen. Steigende Armut, soziale Spannungen, zunehmende Ausbeutung des natürlichen Erbes und die rücksichtslose Liberalisierung der Wirtschaftssysteme wurden als Gefahr für die Lebensqualität künftiger Generationen erkannt. In 40 Kapiteln ist der weltweite Kurswechsel in eine umweltgerechte und nachhaltige Entwicklungsrichtung beschrieben. Die Bedürfnisse gegenwärtiger Generationen dürfen nicht auf Kosten künftiger Generationen gedeckt werden.

Den Gemeinden als kleinste Einheit wird in der Agenda 21 ein besonderer

Orientierung

Nachhaltigkeit = Kurswechsel

Zufällige Entwicklung

- immer mehr – immer schneller
- Verlust des natürlichen/kulturellen Erbes
- einseitige Globalisierung
- Schwächung des sozialen Zusammenhalts

Nachhaltige Entwicklung

- ökonomisch + ökologisch + sozial + geistig ausgewogen
- zurück zum „gesunden Maß"
- Stärkung der drei „Bs" – Beziehung, Bewusstsein, Bildung
- Aufwertung der kleinen Einheiten

„Wenn nicht bald eine Weiche kommt, sind wir verloren."

Stellenwert eingeräumt: *„Jede Gemeinde soll in einen Dialog mit ihren Bürgern, örtlichen Organisationen und der Privatwirtschaft eintreten und eine Lokale Agenda 21, ein Leitbild für Nachhaltigkeit, beschließen."* So beschreibt es Kapitel 28 der Agenda 21. Sie zielt auf eine dauerhafte Stärkung lokaler Einheiten und ländlicher Strukturen ab.

Im Rahmen einer verantwortungsbewussten Zukunftsgestaltung ist nicht eine grenzenlose Spaßgesellschaft, die alles und jedes ermöglicht, das Ziel. Vielmehr ist es die Aufgabe, eine lebensfrohe und lebensstarke Wertegemeinschaft aufzubauen, die jedem Menschen der Gemeinde seine Einmaligkeit und seinen großartigen Wert vermittelt. Sie bemüht sich, junge Menschen vor dem Missbrauch von Alkohol und Drogen zu schützen und macht auf Gefahren des unbegrenzten Konsumdenkens aufmerksam. Also nicht weiter wie bisher, sondern die Weichen neu stellen. Die Jugend soll sich am Vorbild der Erwachsenengeneration orientieren können.

Sie kümmert sich auch um alte Menschen und lässt diese nicht vereinsamen. Die Weitergabe von Lebenserfahrungen der Alten an die Jungen bereichert das Wissen um die Zusammenhänge des Lebens.

Ein zukunftsfähiges und enkeltaugliches Entwicklungskonzept

Nichts was bisher gelaufen ist oder läuft, verliert seine Bedeutung. Von der Dorferneuerung bis zum örtlichen Entwicklungskonzept oder von der Gesunden Gemeinde bis zum Klimabündnis – alles behält auch in Zukunft seine Bedeutung.

Die Lokale Agenda versucht von der sektoralen zur ganzheitlichen Entwicklung zu führen. Sie stellt eine neue Qualität der Zusammenhänge her – nämlich ökologisch, wirtschaftlich, sozial, kulturell und geistig. Sie soll von der Ohnmacht einer Gemeinde zur Eigenständigkeit führen. Sie wird den Aufbruch einleiten, lokale Innovationen entwickeln, die Nähe zum Prinzip machen, die örtlichen Wirtschaftskreisläufe stärken und nicht nur auf Hilfe von außen warten. Man findet Orientierung und Kraft zur Gestaltung des Veränderungsprozesses.

Daher ist es notwendig, dass alle Akteure aus den verschiedenen Bereichen (Vereine, Wirtschaft, Politik) an einen Tisch kommen.

Eine Lokale Agenda soll von der Verwaltungseinheit zur Bürgergesellschaft führen, Menschen ermuntern, sensibilisieren, begeistern, einbinden, befähigen sowie die Beziehungskultur in der Politik, in der Wirtschaft und im privaten Umgang miteinander erneuern.

Es hat sich gezeigt, dass manches am Thema Nachhaltigkeit bereits vertraut ist. Ähnlichkeiten wurden spürbar: zu den christlichen Werten, zu einer sozialen Gesinnung, zum bäuerlichen Denken.

Die Lokale Agenda fordert uns ständig auf, an unsere Kinder und Enkelkinder zu denken, ihre Zukunft nicht zu verplanen oder unnötig zu belasten, sondern gibt ihnen Gestaltungsspielraum und vor allem Hoffnung, Mut und Kraft zum eigenen Gestalten des Lebens.

Es geht darum, bei den Menschen vor Ort das Interesse am aktiven Gestalten des eigenen Lebensraumes zu wecken. Angesprochen ist jeder: Bürger und Entscheidungsträger, Frauen und Männer, Wirtschaftstreibende und Konsumenten, Jung und Alt.

Eine solche Gemeinde macht auch keinen Unterschied zwischen Alteingesessenen und Zugezogenen und bemüht sich um die Integration aller Gemeindebürger, besonders der Schwachen und Hilfsbedürftigen.

Nicht kopieren, sondern kapieren

Nachhaltige Entwicklung unterliegt Prinzipien und Gesetzmäßigkeiten. Viele Bereiche des Gemeindelebens müssen neu definiert und geordnet werden. Vorbilder sind manchmal hilfreich,

Lokale Agenda 21

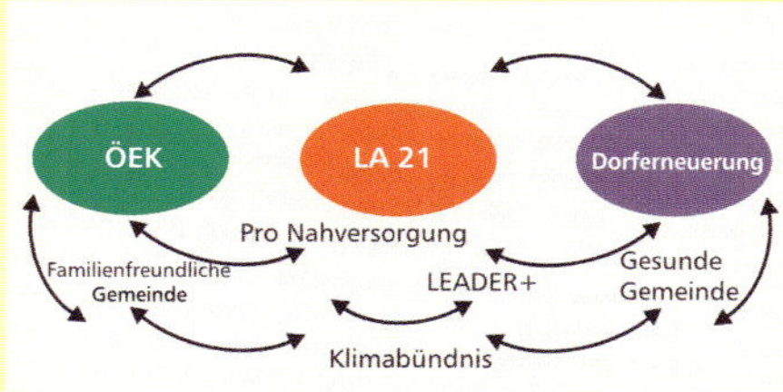

Merkmale der Lokalen Agenda 21

- Leitbild- und Zukunftsprozess
- Bürgerbeteiligungsmodell
- ganzheitlicher Ansatz
- Vernetzungsinstrument
- „Hilfe zur Selbsthilfe"
- Vision + innovative Projekte
- lokal + regional + überregional + global
- „Landeplatz" für Nachhaltigkeit
- langfristiger Veränderungsprozess

„Wo viele kleine Menschen an vielen kleinen Orten viele kleine Dinge tun, beginnt sich die Welt zu verändern."

© DI Günther Humer, oö. Akademie für Umwelt und Natur

aber sie dürfen nicht kopiert, sondern sie müssen verstanden, also kapiert werden. Da bemüht sich manchmal ein Bürgermeister redlich und macht fast exakt das Gleiche wie der Bürgermeister der Nachbargemeinde. Er muss jedoch erleben, dass seine eigene Arbeit kaum sichtbare Früchte bringt, während die Nachbargemeinde sich geradezu explosionsartig entwickelt.

Manchmal wird nämlich zu wenig bedacht, dass immer der Engpass in einer Gemeinde die Entwicklung hemmt. Es muss daher dort gearbeitet werden, wo sich Stärken entwickeln lassen und wo Engpässe erweitert bzw. beseitigt werden können. Daher braucht jede Gemeinde ihre eigene Lokale Agenda 21 und ihre eigene Identität.

Dieses Wissen ist Justus von Liebig als Voraussetzung für das Wachstum in der Natur bewusst geworden.

Dr. Hans Millendorfer, österreichischer Zukunftsforscher (geb. 1921, † 2001), hat mit seinen Studien zum ländlichen Raum wesentlich zum Entdecken der vorhandenen Stärken und zum Mut für einen Neubeginn in Steinbach an der Steyr beigetragen.

In Steinbach an der Steyr war es notwendig, die alte, teilweise verfallene Bausubstanz im Ortskern zu revitalisieren und einer Nutzung zuzuführen. Gleichzeitig wurden rund um den Ortskern neue Bauparzellen geschaffen und Fehlwidmungen im Außenbereich in landwirtschaftliche Widmung zurückgeführt. Es galt die Nahversorgung zur Schaffung einer hohen Lebensqualität neu aufzubauen bzw. noch Vorhandenes zu stärken. Die Beziehung zwischen Produzent und Konsument, zwischen den Gewerbetreibenden der Gemeinde untereinander sowie zwischen Lieferanten heimischer Spezialitäten und den Gastwirten wurde neu belebt.

Das Leitprinzip heißt „leben und leben lassen" und macht uns klar, dass wir eine Schicksalsgemeinschaft sind, die auf Gedeih und Verderb miteinander verbunden ist.

Wir haben es selbst in der Hand, ob wir die Zukunft unseres Ortes gestalten oder ob wir gemeinsam am Egoismus der Einzelnen zugrunde gehen, zwar nach dem Motto „Geiz ist geil", aber mit sichtbaren Auswirkungen in einer ungewissen Zukunft. Jede Gemeinde entscheidet selbst, welche Themen und Schwerpunkte ihren Weg in eine nachhaltige Zukunft markieren sollen.

Lokale Agenda 21 in Österreich

Die Lokale Agenda 21 ist der Musteransatz, um in Österreich auf lokaler und regionaler Ebene in enger Verbindung mit den Nachhaltigkeitsstrategien von Ländern, Bund und EU eine nachhaltige Entwicklung umzusetzen. Ein Prozessbegleiter als Schlüsselperson sorgt für enge Zusammenarbeit aller aktiven Kräfte vor Ort, stärkt deren Eigenständigkeit und leistet Hilfe zur Selbsthilfe.

In allen Bundesländern wurden inzwischen eigene Agenda 21-Ansätze entwickelt und Leitstellen eingerichtet. Zahlreiche modellhafte Projekte, die ökologische, soziale und wirtschaftliche Themen miteinander verbinden, wurden umgesetzt. Bundesweit wurden gemeinsame Qualitätskriterien für die Prozesse sowie für die Bewertung von Projekten erarbeitet. Eine eigene Internet-Plattform (www.nachhaltigkeit.at/LA21) enthält die wichtigsten Informationen, länderspezifische Ansprechstellen sowie eine Liste aller LA 21-Gemeinden Österreichs.

Ziel ist es, in Oberösterreich jährlich 10 bis 15 neue Gemeinden aufzunehmen, 10 bis 15 neue, innovative Modellprojekte zu initiieren sowie eine neue Region im Landesprogramm LA 21 zu implementieren. Ein „100-Gemeinden-Programm zur Lokalen Agenda 21 in OÖ" soll noch mehr Qualität und Dynamik bringen.

Bei einer Pressekonferenz anlässlich der Neueröffnung des Umbaues der Nachhaltigkeitsschmiede am 14. März 2006 sagte der oberösterreichische Landesrat Rudi Anschober: „Steinbach an der Steyr ist das Europazentrum regionaler und nachhal-

Lokaler Agenda 21-Prozess

Die Schritte

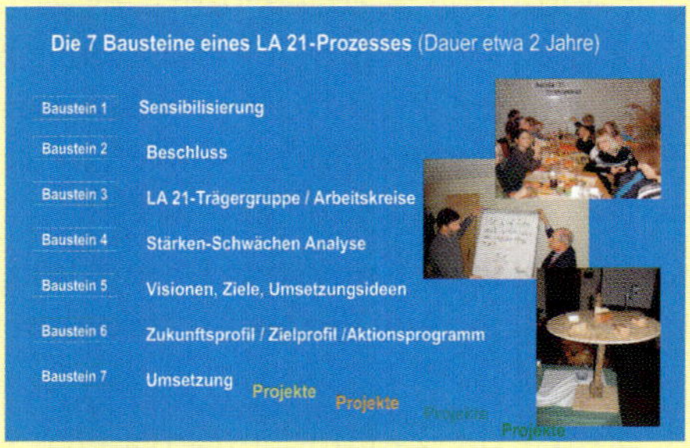

Erfolg durch professionelle Begleitung

Der Prozessbegleiter ist einer, der

- Methoden der Moderation beherrscht
- mit Nachhaltigkeit richtungssicher umgeht
- unparteiisch ist
- „alle“ einbindet
- ein Gespür für verborgene Potenziale hat
- Konflikte austragen hilft
- gemeinsame Ziele sichtbar macht
- von der Idee bis zur Umsetzung führt

© DI Günther Humer, oö. Akademie für Umwelt und Natur

tiger Entwicklung ... Ziel der Lokalen Agenda 21 ist es, ‚Landeplätze‘ für das Neue in einer Gemeinde zu bauen, denn aktive BürgerInnenbeteiligung und eigenständige Zukunftsprozesse sind die Kernelemente einer modernen Gemeinde- und Regionalentwicklung. Nur wenn es gelingt, die menschlichen Potenziale vor Ort zu wecken und Ideenpotenziale zu nutzen, nur wenn eine Gemeinde weiß, wohin sie will, kann sie auch erfolgreich sein ... Steinbach an der Steyr hat es beispielhaft vorgezeigt.“

Die größte Herausforderung besteht darin, die abstrakt anmutenden Programme, wie den Global Marshall Plan, Nachhaltigkeitsstrategien und die Agenda 21, in die konkreten Lebensbezüge der Menschen zu übersetzen und damit zu Impulsgebern für eine positive Zukunft unserer Gesellschaft zu machen. Man könnte sagen, Zukunft ist lernbar, aber es braucht Orte, wo sie lebensnah vermittelt wird.

Durch Gemeindeentwicklung neue Arbeitsplätze schaffen

Um nach dem Verlust vieler Arbeitsplätze wieder Arbeitsmöglichkeit in der

Gemeinde zu schaffen, wurden bei der Sanierung von alter Bausubstanz langzeitarbeitslose Menschen beschäftigt. Durch die umfangreichen Sanierungsarbeiten wurde aber auch den örtlichen und regionalen Gewerbebetrieben eine Vielzahl an Aufträgen erteilt.

Ebenso wurden Unternehmensgründungen seitens der Gemeinde unterstützt. Manchmal war es das Suchen nach einem geeigneten Standort, ein anderes Mal die Vermietung gemeindeeigener Räumlichkeiten an einen Betriebsgründer oder die Gemeinde hat selbst einen Betriebszweig aufgebaut und anschließend an eine Privatperson übergeben.

Dadurch hat sich seit 1986 die Zahl der Gewerbe- und Dienstleistungsbetriebe in der Gemeinde von 27 auf 56 (2006) verdoppelt. Die mehr als 190 neuen Arbeitsplätze bewirken ein höheres Steueraufkommen für die Gemeinde, reduzierten die Arbeitslosenrate von 9% (1986) auf 2,8% (2006) und helfen mit, den Verkehr durch weniger Auspendeln der Arbeitskräfte zu reduzieren. Kurze Wege von der Wohnung zur Arbeit schaffen Lebensqualität für die Bewohner.

Arbeit und Wirtschaft

- Pilshallen
- Betriebsgründungen
- Beschäftigungsprojekte
- attraktive Gastronomie und Beherbergung
- Stärkung der Nahversorgung

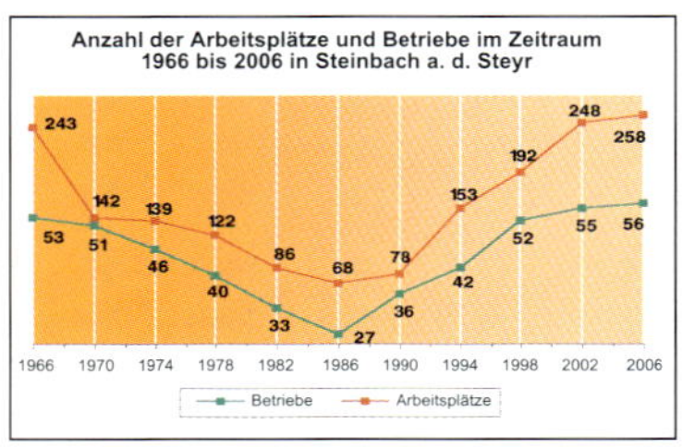

Gewerbe

Nachhaltiges Wirtschaften belebt die örtliche Wirtschaft, macht lokale Potenziale nutzbar und schafft damit zusätzliche Wertschöpfung vor Ort. Die Aufgabe der Gemeindepolitik dabei ist es, mögliche Angebote mit der vorhandenen Nachfrage zusammenzuführen. Welche wirtschaftlichen Angebote fehlen in unserer Gemeinde? Gibt es vor Ort kreative Menschen, die aufgrund ihrer Fähigkeiten für eine Unternehmensgründung in Frage kommen? Die betreffenden Personen werden gezielt angesprochen. Ideen werden gemeinsam mit ihnen entwickelt. Aufgabe der Gemeinde ist es, Betriebsgründer zu ermutigen und die Leistungen des neuen Unternehmens bekannt zu machen. Die öffentliche Anerkennung und der Zuspruch durch die politischen Entscheidungsträger geben den Betriebsgründern Kraft für weitere Schritte.

Es ist auch Aufgabe der Gemeinde, Kooperationen zwischen den örtlichen Wirtschaftspartnern herzustellen und das Beschaffungswesen (nach Möglichkeit) und die Vergabe von Aufträgen auf das lokale Angebot abzustimmen. Erfahrungsgemäß kommt es bei der Neubelebung der örtlichen Wirtschaft nicht auf die Höhe finanzieller Zuwendungen, sondern auf ein gezieltes Ermutigen und Unterstützen befähigter Menschen sowie auf die Inanspruchnahme des neu entstandenen Angebotes an.

Nahversorgung ist Lebensqualität für alle

Nach monatelanger Unterbrechung gibt es seit Mai 1999 wieder ein Lebensmittelgeschäft im Ortszentrum von Steinbach – den „Lebensmittelpunkt". Das Konzept setzt auf die enge Zusammenarbeit mit den örtlichen Landwirten und Gewerbetreibenden (regionalspezifisches Sortiment) sowie auf die Bewusstseinsbildung für die Bedeutung der Nahversorgung beim Konsumenten. Ein teilweise leerstehender Gasthof am Ortsplatz wurde adaptiert und durch den Neubau eines Parkdecks ergänzt. Das neue Geschäft belebt den Ortskern und bringt Frequenz auch für alle übrigen Handelsbetriebe und Dienstleister. Den Kunden bleiben lange Einkaufsfahrten erspart. Besonders Kinder und ältere Menschen profitieren von der Einkaufsmöglichkeit im Ort.

Durch dieses neue Lebensmittelgeschäft sind sieben Arbeitsplätze entstanden. Die Zusammenarbeit zwischen den Vereinen und der Kauffrau funktioniert hervorragend. Die Gemeinde gewährt Vereinsförderungen, vorwiegend in Form von Gutscheinen zur Einlösung bei den heimischen Nahversorgern, um die nötigen Lebensmittel und Getränke für Feste und Feiern bei diesen zu erwerben.

Um bei der Eröffnung die Betreiberin zu unterstützen und zu motivieren, wurde am Ortsplatz am Eröffnungstag ein Informationsstand aufgebaut. Dort wurden die Besucher über das neue Geschäft und über die damit verbundene Belebung des Ortes informiert. Gleichzeitig wurden die Familien ermutigt, als Eröffnungsgeschenk für die Betreiberin eine Treueerklärung zu unterfertigen. Darin heißt es, „Sehr geehrte Frau …, ich versichere Ihnen, in Zukunft den überwiegenden Bedarf des täglichen Lebens in Ihrem Geschäft bzw. in unserem Lebensmittelpunkt zu besorgen.“

Dieses Versprechen haben 240 Haushalte schriftlich abgegeben. Die Erklärungen wurden in gebundener Form beim Festakt der Eröffnung als Geschenk der Gemeindebürger überreicht. Diese Form der Ermutigung für einen Nahversorger ist sicherlich durch schöne Worte nicht zu ersetzen. Das tägliche Einkaufsverhalten der Bürger muss jedoch die Echtheit und Wertigkeit der geleisteten Unterschrift neu beweisen.

„Aus der Region für die Region“ ist das Leitmotiv. Dies gilt für Lebensmittel, Dienstleistungen und Produkte, aber auch für Wärme und Energie. Nähe hat Vorrang!

Wertschöpfung ins Dorf holen

Der Kaufmann – zentrale Drehscheibe im Ort

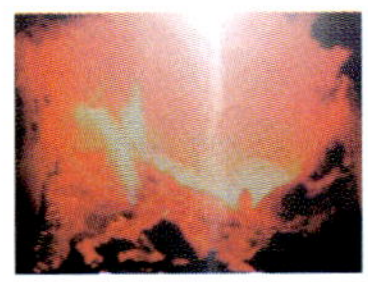

- Produkte aus der Region für die Region
- Nahversorgung sichern durch Vernetzung zwischen Produzent, Handel und Konsument
- zukunftsorientierte Arbeitsplätze schaffen
- Kreislaufwirtschaft stärken
- Gemeindehaushalt sichern
- regionale Finanzierungsmodelle aufbauen

Nahversorgung ist
LebensQualität

Der Ortsplatz – die gute Stube der Gemeinde

Aus der historischen Entwicklung heraus verfügt Steinbach über ein gewachse-

Ortsplatz

- Dorfplatz als Mittelpunkt des Lebens
- Kristallisationskern für die Erneuerung der Bausubstanz und der Siedlungsstruktur
- Stärkung der Identität und der Zusammengehörigkeit der Gemeindebürger
- Raum der funktionierenden Kreislaufwirtschaft und nachhaltiger Lebensqualität

Dorfgemeinschaft

nes Ortszentrum, das von Bürgerhäusern geprägt ist. Pläne eines Architekten, die vom Zeitgeist der 1970er-Jahre beeinflusst waren, sahen den Abbruch der Südfront dieser historisch wertvollen Bausubstanz vor. Der damalige Bürgermeister Johann Ziermayr widersetzte sich diesen Plänen und verhinderte damit die Zerstörung des historischen Ensembles.

Mit dem Eintritt der Gemeinde in die Dorferneuerung wurde der Fachausschuss „Ortsplatzgestaltung" gegründet. Unter der fachlichen Anleitung der Ortsplanerin entstanden Entwürfe für die Gesamtgestaltung. Gemeinsam mit den Bürgern wurde daraus die endgültige Umsetzungsvariante festgelegt.

Neben den gestalterischen Aspekten wurden die Notwendigkeiten für Feiern und für das tägliche Leben und Wirtschaften berücksichtigt. Zur Verkehrsentlastung wurde an den Ortseingangsbereichen eine Anzahl zusätzlicher Parkplätze geschaffen. Für die Hausbesitzer am Ortsplatz wurden in nächster Nähe sechs überdachte Pkw-Abstellplätze gebaut und an diese vermietet.

um das Dauerparken am Ortsplatz zu verhindern. Bei großen Veranstaltungen, wie dem Steinbacher Advent, werden am Ortsplatz der Verkehr gesperrt und das Parken untersagt.

Neben der Oberflächengestaltung verfolgte die Projektgruppe anlässlich der Bauarbeiten noch die komplette Verkabelung der Versorgungsleitungen für Strom, Telefon und TV-Kabel. Außerdem wurde das Wasserleitungsnetz erneuert und der Kanal neu errichtet. Es gelang, die Anrainer für diese Maßnahmen zu gewinnen und die Bauarbeiten der einzelnen Leitungsträger zeitlich aufeinander abzustimmen.

An Steinbachs Ortsplatz werden vielseitige Anforderungen gestellt – Festplatz, Parkplatz, Kontaktraum, Ruheraum und Ausdruck der Selbstdarstellung. Er beherbergt in der Osterzeit den geschmückten Osterbrunnen und im Dezember den Steinbacher Adventkalender mit Adventmarkt. Diese unterschiedlichen Nutzungsansprüche haben jedoch nicht dazu geführt, dass der Platz in starre, schematische Funktionszonen aufgeteilt wurde. Vielmehr gibt es fließende Übergänge. Dies wurde durch Pflasterzeilen, Pflasterrinnen und unterschiedliche Beläge erreicht.

Der Ortsplatz bildet das Zentrum eines kleinen, von den übrigen Ortsgebieten durch Obstgärten und Felsformationen klar abgetrennten Ortskernes. Nach der Renovierung der Häuser zeigt sich das Gemeindezentrum von seiner schönsten Seite.

Beziehungskompetenz stärken, Leben gewinnen

Die Beziehungsqualität der Menschen ist eine der wichtigsten Voraussetzungen für eine positive Entwicklung. In Steinbach wurde ein eigenes Bildungsprogramm zur Förderung der Beziehungsfähigkeit in Dorfgemeinschaft und Familie entwickelt und durchgeführt.

Bei mehreren Startveranstaltungen (zu verschiedenen Zeiten) mit multimedialer Einführung wählten die Bürger die Schwerpunkte für das Bildungsprogramm selbst aus: das Miteinander von Jung und Alt, Beziehung im Betrieb, Beziehung in der Partnerschaft, Beziehung in der Vereinsarbeit, gemeinsames Handarbeiten etc. Das Programm bestand aus einer Reihe von Vorträgen, Workshops und konkreten Hilfestellungen, aber auch aus der Integration des Beziehungsthemas in alle bestehenden Angebote.

Vertreter von Gemeinde, Schule, Bildungswerk, Pfarre, Elternverein, Jugend, Bauern und Wirtschaftstreibenden koordinierten in einer Arbeitsgruppe den Projektablauf. Es führte zu einer breiten aktiven Beteiligung, da über 500 Bürger bei den Startveranstaltungen teilnahmen. Menschen, die bisher wenig Kontakt hatten, kamen miteinander in Beziehung. Ein Bewusstsein für die Bedeutung der Beziehungskompetenz in allen Lebensbereichen wurde geschaffen.

Gemeinsam gewinnen

- Bildungsprogramm zur Stärkung der Beziehungsfähigkeit in Dorfgemeinschaft und Familie
- Dorfgeschenk zum 40-jährigen Priesterjubiläum
- Vereins-Check
- Stärkung des Gemeinsamen bei bestehenden Angeboten
- Vorträge, Workshops
- Seminare zur Sicherung der bäuerlichen Familienbetriebe
- Ausländerintegration
- Frauentreffpunkt – gemeinsames Handarbeiten von Jung und Alt
- SIMA – Selbstständig im Alter
- SelbA – Selbstständig im Alter
- Gesunde Gemeinde

Grüßen ist cool

- Volksschule startet Ideenwettbewerb für Aufkleber
- Sponsorensuche über ORF
- Präsentation des Projekts
- Verteilung des Aufklebers an Haushalte
- Stärkung der Schulgemeinschaft
- Grüßen ist wieder in
- Kinder beteiligen sich an der Gemeindeentwicklung

Dorfgemeinschaft

Zwei Projekte dieses Bildungsprogramms haben in besonderer Weise das Zusammenleben der Menschen verändert.

„Grüßen ist cool": In der Volksschule entstand die Idee, einen schulinternen Wettbewerb zur Gestaltung eines Aufklebers zum Thema Grüßen durchzuführen. Die Kinder besuchten die Haushalte und übergaben die Aufkleber mit der Bitte, diese sichtbar anzubringen und sich in Zukunft aktiv am Grüßen zu beteiligen. Eine Klasse hatte ein Lied getextet, das die verschiedenen Arten des Grüßens in unserem Bezirk zum Gegenstand hat. Ein Gast sagte: „Auf einem Wegstück von 50 Meter wurde ich drei Mal von Kindern gegrüßt. So etwas habe ich noch in keiner Gemeinde erlebt."

„Leben gewinnen": Mit der Absicht, die Menschen der Region einander näher zu bringen, wurde von engagierten Christen beider Konfessionen ein Buch mit 25 Lebensgeschichten von Menschen der Region geschrieben. Diese Lebensgeschichten wurden bei Nachbarschaftsrunden gemeinsam diskutiert. Das Ziel war, dass sich anschließend die Teilnehmer dieser Runden gegenseitig die eigene Lebensgeschichte erzählen. Die Bereitschaft der Bürger, zusammenzurücken und eigeninitiativ zu sein, wurde durch dieses Projekt wesentlich gesteigert.

Altes erhalten – Neues gestalten

Mehrere hochwertige Kulturgüter waren vom Verfall bedroht. Auch der alte Pfarrhof ist 13 Jahre leer gestanden. Heute ist dieses Prunkstück spätbarocker Landarchitektur des 18. Jahrhunderts saniert und mit Leben erfüllt.

1990 nahm ein Arbeitskreis aus Vertretern der Gemeinde, der Pfarre und interessierten Bürgern gemeinsam mit der beratenden Architektin die Renovierung in Angriff. Der ursprüngliche Charakter des Gebäudes konnte erhalten werden: Bischofszimmer, Sekkomalereien, Rokokokachelofen, alte Flusskieselbeläge und der dreigeschossige Mansardendachstuhl. Durch die sensible Verwendung moderner Elemente wurde die Harmonie zwischen Alt und Neu hergestellt.

Ein Beispiel für die kulturelle Tätigkeit ist das Krip-

Kulturgeschehen

- Alter Pfarrhof
- Steinbacher Advent
- Krippen aus aller Welt
- Messerer-Museum
- Ausstellungen
- Kulturtage
- Landesausstellung
- „Vom Umbruch zum Aufbruch"
- Denkmal-/Kulturgüterpflege
- Dokumentationen, Publikationen
- Musikantenstammtisch
- Dokumentationen
- Heimatbuch

Kultur

penhaus und die Ausstellung „Krippen aus aller Welt". Ein eigener Verein wurde gegründet, der in Zusammenarbeit mit der bäuerlichen Hackschnitzel- und Heizgenossenschaft ein Krippenhaus erbaute. In ansprechender Weise werden die Krippen aus aller Welt, die aus verschiedensten Materialien und mit vielfältigen handwerklichen Techniken hergestellt wurden, präsentiert. Sie vermitteln anschaulich, wie das Geschehen um Weihnachten in verschiedenen Kulturen aufgenommen und verstanden wird.

Seit 1987 wird jährlich der Steinbacher Advent als Ereignis von überregionaler Bedeutung gefeiert. Der gesamte Ortsplatz wird zum Adventkalender. Von den 24, künstlerisch von Einzelpersonen und Vereinen gestalteten Fenstern wird täglich eines geöffnet. Unter den Klängen einer örtlichen Bläsergruppe darf ein Besucher täglich um 17 Uhr ein Fenster öffnen. Sowohl der Gast als auch die Zeremonienmeister aus dem Ort werden mit historischen Kostümen eingekleidet. Nach dem Öffnen des Fensters bekommt der Gast eine Urkunde mit einem Erinnerungsfoto. Oftmals warten viele Besucher gespannt, was sich denn heute hinter dem Fenster verbirgt. Diese Initiative hat Steinbach an der Steyr über die Grenzen Österreichs hinaus bekannt gemacht und sorgt zusätzlich für eine positive touristische Entwicklung.

Das Messerer-Museum – ein Projekt der Dorferneuerung. Das Hauptgebäude der einstigen Besteckfabrik wurde unter Mithilfe langzeitarbeitsloser Menschen renoviert. Der eigens gegründete Museumsverein hat sich um die Einrichtung und Ausstellungsgestaltung gekümmert. Im Erdgeschoss wird die Produktion, im 1. Stockwerk das kulturelle und soziale Leben und Wohnen und im Obergeschoss der Welthandel und die Beziehungen zu Venedig gezeigt. Ein kleines, aber feines Museum, das heute nicht mehr wegzudenken ist. Besonders die Fahrgäste der Steyrtal-Museumsbahn schätzen dieses attraktive Angebot nahe dem Endbahnhof.

Impulse, Aufbruch, Begleitung und Bilanz

Am Anfang steht die Sehnsucht. Es braucht Menschen, die sich nach Veränderung sehnen und bereit sind, bei sich selbst mit der Veränderung zu beginnen. In der Pionierphase bedarf es zumindest eines Trägers der Vision. Es muss ihm ein Herzensanliegen sein, dem eigenen Ort einen neuen Stellenwert zu geben. „Alles beginnt mit der Sehnsucht, am Anfang steht immer ein Traum", so heißt es im Text eines Liedes; dies gilt aber auch für die Entwicklung einer Gemeinde.

Je mehr Projekte entstehen, desto größer wird der Bedarf an Aus- und Weiterbildung. Es ist unfair, wenn jemand eine Tätigkeit ausüben soll, auf die er nicht vorbereitet ist. Daher ist großes Augenmerk auf die Bildungsarbeit zu legen. Gemeindeentwicklung ist Personalentwicklung.

Damit aber ein solcher Prozess nicht nach zehn oder zwanzig Jahren wieder zusammenbricht und Trägheit, Interesselosigkeit sowie die alten Muster des Parteidenkens zurückkehren, ist rechtzeitig für geeignete Nachfolge in den jeweiligen Funktionen zu sorgen. Nur wer sich um das Morgen kümmert, denkt und handelt nachhaltig. Denn es geht nicht um den Erfolg einer oder mehrerer Personen in einer gewissen Zeitspanne, sondern um die Zukunft unserer Gemeinde.

Um die oben beschriebene Langzeitentwicklung sicherzustellen, heißt es im Leitbild der Gemeinde Steinbach an der Steyr: „Uns ist bewusst, dass weder die persönliche Lebenslänge, noch die wirtschaftliche und körperliche Kraft ausreichen, um alle Ideen und Notwendigkeiten umzusetzen bzw. auszuführen. Hier wollen wir auf die Kontinuität der Generationsfolge achten und trotz der vielen Aufgaben und Herausforderungen die nötige Gelassenheit bewahren.“ Diese Formulierung soll sicherstellen, dass rechtzeitig an das Mitdenken und Mitarbeiten der Kinder und Jugendlichen der Gemeinde gedacht wird und sie in das Gemeindegeschehen eingebunden werden.

Der Steinbacher Weg – eine Zwischenbilanz

„Hauptaufgabe ist, das Erreichte abzusichern und die Gedanken der Nachhaltigkeit in den Köpfen der Menschen zu festigen und weiter zu entwickeln.“
Bgm. Dr. Christian Dörfel

Bevölkerungs- und Strukturentwicklung

- Abwanderung gestoppt, Zuzug bewirkt
- 27 Gewerbe- und Dienstleistungsbetriebe gegründet
- 180 neue Arbeitsplätze geschaffen

Revitalisierung der Bausubstanz und des kulturellen Erbes

- 15 Häuser im Ortskern, alten Pfarrhof und Pilshallen revitalisiert
- 23 Kapellen und 38 Wegkreuze saniert

Beitrag zum Landschafts- und Klimaschutz

- bäuerliche Betriebe gehalten
- neue Einkommensquellen aufgebaut (Bioenergie, Dörrobst, Natursäfte …)

Neue politische Kultur und Bürgerbeteiligung

- kreatives Klima im Gemeinderat
- 40% der Einwohner ehrenamtlich engagiert
- positive Einstellung der Bürger zur Zukunft (Befragung STUDIA)

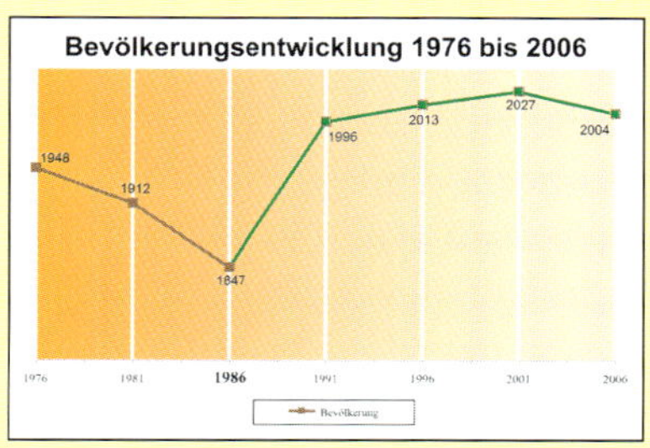

Es ist nicht das alleinige Ziel der Parteien, in Steinbach die Mehrheit bei Wahlen zu erreichen, sondern durch die Art der Arbeit möglichst viele Menschen zur Teilnahme an Wahlen und zur späteren Mitarbeit zu bewegen. Welche Demokratie ist es, wenn in manchen Städten und bei verschiedenen Wahlen nur mehr die Hälfte der Wahlberechtigten daran teilnimmt? Wie gefährdet ist die Demokratie in wirtschaftlich schwierigen Zeiten, wenn das Vertrauen zwischen Wähler und Politiker verloren geht? Die kommunale Ebene ist am nächsten beim Bürger. Zumindest dort soll man erleben und erkennen, was es heißt, Verantwortung für die Gestaltung der Gegenwart und der Zukunft zu tragen. Wer sich in den Gemeinden mit der Zukunft, also einer nachhaltigen Entwicklung und einer neuen politischen Kultur beschäftigt, hat auch die Jugend auf seiner Seite.

Lebensraum auch für zukünftige Generationen erhalten

Im Entwicklungskonzept von Steinbach heißt es: „Revitalisierung der bestehenden Bausubstanz im Ortskern, im Außenbereich Rückwidmung von Bauland in Grünland, Konzentration der künftigen Siedlungswidmung auf zentrumsnahe Flächen."

Die Umsetzung erforderte mit den Haus- und Grundbesitzern eine intensive Besprechungs- und Verhandlungsphase. Nach Einigung mit den Besitzern hat die Gemeinde drei größere Flächen zu ortsüblichen Baulandpreisen erworben, im Rahmen einer flächensparenden Gesamtplanung auf 42 Parzellen aufgeteilt und aufgeschlossen. Von zwei Projekten wurden die Parzellen vorrangig an einheimische Bewerber (junge Familien) verkauft und bebaut. Es wurde Bauverpflichtung innerhalb von zwei Jahren vereinbart und damit einer Baulandspekulation vorgebeugt. Den Bauwerbern wurde von der Gemeinde eine kostenlose Bauberatung durch die Ortsplanerin ermöglicht. Im Gegenzug wurden 55.000 m^2 zentrumsferne Baugründe in Grünland rückgewidmet.

Mit vielen Initiativen unter dem Motto „Vom globalen Agrarmarkt zur lokalen bäuerlichen Entwicklung" wurden Bauern ermutigt, den kleinen Betriebsstrukturen angepasste Wirtschaftsweisen vorzunehmen und umweltschonend zu wirtschaften.

Um die flächendeckende Landbewirtschaftung in den steilen Hanglagen des Steyrtales zu sichern, wurde in Steinbach ein Pilotprojekt gestartet. 34 bäuerliche Grünlandbetriebe mit einer durchschnittlichen Größe von ca. 15 ha werden Flächen, deren künftige Bewirtschaftung gefährdet ist, erfasst und klassifiziert. Eine Arbeitsgruppe bereitete die Gründung der „Bewirtschaftungs- und Landschaftspflegegemeinschaft Steinbach" vor. Diese organisiert bei Bedarf, betriebsübergreifend für den gesamten Ortsteil, die flächendeckende Grünlandpflege sowie die Sicherung ökologisch wertvoller Landschaftselemente. Ein ergänzendes Beratungsprogramm zielt auf optimale Flächenproduktivität bei gleichzeitiger Naturnähe hin. Mit diesem Projekt soll ein multiplizierbares Modell für die Nationalparkregion Steyrtal erprobt werden.

Die ursprünglich geplante zentrale Kläranlage mit flächendeckendem Kanalnetz stellte sich aufgrund des weiträumigen Siedlungsgebietes und der schwierigen Geländeverhältnisse als kaum finanzierbar heraus. Nach anfänglichen Schwierigkeiten gelang es, ein Konzept zu erstellen, bei dem der Ortskern zentral und die Streusiedlungen dezentral entsorgt werden. Das Ergebnis ist eine flächendeckende Abwasserentsorgung, die den gesetzlichen Bestimmungen und ökologischen Zielen gerecht wird. Weiters wurden enorme Baukosten eingespart und die jährlich anfallenden Betriebskosten in Grenzen gehalten.

Wertschöpfung sichert Obstsorten und Kulturlandschaft

Bei der Vorbereitung einer Apfelausstellung 1987 wurden im Gemeindegebiet mehr als 120 verschiedene Apfelsorten entdeckt. Nun

Die natürlichen Grundlagen sichern

Ziel:

- Erhaltung der kleinstrukturierten Landwirtschaft
- Sicherung der Vielfalt an Tier- und Pflanzenarten
- Vermeidung der Zersiedelung
- sparsamer Umgang mit Grund und Boden

Maßnahmen:

- Flächenbilanz, Erschwernisse und Biotope erheben
- Finanzierungsmodell erarbeiten
- Bewirtschaftungs- und Landschaftspflegegemeinschaft gründen
- optimale Flächenproduktivität anstreben

Umwelt

Steinbacher Dörrobst und Steinbacher Natursäfte

- Jährliche Verarbeitung von 15.000 kg Frischobst zu Steinbacher Dörrobst und 300.000 kg Mostobst zu Steinbacher Natursäften und Spezialmosten
- Verbesserung der bäuerlichen Wertschöpfung durch Schaffung von Zusatzeinkommen
- sinnvolle Umnutzung eines aufgelassenen Bauernhofes
- Entwicklung neuer Produkte für eine gesunde Ernährung „aus der Region für die Region"
- Erhaltung alter regionaler Obstsorten
- Sicherung der landschaftsprägenden Streuobstgärten und Obstbaumreihen

Landwirtschaft

galt es, die Vielfalt der Sorten und die umfangreichen landschaftsprägenden Streuobstbestände durch neue Formen wirtschaftlicher Nutzung dauerhaft zu sichern. 1990 schlossen sich anlässlich der Renovierung des alten Pfarrhofes acht Bauern zusammen und gründeten die ARGE Steinbacher Dörrobst. Im Wirtschaftstrakt des alten Pfarrhofes wurden drei Dörrkammern, ein Arbeits- und Verkaufsraum und ein Lagerraum zur Ausreifung der Äpfel und Birnen eingerichtet.

Seit 1991 werden jährlich ca. 15.000 kg Äpfel, Birnen und Zwetschken – ungespritzt und handgepflückt – zu Steinbacher Dörrobst verarbeitet. Diese werden ohne chemische Zusätze, luftdicht und sortenrein, in Fässern aufbewahrt und nach Bedarf abgepackt. Hauptabnehmer sind Seminar- und Gasthäuser, Fachgeschäfte, Bauernmärkte, Almhütten und Sportorganisationen.

Die Steinbacher Natursäfte werden seit 1996 von einer Genossenschaft, bestehend aus sieben Bauern, produziert. Die Säfte werden naturrein, ohne Zucker und ohne chemische Zusätze, durch Pasteurisieren haltbar gemacht.

Ein denkmalgeschützter Vierkanthof wurde zur Saftproduktion umgebaut. Jährlich werden an die 150.000 Liter Natursäfte produziert. Mehrere Varianten an Mischsäften wie Apfel-Hollunder, Apfel-Johannisbeer, Birne-Hollunder, Birne-Johannisbeer, Birne-Himbeer usw. bilden die Produktpalette. Zu den Abnehmern gehören das örtliche Lebensmittelgeschäft, Krankenhäuser, Öko-Hotels, Bildungseinrichtungen, Büros, aber auch Gasthöfe. Auf Wunsch und Bestellung werden diese Natursäfte auch in Siedlungsgebieten zugestellt. Neuerdings werden auch Spezialmoste in Gemeinschaft erzeugt.

Es ist wichtig, dass durch diese Projekte mehrere Bauern eine Zuerwerbsmöglichkeit gefunden haben. Einerseits werden das Abwandern aus der Landwirtschaft reduziert und Einkommenskombinationen ermöglicht, anderseits gibt es ein Entwicklungspotenzial für die Zukunft. Bei diesem Projekt geht es nicht alleine um eine Einkommensquelle für Bauern, sondern auch um die Versorgung der Menschen mit alkoholfreien Getränken aus der näheren Umgebung; Transportwege werden damit verkürzt. Es ist auch wieder üblich geworden, dass Bauern junge Obstbäume nachpflanzen und für die Erhaltung der alten Obstsorten Mühe aufwenden. Diese Projekte stärken das Selbstwertgefühl der Bauern und den Zusammenhalt innerhalb der Berufsgemeinschaft. Ständige Weiterbildung der Betroffenen ist ein Beitrag zum lebensbegleitenden Lernen.

Klimaschutz und nachwachsende Rohstoffe

Seit 1990 arbeiten 20 Bauern in einer bäuerlichen Hackschnitzel- und Heizgenossenschaft, also in der „Nahwärme Steinbach", zusammen. Sie errichteten bisher fünf Hackgutheizanlagen und verkaufen Wärme an die Hausbesitzer und Wohnungsinhaber. Dabei setzen sie auf dezentrale Heizwerke mit kleinen Nahwärmenetzen, auch „Mikronetze" genannt.

Oftmals versorgen zentrale Biomasse-Fernwärmeanlagen mit einer Heizzentrale und einem umfassenden Leitungsnetz das gesamte Gemeindegebiet. Durch optimale Leistungsdimensionierung, kürzere Leitungen und eine schrittweise Erweiterung wie in Steinbach ergeben sich mehrere organisatorische und finanzielle Vorteile.

Das Restholz aus den Wäldern wird wieder genutzt und bringt Wertschöpfung. Die Zusammenarbeit zwischen Wärmelieferanten und Wärmeabnehmern fördert das Verständnis der Gemeindebürger für wirtschaftliche Beziehungen zueinander. Die Gemeinde unterstützte diese Initiative durch Informationsveranstaltungen zum Energiesparen und zum Klimaschutz. Durch gemeinsame zeitlich abgestimmte Planungen, z. B. anlässlich der Verlegung einer Wasserleitung oder der Errichtung eines Abwasserkanals, werden für die Verlegung der Wärmeleitungen Kosten vermieden.

Hackschnitzelheizungen

- Fünf Heizwerke
  - Alter Pfarrhof 140 kW
  - Eckergründe 120 kW
  - Zemsauer 200 kW
  - Volksschule 500 kW
  - Ortszentrum 500 kW
- verstärkte Nutzung eines nachwachsenden Energieträgers – derzeit etwa 2500 Schüttraummeter Hackgut
- Beitrag zum Klimaschutz durch Verminderung der CO_2-Emissionen
- Schaffung eines Zusatzeinkommens für 20 Landwirte – 300 ha Bauernwald
- Kooperationsprojekt der Landwirte mit Gewerbebetrieb
- Versorgung mit Wärme für öffentliche Gebäude, Wohnanlagen, Siedlungshäuser, Baulandprojekte
- Stärkung der lokalen Wertschöpfung – Verringerung der Auslandsabhängigkeit

Landwirtschaft

Klimaschutz fängt in der Gemeinde an. Daher hat sich Steinbach an der Steyr um die Aufnahme als Klimabündnis-Gemeinde beworben. Mit der Versorgung einer Anzahl von Objekten mit Wärme aus Hackschnitzel können die gesteckten Klimabündnis-Ziele „Minus 50% CO_2-Ausstoß“ bis 2015 problemlos erreicht werden. Gleichzeitig erreicht die Gemeinde eine gewisse Unabhängigkeit in Bezug auf die Sicherheit der Versorgung und von den enormen Preisschwankungen der fossilen Energieträger.

Wenn die Erbauer von Einfamilienhäusern wissen, dass sie mit Nahwärme aus dem Leitungsnetz sicher und krisenunabhängig versorgt werden können, können sie größere Investitionskosten für Lagerraum und Heizraum sowie für Heizkessel einsparen. Die Räumlichkeiten können viel besser geplant und beim Bau zielgerichteter ausgestattet werden. Das Service sowie die Beratung für die sparsamste Verwendung der Wärme erfolgt durch die Genossenschaft.

Um aber auch jenen Hausbesitzern, die an keinem Leitungsnetz liegen, eine umweltfreundliche Heizung zu ermöglichen, betreibt ein

Mitglied der bäuerlichen Genossenschaft die Zustellung von Hackschnitzeln. Ein ausreichender Lagerraum wurde dafür geschaffen. Bisher sind sämtliche öffentliche Gebäude, Gewerbebetriebe und Mietwohnhäuser der Styria-Wohnungsgenossenschaft und der Gemeinde sowie eine Reihe von Siedlungshäusern am Nahwärmenetz angeschlossen.

4.4 Auszeichnungen

Der Steinbacher Weg wurde aufgrund seiner Einzigartigkeit und Ganzheitlichkeit mehrfach ausgezeichnet. Darunter auch vom österreichischen Gemeindebund im Rahmen des Wettbewerbs „Umweltkultur 1990".

„Umweltkultur 1990"

Die **Begründung der Jury**: *„Ein großartiges Beispiel für eine finanzschwache, landwirtschaftlich dominierte und von wirtschaftlichen Rückschlägen heimgesuchte Gemeinde in Oberösterreich, die allen Schwierigkeiten zum Trotz neuen Mut und eine neue Identität gefunden hat. Es wurde ein Konzept der Dorferneuerung und Gemeindeentwicklung verwirklicht, das dem vielseitigen Begriff ‚Umweltkultur' nahezu vollkommen entspricht und beispielgebend ist.*

Besonders hervorzuheben: eine bis ins kleinste Detail vollständige Dokumentation und weitgehende Revitalisierung der Kulturgüter, gezielte Bewusstseinsbildung für die Landschafts- und Umwelterhaltung, Aktivierung der Kreativität, Gesundheitsprogramm, Bürgerbeteiligung bei allen Planungen und Maßnahmen. Vorbildliche Gesamtsituation als Ergebnis der zahlreichen Aktivitäten."

„Europäischer Dorferneuerungspreis 1994"

Die **Jury der Europäischen ARGE für Landentwicklung und Dorferneuerung** hat für die Verleihung „Europäischer Dorferneuerungspreis 1994" an die Gemeinde Steinbach an der Steyr folgende Begründung angeführt.

„Von einer extrem schwierigen Ausgangslage ist es in Steinbach an der Steyr gelungen, über ein feinmaschiges Netzwerk endogene Kräfte wieder zu erwecken und neu aufzubauen.

Nach wie vor geschieht dies unermüdlich in kleinen Schritten, allein aufgrund der eigenen Möglichkeiten. Die Methoden der Bürgerbeteiligung und Einbeziehung aller Interessen in Form der Leitbildentwicklungen sind beispielhaft.

Ortsplanerisch bedeutsam sind die Rückführung zahlreicher Bauflächen in landschaftliche Zonen, die Selbstbeschränkung des baulichen Wachstums, die schrittweise Revitalisierung des Ortskernes, die wirtschaftlich-soziale Vernetzung mit dem Umland.

Der Pfarrhof dient als erster kompletter Baustein des umfassenden Leitbildes – er verbindet alte Substanz und Neubauteile beispielhaft. Auch die Einzelprojekte im Ortskern – Fabriksgelände, Altenwohnen, Marktplatzbebauung und Einzelgebäude – sind in Abwicklung, Gestaltung und schrittweiser Realisierung sehr gut gelöst.

In der Gesamtheit dieser Auswirkungen wird ein umfassender Beitrag zu einer zeitgemäßen Dorferneuerung gesehen."

„Umweltschutzpreis 1997 des Landes OÖ"

Feststellung der Jury: *„Die Gemeinde Steinbach an der Steyr führt seit 1986 zielgerichtet Umweltschutzaktivitäten in unterschiedlichen Umweltbereichen durch. Aus der Vielzahl der Leistungen einige Beispiele: Erstellung eines detaillierten örtlichen Entwicklungskonzeptes mit konkreten Maßnahmenplänen. Darunter fallen z. B. die Errichtung einer Obsttrocknungsanlage, die Errichtung von Hackschnitzelheizungen, der Beitritt zum Klimabündnis, die Gründung eines Bauernmarktes, Betriebsumstellungen von Landwirten auf biologischen Landbau, die Sanierung des alten Pfarrhofes u. a."*

4.5 Buchauszug

Im Buch **„Oasen in der globalisierten Welt"**[16] beschreibt der Autor Eduard Gugenberger die Idee einer nachhaltigen Entwicklung und wie er sie bei einem Besuch in Steinbach an der Steyr erlebt hat, wie folgt:

Steinbach – Ein Ort, der sich am eigenen Schopf aus dem Abgrund zog

„... So verstehen die einen nachhaltige Entwicklung als radikal ganzheitliches Konzept, die anderen beziehen sie nur auf bestimmte Bereiche. Wieder andere sehen ‚nachhaltig', seiner ursprünglichen Zielrichtung völlig beraubt, bloß als bedeutungs-

[16] Gugenberger, E.: „Oasen in der globalisierten Welt", 2007, Verlag Carl Ueberreuter, Wien, S. 135 ff.

gleiches Wort für ‚umweltbewusst' ... Dabei ist von der Grundidee her die Verbindung von sozialer, ökologischer und wirtschaftlicher Ebene unerlässlich. Und selbstverständlich spielt der Faktor Mensch die wichtigste Rolle – wo kein Wille, da kein Weg.

Steinbach hat sich in diesem Punkt deutlich von der herrschenden Politik abgesetzt. Hier wurde Nachhaltigkeit noch in ihrer engagierten Form verfolgt. Wer sich die Sache genauer zu Gemüte führen möchte, dem bietet die örtliche ‚Nachhaltigkeitsschmiede' anschauliches Grundlagenmaterial und Denkanstöße. Die Idee der Nachhaltigkeit lebt – oder auch nicht – mit jenen Menschen, die sie vertreten. Und bei den Steinbachern lebt sie. Haben sie sich doch eingehender als andere dazu durchgerungen, diesen Weg mit allen Konsequenzen zu gehen. Nicht zuletzt deshalb, weil ihnen die Notwendigkeit einer Entwicklung der anderen Art beinhart vor Augen geführt wurde. Steinbach nämlich bekam früher und heftiger als viele andere Ort die negativen Folgen der Globalisierung zu spüren.

... Der Erarbeitung der Theorie folgte die Umsetzung in die Praxis. Wiederum in diskussionsfreudiger Gemeinschaft wurde mit Steuerungsgruppen und dem Einsatz engagierter Bürger als Speerspitzen ein Aktionsprogramm erarbeitet. Und es entstand eine Vielzahl unterschiedlichster Projekte, bei denen nicht nur Gemeindebürger mitarbeiteten, sondern auch Fachkräfte von auswärts zugezogen wurden. Man gründete ‚Kooperationen', verteilte Arbeit und Verantwortung, sicherte die Sache rechtlich ab und schuf neue Möglichkeiten der Finanzierung des ‚Steinbacher Weges'. Eine wichtige Rolle dabei spielt das sogenannte ‚Grüne Geld'.

In der Praxis sieht das so aus, dass Leute, die über mehr Geld verfügen als sie kurzfristig benötigen, anonym eine bestimmte Summe zur Verfügung stellen. Die vorhandenen Mittel werden an Menschen, Vereine bzw. Nahversorger für die Umsetzung nachhaltiger Projekte zu deren finanziellen Unterstützung gegeben. Als Vermittler dabei fungiert ein kirchlicher Mitarbeiter als neutraler Verwalter bzw. Treuhänder. Er kümmert sich um die – zwecks Absicherung notwendige – Bankhaftung und die Rückzahlung des Kredites innerhalb eines bestimmten Zeitraumes. Das Geld wird nach einer umfassenden Analyse der Gesamtsituation des Schuldners unverzinst, jedoch mit Wertsicherung, verborgt.

... Nur so kann der Entwicklung schließlich ein ganz konkretes Programm gegeben werden, auf dessen Grundlage Projekte entstehen und gedeihen. Zwei Jahrzehnte ‚Steinbacher Weg' hinterließen auf allen Ebenen eine stolze Bilanz."[17]

Auf der Umschlagseite des Buches heißt es: „*Ein paar Dörfer, Inseln, Ministaaten, kleine Gemeinschaften, verstreut in aller Welt, widersetzen sich der globalen Einerlei. Wie einst Asterix' unbeugsames gallisches Dorf lassen sich die Bewohner dieser*

[17] Gugenberger, E.: „Oasen in der globalisierten Welt", 2007, Verlag Carl Ueberreuter, Wien, S. 135 ff.

Oasen nur ungern kontrollieren und noch weniger unterwerfen. Vielmehr versuchen sie ihre Eigentümlichkeiten zu erhalten – oder überhaupt erst zu entwickeln – und ihr Leben selbst zu gestalten."

Steinbach an der Steyr fügt sich gerne in diese Reihe der zukunftsbeständigen Dörfer und Gemeinde ein und versteht sich als „Entwicklungslabor" für eine enkeltaugliche, nachhaltige Entwicklung.

4.6 Vom Einzelkämpfertum zur zukunftsfähigen Entwicklung

Eine große Herausforderung prägt unsere Zeit. Wir stehen zwischen einer rasant fortschreitenden Globalisierung und der Sehnsucht vieler Menschen nach Heimat, also nach einem überschaubaren Lebensraum. Nachdem es sicher ist, dass auch zukünftig die Menschen nicht auf einer Homepage, sondern in einem Heimatort leben werden, sollen wir der Planung und Gestaltung unserer Zukunft, unserer unmittelbaren Heimat und des ländlichen Raumes verstärkte Aufmerksamkeit schenken.

Die „Messerer"-Gemeinde Steinbach an der Steyr hat sehr frühzeitig die Folgen der Globalisierung (Billigimporte von Essbesteck aus Fernost) zu spüren bekommen. Diese bitteren Erfahrungen wurden bereits im Abschnitt „Der Steinbacher Weg" ausführlich geschildert.

Unsere Erfahrung

Es kommt niemand von außen, der eine gefährdete Gemeinde retten kann. Wir müssen selbst vom ziellosen Agieren zu Visionen und klaren Zielen kommen. Es kann allerdings äußerst hilfreich sein, wenn jemand von außen uns die Augen für unsere Stärken und Schwächen öffnet und uns Perspektiven der Hoffnung vermittelt.

Dr. Hans Millendorfer – Ein „Prophet" als Mutmacher

In Steinbach an der Steyr hat diese Aufgabe Prof. Dr. Hans Millendorfer in besonderer Weise übernommen. Er hat glaubhaft vermittelt, dass die Menschen im ländlichen Raum nicht die Letzten von gestern, sondern die Ersten von morgen sein werden. Er begründete dies mit der Erkenntnis, dass die Industrie- und Wohlstandsgesellschaft dringend einer Kurskorrektur bedarf und die Zeit des grenzenlosen Wachstums endgültig zu Ende geht.

Er plädierte für eine Hinwendung von technischen Systemen zu lebendigen Strukturen des Lebens: Von der Einfalt der Großkonzerne zur Vielfalt überschaubarer Einheiten. Vom grenzenlosen Verbrauch der Ressourcen zum schonenden Umgang mit Rohstoffen, also man würde heute sagen: Hin zu einer nachhaltigen, zukunftsfähigen Entwicklung. Diese Aussagen machte Dr. Hans Millendorfer schon Jahrzehnte vor dem Beschluss der Agenda 21 1992 in Rio de Janeiro. Er forderte eine Umkehr zum Leben ein und meinte, dass diese Umkehr im ländlichen Raum wesentlich rascher erfolgen kann als im urbanen, da hier vieles, was wir morgen brauchen und verstehen müssen, heute noch vorhanden ist.

Die Herausforderung

Für einen Bürgermeister gilt es daher, vom Verwalten der Gemeinde zum Management der Veränderungsprozesse zu kommen. Diese neue Aufgabe erfordert

- eine Vereinbarung von Spielregeln,
- ein neues Klima des Umgangs miteinander und
- die Festlegung klarer Kompetenzen und Ziele.

Ein wichtiger Schritt ist das Begründen von neuen Partnerschaften. Allerdings müssen wir die notwendigen Fähigkeiten dazu trainieren. In Steinbach haben wir unter dem Titel „Gemeinsam gewinnen" ein eigenes Bildungsprogramm durchgeführt, damit wir alle beziehungsfähiger werden. Die Verdrossenheit und Interesselosigkeit der Bürger kann nur durch deren Einbindung überwunden werden. Wir haben auch dafür zu sorgen, dass nicht einige alles, sondern viele etwas tun, damit es zur Aufgabenteilung kommt.

Soziale Kompetenz

Wir brauchen in unseren Gemeinden und Regionen viele Menschen mit sozialer Kompetenz, denn „nichts verändert sich, außer wir verändern uns selbst".

Die „drei goldenen K" sind hier anzuführen, die besonders wichtig sind und die wir in unserer Gemeinde sehr ernst nehmen:

1. Konflikte lösen
2. Kreativität fördern
3. Kooperationen beginnen

Denn unser Weg in die Zukunft besteht aus Vernetzungen nach innen und nach außen.

Nachhaltige Regionalentwicklung

Was würde es uns langfristig helfen, wenn die Gemeinde zwar eine nachhaltige Entwicklung anstrebt, die Region aber völlig andere Ziele verfolgt? Daher sind wir in Steinbach für unseren Bezirk Kirchdorf a. d. Krems zum Schritt- und Mutmacher für eine nachhaltige Regionalentwicklung geworden. Wir wollen eine lernende Naturregion sein.

Ich bin überzeugt, dass ein erfolgreiches Planen und Gestalten unserer Regionen ohne eine begleitende Bildungsarbeit nicht gelingen kann. Je mehr Menschen wir daher zur Mitarbeit gewinnen können, umso wirkungsvoller wird eine neue Bürgergesellschaft entstehen und unsere Demokratie beleben.

Sie zu diesem Dienst zu befähigen, bedeutet für die Bildungsarbeit:

- **Selbstständige Menschen in der Gemeinschaft heranbilden** und nicht das Unbehagen über die Politiker und Parteien beklagen.
- **Klarheit über die eigene Situation schaffen und analysieren lernen** statt ohne Grundlagen arbeiten.
- **Fähige Menschen auf Führungsaufgaben vorbereiten** und nicht unvorbereitet Aufgaben übertragen und oft auch „verheizen" lassen.
- **Zugänge zu den Menschen suchen und fördern** und nicht nur über die Untätigkeit und Interesselosigkeit der Leute klagen.
- **Eigeninitiativen der Bürger fördern und unterstützen** und nicht als Konkurrenzaktivitäten bekämpfen.
- **Vorbereitung der Bürger zur Mitwirkung durch Bildungsprozesse zur Herzensbildung** und nicht **nur** durch Wissensvermittlung.
- **Die Mitwirkung aller, die wollen, sichern und forcieren** und nicht die Menschen abstempeln als „Rote", „Schwarze", „Blaue", „Grüne" oder Sonstige.
- **Die Zukunft aktiv mitgestalten lernen** und die Menschen nicht in Ohnmacht und Lethargie erstarren lassen.

Aufgrund dieser Erfahrungen sind heute schon viele überzeugt, dass der ländliche Raum wirklich nicht ein Überrest von „gestern" werden muss, sondern tatsächlich der Hoffnungsraum von morgen sein kann. Dies allerdings nur dann, wenn wir alle mehr tun, als es unsere Pflicht ist. Daher viel Mut und Kraft für diese herausfordernde und wichtige Bildungsaufgabe!

Unser Einsatz für eine gerechtere Gestaltung der Globalisierung

„Den Stein ins Rollen bringen“ – Global Marshall Plan

Es genügt nicht, nur unseren unmittelbaren Lebensraum menschenwürdig, gerecht und damit zukunftsfähig zu gestalten, wenn weltweit oftmals das Gegenteil geschieht. Wir dürfen die Globalisierung nicht nur geschehen lassen, sondern wir müssen sie gestalten. Dazu braucht es starke private und politische Akteure und Akteurinnen, die zum Wohle des Ganzen in eine neue zukunftsfähige Richtung steuern. Einen Rahmen dafür setzt der **Global Marshall Plan**, eine Initiative für eine Friedensstrategie zur Entwicklung der Menschheit auf der Grundlage von Gerechtigkeit, Solidarität, nachhaltiger Entwicklung sowie eines Dialogs zwischen Kulturen und Religionen. Die Initiative wurde in Europa gestartet, versteht sich als gemeinsames Forum von „Nord“ und „Süd“ für eine zukunftsfähige Welt. Gesucht werden Gemeinsamkeiten von vielen bestehenden Projekten, Initiativen und Persönlichkeiten – getragen von der Überzeugung, dass es bei allen legitimen gesellschafts-, partei- und interessenpolitischen sowie philosophischen oder religiösen Unterschieden einen beachtlichen gemeinsamen Nenner in der Zielsetzung gibt:

- gerechtere Gestaltung der Globalisierung
- ökonomische, ökologische und soziale Nachhaltigkeit
- die Verwirklichung der Menschenrechte und Menschenwürde für alle

Die Global Marshall Plan-Initiative greift gute Ideen auf und initiiert eigenständige Aktivitäten, damit sich durch Bewusstseinsbildung von unten auch das Handeln politischer und wirtschaftlicher Eliten ändert. Damit unsere Kinder und Enkelkinder auch auf eine lebenswerte Zukunft hoffen dürfen, müssen wir jetzt für Frieden, Gerechtigkeit und Bewahrung der Schöpfung eintreten.

„*Nichts auf der Welt ist so stark wie eine Idee, deren Zeit gekommen ist*“ (Victor Hugo).

Die Zeichen der Zeit lassen uns deutlich erkennen, dass gemeinsames Handeln dringend gefragt ist.

Broschüre „Der Steinbacher Weg";
Steinbach an der Steyr, OÖ

4.7 Broschüre „Steinbacher Weg" und OÖ Verein für Entwicklungsförderung

Die weiterführende Broschüre „Der Steinbacher Weg" ist in verschiedenen Sprachen lieferbar und beim OÖ Verein für Entwicklungsförderung erhältlich.

Der Film (auf DVD) „Der Steinbacher Weg" zeigt durch Interviews mit engagierten Menschen in Steinbach an der Steyr die Entwicklung auf.

Weitere Informationen zu Steinbach an der Steyr (wie Exkursionen, Vorträge, Seminare) und zur Nachhaltigkeitsschmiede erhalten Sie beim:

OÖ Verein für Entwicklungsförderung

Pfarrhofstraße 1
4594 Steinbach a. d. Steyr
Tel.: 0043 (0) 7257/84 11
Fax: 0043 (0) 7257/84 11-20
E-Mail: vfe.steinbach@aon.at
www.europeanbestpractice.com
www.steinbachsteyr.at
(„Der Steinbacher Weg")

DVD „Der Steinbacher Weg";
Steinbach an der Steyr, OÖ

5. Ein möglicher Beginn für Bürgerbeteiligungsprozesse – Ein Impuls für gelebte Demokratie

Melktaler Impulse, Auftaktveranstaltung

Das Wichtigste bei jeder Aktivität ist immer der erste Schritt. Ist der Start gelungen, so freuen sich in der Regel die Menschen auch über ein gelungenes Ende.

Einzelne notwendige Schritte führen zur gelebten Demokratie.

1. Schritt: Die Analyse (Bürgerzufriedenheitsmessung)

Zunächst ist es notwendig, eine genaue Analyse der Unternehmenskultur in der Gemeinde durchzuführen. Diese Analyse umfasst die Ansichten der Bürger, der Gemeindebediensteten, der Verantwortungsträger in der Politik, den Vereinen, der Wirtschaft und in sonstigen Organisationen (Schule, Altersheim Kindergarten usw.).

In Vieraugengesprächen werden die Informationen, die Zusammenarbeit, das Konfliktverhalten, die Kommunikation, die Zukunftschancen usw. abgefragt und die Antworten in einer Analyse zusammengefasst.

2. Schritt: Ein Teamentwicklungstraining als Impuls für den gesamten Prozess (Impulstagung)

Das Teamentwicklungstraining setzt als Bürgertagung die wichtigsten Impulse für die weitere Arbeit. Die Analyse wird in einer Bürgertagung – einer mehrtägigen Klausur – aufgearbeitet. Eingeladen sind alle Bürger, vor allem aber die politischen Verantwortungsträger, die Gemeindebediensteten, Vertreter von Vereinen, Betrieben und sonstigen Organisationen.

3. Schritt: Arbeitskreise und Projektgruppen (siehe Kapitel 5.4)

Die Arbeitskreise und Projektgruppen entstehen während der Impulstagung und bewirken nachhaltige Entwicklungen im Bereich der Bürgerbeteiligung.

4. Schritt: Lenkungsgruppe (siehe Kapitel 5.4)

Die Lenkungsgruppe, in der laufend über alle Ergebnisse berichtet wird, ist zuständig für das Prozesscontrolling. Hier werden auch, wenn nötig, Hilfestellungen gegeben, hier gibt es die Abschlussberichte über erfolgreiche Projekte und hier werden den Arbeitskreisen neue Aufgaben und Probleme zugeleitet.

Bürgerbeteiligung und gelebte Demokratie werden Wirklichkeit.

Dies bedeutet auch, dass die Verantwortungsträger bei den Wahlen weniger Zufällen ausgesetzt sind, sondern einen konsolidierten Bonus bei den Bürgern haben.

5.1 Die Analyse

Grundsätzlich kann die Zufriedenheit in einer Gemeinde mit verschiedenen Methoden gemessen werden. Folgende Techniken können eingesetzt werden:

- Beobachtung
- Schriftliche Befragung
- Mündliche Befragung
  - per Telefon
  - im persönlichen Gespräch

Jährlich durchgeführte Bürgerbefragungen, die mit Kundenbefragungen in Betrieben verglichen werden können, ermöglichen einen permanenten Verbesserungsprozess sowohl der Dienstleistungen des Gemeindeamtes und der Gemeindeeinrichtungen für den Bürger, der politischen Arbeit der Verantwortungsträger, als auch die Arbeit von Arbeitskreisen oder Projektgruppen. Die regelmäßige Durchführung mit standardisierten Fragen über fixe Einrichtungen und auch mit Zusatzfragen über kurzfristige Projekte ermöglicht eine sofortige Reaktion und damit eine Verbesserung der Dienstleistungen und des Ansehens der Verantwortlichen.

Der Trend, den diese langfristig angelegten Beobachtungen aufzeigen, ist eine wertvolle Hilfe für die Arbeit in der Gemeinde.

Aktivierende Bürgerzufriedenheitsmessung

Jede Methode hat Vor- und Nachteile. Üblicherweise werden in den Gemeinden schriftliche Befragungen durchgeführt. Die Erfahrungen haben gezeigt, dass das persönliche Gespräch die besten Ergebnisse bringt. Ausreichend Zeit (ca. eine Stunde) sollte vorhanden sein, um das (mündliche) Interview durchzuführen. Rund 30 vorbereitete Fragen werden den Bürgern gestellt und die Antworten schriftlich festgehalten.

Befragung in Ysper, NÖ

Größere Gemeinden sind in Ortsteile zu je ca. 2000 Einwohner zu gliedern. Die Einladung zur Beteiligung erfolgt an alle Bürger, die Teilnahme ist erfahrungsgemäß zwischen 50 und 100 Personen. Dies genügt, um sich über die Situation einen Überblick zu verschaffen.

Die Analysen können sich in bestimmten Abständen wiederholen wie z. B. alle zwei Jahre oder auch anlassbezogen. Damit ist auch immer eine Aktivierung verbunden, denn schon bei der Fragestellung versucht der Antwortgeber Lösungen zu finden, und es beginnt darüber fast automatisch ein Kommunikationsprozess in der Gemeinde.

Diese Befragung findet in einem persönlichen Gespräch mit ausschließlich offenen Fragen statt. Es werden dabei die subjektiven oft auch emotionalen Sichten der Befragten offenbar. Die subjektiven Sichten sind als Information deshalb so wichtig, weil von ihnen die Motive und damit die Handlungen der Bürger ausgehen.

Folgende Ziele können mit den Fragen verfolgt werden:

- Sicht der Gemeindebürger erkunden
- Motivations- und Leistungspotenziale feststellen
- Verbesserungspotenziale offenlegen

- Schon durch die Befragung selbst werden die Bürger aktiviert, um Verbesserungspotenziale zu erkennen und anzugehen.

Die Zielgruppen sollten bestehen aus:

Repräsentativem Anteil der Bürger, Gemeindemandataren (Mandatsträger) und Bediensteten der Gemeinde, Vorstände von Organisationen und Vereinen.

Folgendes sollten die Fragen beinhalten:

- Einzigartigkeit der Gemeinde
- Bewertung der Dienstleistungen der Gemeindeverwaltung
- Situation der Kinder, Jugendlichen, Senioren, Frauen, Männer, Familien
- Situation der örtlichen Wirtschaft und der Arbeitsplatzmöglichkeiten
- Freizeit- bzw. Vereinsangebote
- Information
- Kommunikation
- Zusammenarbeit (Teamwork)
- Konfliktbearbeitung
- Führungsverhalten
- Mitarbeiterverhalten
- Verhalten der Mitarbeiter der Verwaltung gegenüber Bürgern
- Ausstattung und Arbeitsmittel
- Persönliche Befindlichkeiten
- Zukunftsperspektiven

Die Vorgangsweise kann wie folgt sein:

Vorbereitung

- Vorgespräche mit den Verantwortungsträgern
- Entwicklung der Fragen gemeinsam mit den Verantwortungsträgern
- Einstimmung der Bediensteten und des Gemeinderates auf die Analysegespräche und das Teamentwicklungstraining
- Durchführung der aktivierenden Befragung durch Vieraugengespräche

Mögliche Fragen

1. Haben Sie schon von der Impuls-Tagung gehört und wissen Sie, was dort geschieht?
2. Welche Themen sollten bei der Tagung behandelt werden?

3. Was sind Ihrer Ansicht nach die Einzigartigkeiten, Besonderheiten und Stärken der Gemeinde?
4. Was sind Ihrer Ansicht nach die Problembereiche bzw. Schwächen in der Gemeinde?
5. In der Gemeinde existieren schon viele Aktivitäten durch Vereine oder sonstige Veranstalter. Ist dies ausreichend oder sollten noch weitere, interessensbezogene Aktivitäten initiiert werden? Wann ja, was konkret?
6. Wie sehen Sie die Mitarbeit der Bürger in Gemeindeangelegenheiten?
7. Woran liegt es, dass hier Verbesserungsbedarf besteht?
8. Was kann man tun, damit die Bürgerinnen in der Gemeinde mehr eingebunden werden?
9. Was würden Sie als Bürgermeister anders machen?
10. Was würden Sie als Amtsleiter anders machen?
11. …

Am Ende der Sachfragen (ca. 30) sollten noch folgende Fragen gestellt werden:

31. Werden Sie an der Impulstagung teilnehmen?
32. Wer sollte noch aus Ihrem Bekanntenbereich befragt und zur Impulstagung eingeladen werden?

Die genauen Fragen werden an die jeweilige Gemeinde angepasst und mit den Verantwortungsträgern erarbeitet.

Ablauf

- Die Gespräche dauern in der Regel zwischen einer und zwei Stunden. Den Befragten wird Vertraulichkeit im Umgang mit den Aussagen und Anonymität zugesichert.
- Es werden ausschließlich offene Fragen gestellt, um das Bewusstsein, die Befindlichkeiten und Meinungen der Befragten feststellen zu können und auch, um mögliche Lösungswege zu erfahren. Denn der Mensch setzt seine Handlungen in der Regel nicht aufgrund abgesicherter Fakten. Sein Handeln wird hauptsächlich beeinflusst durch seine Befindlichkeiten, Meinungen und Emotionen. Deswegen sind offene Fragen und spontane Antworten als Grundlage für ein Organisations- bzw. Teamentwicklungstraining so wichtig.
- Die Fragestellungen werden den Befragten vor der Befragung nicht mitgeteilt, um die Spontanität und die Echtheit der Antworten möglichst zu erhalten.

Auswertungen

Die Ergebnisse der aktivierenden Bürgerbefragung werden von externen Personen ausgewertet und schriftlich dokumentiert. Ein Beispiel soll zeigen, dass die Darstellung der Auswertung auch grafisch unterstützt werden kann. Die Prozente beziehen sich auf die Anzahl der Antworten.

Ergebnisse (summarisch) grafisch dargestellt (Überblick):

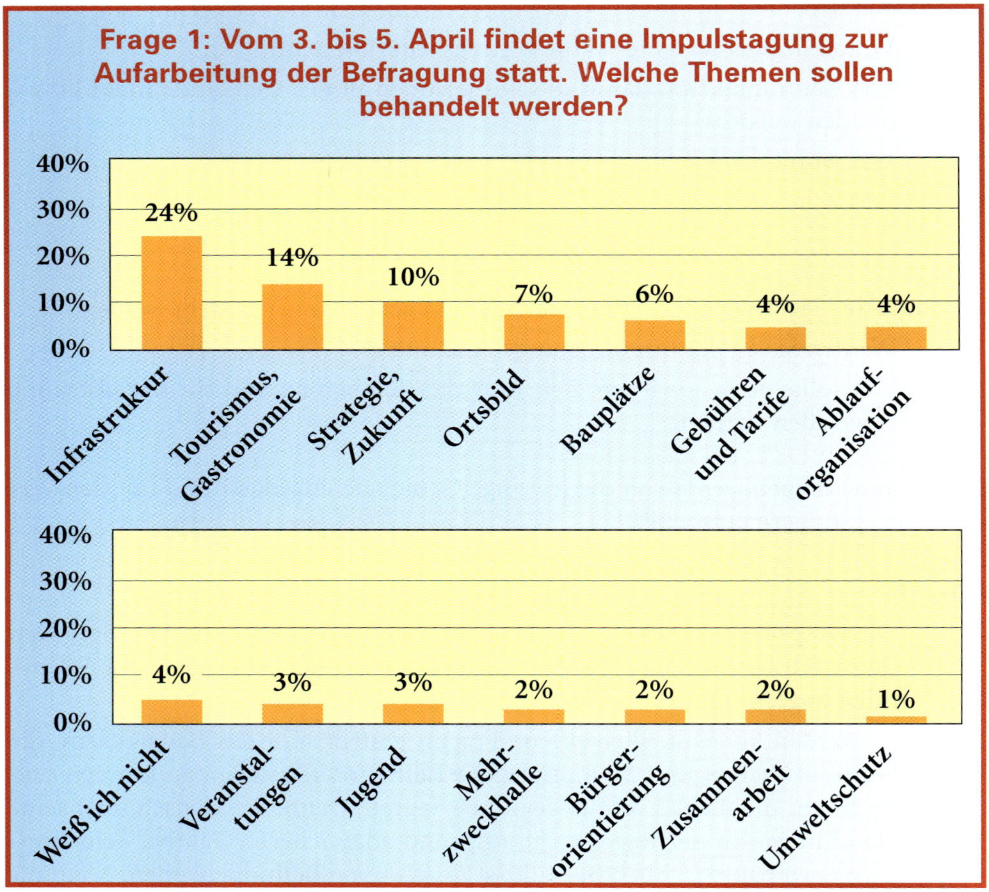

Detailauswertung

Infrastruktur

- Freibad schaffen
- Mist am See: Gänse sind ein Problem am Seebereich

- Wohnungen/Reihenhäuser für junge Familien (um Abwanderung zu vermeiden)
- Infrastruktur (großer Veranstaltungssaal, Werbe- und Kulturverein, neue Wege gehen)
- Keine Strandverbauung mehr
- Ständige Reinigung des Wasserstrandes
- Gehsteigsituation schlecht (wegen Splitt-Belag) – Konzept fehlt
- Anbindung an das ÖBB-Netz schlecht (Autobus ist auch nicht zufriedenstellend)
- Infrastruktur im Winter vor allem gastronomisch
- Friedhof-Beleuchtung der Halle
- „Tenne"; ganz wichtig wieder aktivieren oder ähnliches Lokal anbieten
- Jugendzentrum fehlt; so wie „Tenne" war
- Infrastruktur (2)
- Ausbau des Grillplatzes
- Dorfgestaltung
- Bäume pflanzen
- Wasserhaushalt
- Winterdienst
- Schattenspender im Seebereich
- Pflege der Liegewiese, v. a. Schattenspender
- Asphaltierung der Hintausstraßen
- Baumpflanzung im Ortsgebiet
- Fußballplatz – Umkleidekabinen und Kantine
- Apotheke
- Ärzte – zweiter praktischer Arzt
- Ortseinfahrt – Straße sollte saniert werden, auch Mittelstreifen anbringen
- Nahversorger
- Einkaufsmöglichkeiten erweitern
- Infrastrukturelle Verbesserungen wie: Arzt; Kinderbetreuung im Sommer
- Müll

Tourismus, Gastronomie

- Fremdenverkehr (2)
- Kleinbetriebe im Fremdenverkehr

- Vor- und Nachsaison
- Tourismus (21)
- Tourismus an und für sich
- Wintersaison
- Tourismus sehr wichtig
- Jugendtourismus (Ältere werden immer weniger)
- Profit aus Therme
- Tourismus (Projekte) Infrastruktur
- Tourismus, macht zu wenig aus den gegebenen Ressourcen
- Gastronomie
- Wintersaison: Lokalitäten

Strategie, Zukunftsorientierung

- Zehn Jahre ist kurz, Schnelllebigkeit
- Gestaltung der touristischen Zukunft
- Zukunftsprogramm
- Es gibt nur unzusammenhängende Aktivitäten
- „Hint'aus-Konzept" fehlt! (über Bauordnung zu regeln); Ergebnis sind u. a. schmutzige Autos
- Welche Richtung der Tourismus geht
- Förderung von jungen Familien
- Förderungen beim Hausbau z. B. Solaranlagen, Windelgeld bei Geburt
- Wirtschaftliche Weiterentwicklung der Gemeinde
- Veranstaltungskonzepte
- Wie will man sich entwickeln
- Wohin will sich Gemeinde weiterentwickeln? – Definition eines Zieles
- Für Standort Tourismus und Wirtschaft – Wer ist meine Zielgruppe?
- Position finden
- Touristische Zukunft
- Ziele der Gemeinde im kaufmännischen Bereich

Ortsbild

- Ortsbild (Ruine)
- Ortsbildgestaltung

- Bauruinen (alte Tenne)
- Ortsbildverschönerung
- Gebäude „Puszta-Tenne“ entfernen
- Info bei Haupteinfahrt
- Verbesserungen im Ortsbild
- „Tenne“ – Sanierung oder Abbruch
- Marktplatz – Steine legen oder ähnliches, ev. mit Blumen verschönern
- Infotafel (Standort vis-à-vis von der Kläranlage und vis-à-vis der Turmöl-Tankstelle) mit allen Betrieben (ohne dass Betriebe dafür zahlen müssen. Es könnten auch die Veranstaltungen angeführt sein).
- Bauruine (Tenne)
- Blumenschmuck
- Ortsbild
- Tenne – Ruine ist ein Zustand
- Ortsbildgestaltung (alte Puszta-Tenne)

Bauplätze

- Gemeinde soll das in die Hand nehmen, zu viele private Baugründe zu hohen Preisen
- Günstige Hausplätze seitens der Gemeinde und Abgabe mit Bauzwang
- Grundstückswidmungen
- Grundstückspreise
- Umwidmung (Baugrundstücke)
- Baugründe (für Einheimische)
- Grundstückskauf
- Baugründe schaffen für Einheimische – ansonsten privat viel zu teuer
- Bauplätze – Umwidmung (für Einheimische)
- Bauplätze für Jugend bzw. Jungfamilien
- Baugründe (Aufschließung)
- Jungfamilien – Schaffen von Bauland
- Ob es zukünftig günstigere Bauplätze von der Gemeinde gibt
- Bauwesen, Baugründe
- Umwidmung (Bauplätze) für Einheimische
- Bauplätze (erschwinglich) für Einheimische

- Baugrunderschließung – Abwanderung, da viele die Hausplätze nur als Geldanlage sehen und nicht bauen
- Preisniveau der Hausplätze viel zu hoch

Weiterarbeit

- Information der Gemeindeführung über die Analyseergebnisse
- Präsentation der Ergebnisse bei der Impulstagung
- Vereinbarung der weiteren Vorgangsweise

Wichtig: Der Bürgerzufriedenheitsmessung hat immer auch eine Bearbeitung der Ergebnisse durch die Bürger zu folgen. Ein Missbrauch der Ergebnisse durch einzelne Personen oder Interessensgruppen (Parteien) bringt nicht nur Misstrauen und Demotivation, sondern verhindert auch die Bürgerbeteiligung bei künftigen Projekten.

5.2 Eine Bürgertagung als Impuls für den gesamten Prozess (Impulstagung)

Die Analyse wird in einer Bürgertagung – einer mehrtägigen Klausur – aufgearbeitet. Eingeladen sind alle Bürger, vor allem aber die politischen Verantwortungsträger, der Bürgermeister, die Gemeindebediensteten, Vertreter von Vereinen, Betrieben und sonstigen Organisationen. Jugendliche sollten für die Teilnahme durch besondere Aktivitäten gewonnen werden.

In größeren Gemeinden ist eine organisatorische Unterteilung in Ortsteile von ca. 2000 Bürgern sinnvoll. Die Erfahrung zeigt, dass dann ca. 30 bis 60 Bürger auch bei einer Bürgertagung teilnehmen.

Bürgertagung der Stadt Ostritz in Sachsen

Beispiel möglicher Tagungsinhalte

- Bearbeitung der Analysen aus den Gesprächen
- Festlegung und Wertung der wichtigsten Themen, die bei der Tagung behandelt werden, erfolgt durch die Teilnehmer
- Impulse über Erkenntnisse und Erfahrungen zur Optimierung von Organisationen, Strukturen, Verhaltensweisen und Wertebewusstsein
- Moderne Methoden in den Bereichen von
  - Kommunikation
  - Zusammenarbeit
  - Führungsinstrumente und Führungsverhalten
  - Problemlösungen und Themenbehandlung
  - Konfliktbehandlung und Abbau von Spannungen
  - Entwicklung einer Gemeindephilosophie mit Vision, Leitbild, Führungsgrundsätzen und Erfolgsfaktoren
  - Qualitätsmanagement und vieles mehr
- Bildung von Arbeitskreisen oder Projektgruppen mit genauer Ziel-, Aufgaben- und Zeitfixierung für die Lösung der aufgezeigten Themen bzw. Probleme.

- Übungen, Rollenspiele, Gruppenarbeiten und Plenumsdiskussionen lockern die Informationen und Praxisbeispiele auf und heben so die Leistungsfähigkeit, die Motivation und das Interesse.
- Alles, das die Teilnehmer erlernen bzw. erleben, können sie sowohl privat als auch beruflich verwenden.

Möglicher Ablauf sowie mögliche Arbeitszeiten

Donnerstag	18.00 bis ca. 22.00 Uhr	Analyse/Projektthemen IST
Freitag	16.00 bis ca. 22.00 Uhr	Visionen und Ziele SOLL
Samstag	8.30 bis ca. 22.00 Uhr	Entwickeln der sozialen Kompetenz, Konfliktbearbeitung, Führungskompetenz, Methodenkompetenz in Training, Übungen und Rollenspielen
Sonntag	8.30 bis ca. 13.00 Uhr	Konkrete Projektplanungen, weitere Termine, Aktivitäten und Abschluss

Bürgertagung, Waidmannsfeld/Neusiedl, NÖ

Podersdorf am See – Abendstimmung

5.3 Die Entwicklung eines Gemeindeleitbildes

„Für ein Schiff, das seinen Hafen nicht kennt, ist kein Wind ein günstiger.“

So wie bei einer Segelbootsfahrt ist auch in einer Gemeinde die Orientierung eine Voraussetzung für nachhaltig wirkende Entwicklungen. Die Entwicklung eines Gemeindeleitbildes beginnt schon bei der aktivierenden Bürgerbefragung. Dabei werden neben Problemen und Aufgaben auch die Einzigartigkeiten, Stärken und Zukunftsthemen der Gemeinde abgefragt.

Bei der Bürgertagung bilden die Befragungsergebnisse eine Fundgrube an Ideen und Möglichkeiten für die Zukunftsentwicklung und damit auch für das Gemeindeleitbild. In Partnergesprächen, Gruppenarbeiten und Plenumsdiskussionen wird der erste Leitbildentwurf erarbeitet.

Ein Arbeitskreis entwickelt diesen Erstentwurf mit den Schulen, Vereinen, Jugendlichen, Senioren, Gewerbetreibenden, Landwirten und sonstigen interessierten Bürgern zu einer beschlussfähigen Vorlage für den Gemeinderat weiter.

Nach der Freigabe und Veröffentlichung des Leitbildes durch den Gemeinderat dient dieses als Orientierungshilfe für künftige Entscheidungen und Entwicklungen in der Gemeinde.

5.3.1 Das Leitbild Steinbach an der Steyr/OÖ – Ein Auszug

Langfristig und nachhaltig

Unsere Entscheidungen und Handlungen orientieren sich nicht an kurzfristigen Erfolgen, sondern an der langfristigen Sicherung der Lebensqualität gegenwärtiger und künftiger Generationen. Wirtschaftlichen Belastungen für die Zukunft werden in zumutbaren Grenzen gehalten. Im Sinne einer nachhaltigen Entwicklung

sehen wir die Bewahrung unserer natürlichen Lebensgrundlagen, ein ausgewogenes soziales Miteinander und erfolgreiches Wirtschaften nicht im Gegensatz zueinander stehend, sondern als innere Einheiten.

Identität – „sich daheim fühlen“

Angesichts der vielen Veränderungen rund um uns gehen wir behutsam mit dem Gewachsenen und Vertrauten um. Dies bezieht sich besonders auf das reiche kulturelle Erbe, die vielfältige feingliedrige Landschaft und das gewachsene Ortsbild. Geborgenheit und „sich daheim fühlen“ sollen durch lebendige Beziehungen der Menschen zueinander erlebbar sein.

Selbstversorgung und Nähe

Wir streben einen höchstmöglichen Grad an Selbstversorgung mit naturnah erzeugten Lebensmitteln, nachwachsender Energie und wichtigen Dienstleistungen an. Durch bewusstes Verhalten beim Einkaufen, bei der Auftragsvergabe und in der Freizeitgestaltung tragen wir auch persönlich zur Stärkung von „Strukturen der Nähe“ bei. Der Erhaltung bestehender und der Schaffung neuer Arbeitsplätze vor Ort schenken wir besondere Beachtung.

Eigenverantwortung, Partnerschaft und Solidarität

Im Bewusstsein unserer christlichen und sozialen Wurzeln wollen wir im privaten wie auch im wirtschaftlichen Umgang miteinander die Eigenverantwortung wahrnehmen und gleichzeitig Partnerschaft und Solidarität bewusst leben. Wir übernehmen Mitverantwortung für die Schwachen und Bedürftigen in der eigenen Familie, in der Gemeinde und in der Region.

Bürgerbeteiligung und Patentschutz der Ideen

Das bewusste Miteinander-Arbeiten und -Gestalten soll jedem Gemeindebürger neue Freude und persönliche Wertschätzung erfahrbar machen. Wir betrachten die Fähigkeiten und Talente unserer Bürgerinnen und Bürger als wertvolle Grundlage zur Mitgestaltung. Ein Klima der Kreativität und der Erneuerung, das viel versprechende Ideen aus allen Bevölkerungsschichten verwirklichen hilft, ist zu fördern. Wir wollen die Urheber neuer Ideen wertschätzen, den „Patentschutz“

wahren und uns nicht mit „fremden Federn" schmücken.

Nach dem Beschluss des ersten Leitbildes im Jahre 1988 wurde vom Gemeinderat als Symbol ein Baum gepflanzt.

Neue politische Kultur

Die politisch Verantwortlichen der Gemeinde nehmen die Herausforderung an, im Sinne des Leitbildes als Vorbilder zu wirken. Die erfolgreichen Erfahrungen mit der „neuen politischen Kultur" wollen wir konsequent weiterführen. Verantwortung wie Erfolg werden gemeinsam geteilt. Bei auftretenden Konflikten und Missverständnissen bemühen wir uns um eine rasche sachliche Klärung.

Von der Vision zum Handeln

Wir wissen, dass es zunächst bestimmter „Visionen", weiters konkreter Ziele und schließlich konsequenter Aktivitäten bedarf, um die erfolgreiche Entwicklung unserer Gemeinde weiterzuführen. Diese werden periodisch den neuen Herausforderungen angepasst.

5.3.2 Das Leitbild Langenrohr im Tullnerfeld/NÖ – Ein Auszug

- Unsere Gemeinde ist jenes Stück der Schöpfung, das uns als unser eigentlicher Lebensraum anvertraut ist.
- Gemeinsames Anliegen aller Gemeindebürger muss es sein, die Lebensqualität zu erhalten, zu fördern und zu verbessern.
- Persönliche Interessen Einzelner müssen notwendigerweise bisweilen den Interessen der Gemeinschaft untergeordnet werden.
- Materielle Werte sollen nicht alleine unser Leben vor ideellen, geistigen und kulturellen Werten leiten.
- Unsere wertvollsten „Kapitalien" (Reichtümer) sind Natur, Kulturlandschaft, altes Kulturgut, christliche Werte (Soziallehre der Kirche), Begabung und unser guter Wille, durch gemeinsame Anstrengungen die Dinge zum Besseren zu wenden.

Donau bei Langenrohr

- Unsere Probleme wollen wir nicht alleine den Politikern überlassen, sondern nach Kräften ihre Vorhaben mittragen, fördern und in die Tat umsetzen helfen und nach Möglichkeit Schwierigkeiten aus eigener Kraft lösen.
- Für alle zu uns Kommenden und alle Gäste wollen wir stets offen sein.
- Um Solidarität mit den Jungen und Alten und den Schwachen und Kranken wollen wir uns redlich bemühen.
- Hilfe und Linderung von Not sollte, wenn aus eigener Kraft nicht mehr geholfen werden kann, keiner entbehren müssen.
- Der Wert jedes einzelnen Mitbürgers, der kraft seiner Begabungen und Fähigkeiten einzigartig gegeben ist, wird ebenso wie der Wert der Familie als förderungswürdig und ohne Einschränkungen anerkannt.

5.4 Arbeitskreise und Projektgruppen

Nach der Bürgertagung sind die Arbeitskreise und Projektgruppen sowohl von den Verantwortungsträgern, als auch von den Gemeindebediensteten zu unterstützen, damit sich auch ein entsprechender Erfolg einstellt.

Die genaue Definition der Aufgaben und Kompetenzen der Arbeitsgruppen, Projektgruppen und der Lenkungsgruppe ist aus drei Gründen besonders wichtig:

1. Die Mitwirkenden im Bürgerbeteiligungsprozess sind in ihren Rollen, ihren Aufgaben und in ihren Befugnissen eindeutig und unmissverständlich in die Mitwirkung bei der Gestaltung ihrer Gemeinde eingebunden.
2. Die offiziellen Strukturen wie Gemeinderat, Ausschüsse, Vorstand und Bürgermeister empfinden die Bürgerbeteiligung als Unterstützung für ihre Arbeit in ihrer Gemeinde und nicht als den Aufbau einer Opposition, die ihre Positionen bedroht.
3. Die strategisch geplante Koordination aller Kräfte in der Gemeinde bewirkt Effizienz, Motivation, Erfolge und nachhaltige Entwicklungen.

Besonders zu beachten ist, dass die Arbeits- und Projektgruppen ein Bindeglied zwischen dem Gemeindevorstand und dem Gemeinderat auf der einen und den Bürgern auf der anderen Seite sind. Dem Bürgermeister fällt dabei eine wichtige Koordinationsrolle zu.

Die Gemeinde Orth an der Donau hat zum Beispiel folgende Rollen definiert:

Die **Arbeitskreise** werden vom Bürgermeister nach Beratung in der Lenkungsgruppe eingesetzt. Die **Lenkungsgruppe** steht zur Beratung zur Verfügung. Die Entscheidungen werden von den nach der Gemeindeordnung vorgesehenen, befugten Organen getroffen. Ein Arbeitskreis dient der Entscheidungsfindung. Die **Projektgruppe** kann selbstständig bei der Durchführung von Projekten handeln, sofern dies in ihren Zieldefinitionen, Budgets, Vorgaben usw. liegt, die durch die entsprechenden, von der Gemeindeordnung vorgesehenen Organe schriftlich zugeteilt wurden. Der Auftrag an eine Projektgruppe hat immer (von der jeweils kompetenten Stelle) schriftlich zu erfolgen.

Definition der Rollen

ARBEITSKREISE

Arbeitskreise: Arbeitskreise werden in der Regel für Entscheidungsvorbereitungen und Problemlösungsvorschläge eingesetzt. Je nach Bedarf, Fähigkeiten und Notwendigkeiten setzen sich die Teilnehmer aus Bürgern quer durch die Hierarchien, Gesinnungen und Bereiche zusammen.

AUFGABEN DER ARBEITSKREISE (AK)

Definition:

Ein für die Entscheidungsvorbereitung betreffend eines konkreten Problems oder Bedürfnisses oder einer Chance bestellter Kreis von Mitbürgern. Dieser Kreis agiert außerhalb des Tagesgeschäftes der Gemeinde.

Sinn, Vision:

Nutzung möglichst vieler Bürgerpotenziale für die Entscheidungsfindung über die Gemeinderatsebene hinaus.

Ziel, Nutzen:

Probleme, Chancen oder Bedürfnisse im Zeit-, Ressourcen- und Qualitätsrahmen für Entscheidungen aufzubereiten.

Aufgabe:

- Detailziele von generellen Zielen ableiten
- Betroffene einbinden
- Erkenntnisse, Informationen und Erfahrungen beschaffen
- Konkrete Vorschläge für Entscheidungen entwickeln

Teilnehmer:

- Der vom Bürgermeister nach Beratung in der Lenkungsgruppe (LG) auf Vorschlag der Arbeitskreismitglieder eingesetzte Arbeitskreisleiter und Arbeitskreisleiterstellvertreter.
- Die vom Arbeitskreisleiter berufenen Arbeitskreisteilnehmer, die vom Bürgermeister nach Beratung in der Lenkungsgruppe zu bestätigen sind.
- Informations-, Erkenntnis-, Erfahrungsträger bzw. Fachleute vorübergehend bei Bedarf einbinden. Diese werden vom AK-Leiter herangezogen.

Teilnehmerzahl:

- Entsprechend der idealen Gruppengröße 7, +/–2, max. 13 Teilnehmer!

Berichterstattung:

- In der Regel der LG bei interessengruppenübergreifenden Themen
- Dem Bürgermeister oder dem zuständigen Gemeindevorstandsmitglied
- Auf Wunsch dem Gemeinderat

Entscheidungsbefugnis:

Liegt beim zuständigen Entscheidungsträger.

Vertraulichkeit:

Alle Gespräche und Entscheidungen des Arbeitskreises unterliegen der Vertraulichkeit, wenn für diese Punkte Vertraulichkeit bestimmt wurde (Grundsatz: Der Inhalt soll transparent sein; persönliche Dinge sollen nicht angesprochen werden).

Dauer:

Wenn der Entscheidungsfindungsprozess abgeschlossen ist, wird der Arbeitskreis aufgelöst.

PROJEKTGRUPPEN

Projektgruppen: Projektgruppen werden in der Regel für die Abwicklung eines konkreten Projektes in einem definierten Verantwortungs- und Entscheidungsrahmen eingesetzt. Je nach Bedarf, Fähigkeiten und Notwendigkeiten setzen sich die Teilnehmer aus Bürgern quer durch die Hierarchien, Gesinnungen und Bereiche zusammen.

AUFGABEN DER PROJEKTGRUPPE (PG)

Definition:

Eine für die Abwicklung eines konkreten Projekts bestellte Gruppe, die außerhalb des Tagesgeschäfts der Gemeinde agiert.

Sinn, Vision:

Optimale Nutzung der Bürgerpotenziale für die Abwicklung von Projekten unter Berücksichtigung der sonstigen Notwendigkeiten in der Gemeinde.

Ziel, Nutzen:

Optimale Projektabwicklung unter Berücksichtigung der Interessen der Gemeinde im vereinbarten Zeit-, Ressourcen-, Qualitäts- und Ergebnisrahmen.

Aufgabe:

- Ausarbeiten von Detailzielen und des konkreten Projektplans
- Wahrnehmung bzw. Veranlassung aller Aufgaben und Funktionen, die für das konkrete Projekt erforderlich sind
- Regelmäßige Berichterstattung über den Projektfortschritt an die Lenkungsgruppe (LG), den Bürgermeister, das zuständige Gemeindevorstandsmitglied oder auf Wunsch an den Gemeinderat.

Teilnehmer:

- Der vom Bürgermeister nach Beratung in der LG auf Vorschlag der Projektgruppenmitglieder eingesetzte Projektgruppenleiter und dessen Stellvertreter
- Die vom PG-Leiter in die PG berufenen Mitbürger, die vom Bürgermeister nach Beratung in der Lenkungsgruppe zu bestätigen sind
- Zusätzliche Mitarbeiter außerhalb oder innerhalb der Projektgruppe, die während der ganzen Projektdauer oder zeitweise für die Erledigung konkreter Aufgabenstellungen notwendig sind, werden vom PG-Leiter herangezogen.

Teilnehmerzahl:

Je nach Größe des Projekts und der sich daraus ergebenden Aufgabenstellungen sind eine Projektgruppe und bei Bedarf entsprechende Untergruppen einzurichten. Diese sind hierarchisch zu strukturieren unter Einhaltung der idealen Einzelgruppengröße 7, +/–2, max. 13 Teilnehmer.

Berichterstattung:

- Der LG bei interessengruppenübergreifenden Problemen bzw. dem zuständigen Gemeindevorstandsmitglied
- Dem Bürgermeister
- Auf Wunsch dem Gemeinderat

Entscheidungsbefugnis:

- Der PG-Leiter innerhalb des vereinbarten Zeit-, Ressourcen-, Qualitäts- und Ergebnisrahmens. (Dies ist unbedingt schriftlich zu fixieren und vom Bürgermeister zu bestätigen nach Beschlussfassung durch die entsprechenden Verantwortungsträger.)
- Der Bürgermeister nach Beratung in der Lenkungsgruppe und Herbeiführung der Entscheidung durch die entsprechenden Entscheidungsträger bei Entscheidungen, die den vereinbarten Rahmen überschreiten.

Vertraulichkeit:

Alle Gespräche und Entscheidungen der Projektgruppe unterliegen der Vertraulichkeit, wenn für diese Punkte Vertraulichkeit bestimmt wurde (Grundsatz: Der Inhalt soll transparent sein; persönliche Dinge sollen nicht angesprochen werden).

Dauer:

Wenn das Projekt abgeschlossen ist, wird die Projektgruppe aufgelöst.

LENKUNGSGRUPPE

Lenkungsgruppe: Eine Lenkungsgruppe wird für die Koordinierung und Steuerung der Arbeits- und Projektgruppen und der notwendigen Abstimmung mit dem Gemeinderat eingesetzt. Die Teilnehmer setzen sich aus den Gemeinde-Vorstandsmitgliedern sowie den Arbeits- bzw. Projektgruppenleitern (im Verhinderungsfall deren Stellvertretern) zusammen. Den Vorsitz führt in der Regel der Bürgermeister oder ein Beauftragter. Er trifft auch die notwendigen Entscheidungen bzw. führt Entscheidungen nach Beratung in der Lenkungsgruppe im entsprechenden Verantwortungsbereich herbei.

AUFGABEN DER LENKUNGSGRUPPE (LG)

Definition:

Eine Gruppe zur Lenkung und Steuerung von Arbeits- und Projektgruppen. Diese Gruppe agiert außerhalb des Tagesgeschäfts der Gemeinde.

Sinn, Vision:

Einbindung und Nutzung möglichst vieler Bürgerpotenziale zur Steigerung der Effizienz und Lebensqualität über die Möglichkeiten der Gemeinderatsebenen hinaus.

Ziel, Nutzen:

Über die Interessensgruppen übergreifende Probleme, Chancen oder Bedürfnisse im Zeit-, Ressourcen- und Qualitätsrahmen zu lösen, zu realisieren bzw. zu befriedigen.

Aufgabe:

- Einsetzen, koordinieren bzw. auflösen von Arbeitskreisen und Projektgruppen durch den Bürgermeister nach Beratung in der Lenkungsgruppe
- Einsetzen und Abberufen von Arbeitskreis- und Projektgruppenleitern durch den Bürgermeister nach Beratung in der Lenkungsgruppe
- Klare Aufgaben und Ziele für die Arbeitskreise und Projektgruppen definieren
- Ergebnisse aus den Arbeitskreisen und Projektgruppen einholen sowie bestätigen oder weiterentwickeln lassen
- Über die Erfüllung der Aufgabenstellungen und Ziele befinden und diese entscheidungsreif dem Bürgermeister, Gemeindevorstand oder Gemeinderat vorlegen.

Teilnehmer:

Bürgermeister, Gemeindevorstand, Arbeits- bzw. Projektgruppenleiter oder deren Stellvertreter.

Teilnehmerzahl:

Entsprechend der idealen Gruppengröße 7, +/–2, max. 13 Mitglieder.

Berichterstattung:

Dem Gemeinderat durch den Bürgermeister oder Gemeindevorstand.

Entscheidungsbefugnis:

Die Entscheidungsbefugnis liegt bei der zuständigen, kompetenten Stelle wie Bürgermeister, Gemeindevorstand bzw. Gemeinderat.

Vertraulichkeit:

Alle Gespräche und Entscheidungen der Lenkungsgruppe unterliegen der Vertraulichkeit, wenn für diese Punkte Vertraulichkeit bestimmt wurde (Grundsatz: Der Inhalt soll transparent sein; persönliche Dinge sollen nicht angesprochen werden).

Dauer:

Wenn keine über die Interessensgruppen übergreifenden Probleme zu lösen, Chancen zu realisieren oder Bedürfnisse zu befriedigen sind, wird die Lenkungsgruppe vom Gemeinderat aufgelöst.

6. Jugend – die Zukunftschance nutzen
Jugendaktivierung

Jugend in Oberwaltersdorf, NÖ

Die Jugendlichen versuchen einen Freiraum zu gewinnen, um selbst ihre Welt gestalten zu können. Sie wollen nicht mehr gegängelt werden, weder von den Eltern oder Lehrern, noch von Vereinen oder sonstigen Organisationen. Sie wollen ihre Vorstellungen selbst verwirklichen.

Die Jugendlichen benötigen einen Freiraum, wo sie selbstständig das tun können, was ihrem Alter entspricht. Sie brauchen dabei eine möglichst diskrete Begleitung eines Erwachsenen, der im Hintergrund steht und nur einschreitet, wenn sie Hilfe benötigen oder wenn „größere Probleme" entstehen. Dabei steht im Vordergrund, dass den Jugendlichen Werkzeuge zur Verfügung gestellt werden, mit denen sie selbst Projekte verwirklichen können.

Die Jugendlichen wollen in der Regel keine fixen Strukturen, d. h. sie wollen weder in Parteien noch in Vereinen eingebunden sein. Sie wollen ihren Interessen nachgehen können, wobei sich diese in der Phase des Erwachsenwerdens sehr rasch ändern.

Jugend-Führungskräftelehrgang in Ostritz, Sachsen. Links Trainerin Dipl.-Päd. Kerstin Kaus

Sehr häufig wird der Wunsch nach einem Jugendraum an erster Stelle genannt. Wenn dieser von der Gemeinde fertiggestellt wurde, wird er oft nicht oder nur kurzfristig benützt. Eine bessere Methode ist es hier, schon die Jugendlichen selbst einen Raum finden und selbst gestalten zu lassen. Die Gemeinde sollte nur helfend eingreifen, wenn die Jugendlichen wirklich etwas brauchen. Es kommt auch vor, dass der Bau bzw. die Gestaltung eines Jugendraumes ein bis zwei Jahre dauert und dann von denen, die ihn errichtet haben, nicht mehr benutzt wird, weil sich die Interessen geändert haben.

Prozesse des Selbstgestaltens sind auch Teil der Selbstverwirklichung der Jugend und ermöglichen das Lernen beim Tun.

Jugendliche sind für anspruchsvolle Themen zu gewinnen, wenn sie darin einen Sinn sehen und bei der Bearbeitung der Themen ernst genommen werden. Unterschiedliche Interessen bedürfen auch unterschiedlicher Räume, d. h. nicht alle Jugendlichen wollen gemeinsam einen Raum nutzen.

„Wer sich mit der Zukunft beschäftigt, hat die Jugend.“

Dafür eignen sich z. B. Themen wie:

- Erhaltung der Umwelt
- Zukunftsentwicklung der Gemeinde
- Verantwortungsübertragung im Bereich von Freizeitgestaltungen mit Kindern
- Entwicklung von Freizeiteinrichtungen in der Gemeinde
- Herstellen von Kommunikation über die Generationsgrenzen hinweg
- Erzeugen eines Wir-Gefühls in der Gemeinde
- weltweite Gerechtigkeit, wie z. B. Mitwirkung beim „Global Marshall Plan“

Es bedarf oft nur eines kleinen Impulses von Erwachsenen oder anderen Jugendlichen, damit sich Jugendliche für ein Thema interessieren und einsetzen.

Wir Erwachsene müssen nur die Blockaden, die unsere Gesellschaft für solche individuellen Entwicklungen aufgebaut hat, umgehen oder sie wegreißen und Freiräume schaffen. Die Jugendlichen Wahlplakate kleben zu lassen oder sie nur bei Teilbereichen von Erwachsenenaktivitäten einzubinden, ist zu wenig.

Sie müssen mit ihrer Tätigkeit Bereiche abdecken, die ihrem Alter entsprechen und dem Vermassungstrend der heutigen Zeit (Fernsehen, Handys, Internet) entgegenwirken. Wir Erwachsene müssen ihre Individualität und Kreativität fördern. Wir werden staunen, welche neuen Möglichkeiten unsere Jugend auch in der heutigen Gesellschaft findet.

6.1 Beispiele konkreter Jugendaktivierungen:

„Langenrohr geht einen neuen Weg mit Jugendlichen"

Viele Bürgermeister und Gemeinderäte beklagen sich über das geringe Interesse der Bürger, bei Gemeindeaktivitäten mitzumachen. Vor allem junge Menschen lehnen Politik und die Mitwirkung dabei ab. Es fehlt einfach das Verständnis dafür, positiv miteinander zu kommunizieren, die Meinung und Leistung des anderen zu akzeptieren, Ideen weiterzuentwickeln und miteinander etwas Sinnvolles zu tun. Aus diesen Gründen geht Langenrohr jetzt bewusst einen neuen Weg.

1994 wurde eine gemeinsame Impulstagung veranstaltet, zu der alle Gemeindebürger eingeladen wurden. Dabei wurde zunächst die Ist-Situation analysiert. Aufgetretene Mängel und Probleme wurden in einem Themenkatalog zusammengefasst und nach Wichtigkeit gereiht. Daraus entstand unter anderem auch der „Arbeitskreis Jugend".

Der Arbeitskreis Jugend besteht aus 19 Mitarbeitern. Alle Teilnehmer arbeiten freiwillig, unentgeltlich und unpolitisch zusammen. Die Zusammenkünfte finden regelmäßig statt. Die dabei vorgebrachten Wünsche und Anliegen werden ausführlich diskutiert und mit Unterstützung der Gemeinde ausgearbeitet.

Bei den Sitzungen wird auch durch die Jugendbetreuerin (Bgm. Anneliese Federmann) auf die Bedürfnisse der Jugendlichen eingegangen. Es wird in Gruppen gearbeitet. Dabei werden unter anderem Antworten auf verschiedene Fragen gesucht, wie z. B.:

- Was ist mir im Leben wichtig?
- Wie stelle ich mir meine Freizeitgestaltung vor?

- Bei welchen bestehenden oder neuen Veranstaltungen würde ich gerne mitmachen und meine Ideen einbringen?
- Was fördert bzw. hemmt die Freude an der Mitarbeit?
- Was würde ich gerne in unserer Gemeinde ändern bzw. was soll so bleiben?

Jeder Beitrag wird auf ein großes Blatt Papier aufgeschrieben. Wichtig dabei ist die Vielzahl der Einfälle und nicht die wissenschaftlich fundierte Antwort.

Interessant war beim ersten Zusammentreffen, dass die Jugendlichen von dieser Vorgangsweise überrascht waren. Sie hatten sich – wie sich später herausstellte – einen Vortrag erwartet und waren nicht darauf eingestellt, auch selbst zur Gestaltung des Abends etwas beitragen zu können.

In der Folge entstanden viele konkrete Aktivitäten, sowohl für Jugendliche, aber auch für Kinder und junge Mütter.

- Babysitterzentrale
- Errichtung von Beachvolleyballplätzen
- Babytreffen (Mutter samt Kind)
- Gymnastikabende im Turnsaal
- Eltern-Kind-Turnen
- Sportanlage für Fußballer, Kegler und Stockschützen
- Kinderspielplatzgestaltung
- Damenfußballmannschaft
- Spielplatztreffen für Kinder und Mütter
- Selbstverteidigungskurs für Mädchen
- Spielefest mit Kindern, Jugendlichen und Eltern
- Mitgestaltung der Modenschau
- Spieleausstellung
- Mitgestaltung des Seniorennachmittages
- Spielbus für Kinder
- Renovierung des Buswartehauses
- Eislaufen
- Wehrdienstberatung
- Ausflüge
- Drogenvortrag
- Kinderzeltlager
- Jugendpreisschnapsen
- Bastelnachmittage
- Jugendfeste, Clubbings, Mitternachtseinlagen
- Mitgestaltung der Muttertagsfeier
- Kostenloser Heimtransport nach einem Jugendfest
- Kinderdisco
- Ausflüge, Schitage
- Mini-Playback-Show
- Ausarbeitung eines gemeinsamen Veranstaltungskalenders
- Kindertheaterfahrten
- Regelmäßiger Jugendstammtisch

Diese Leistungen wurden auch von der nö. Landesregierung anerkannt. Die Gemeinde Langenrohr wurde als „Jugendfreundlichste Gemeinde in NÖ 1998" (Mostviertel) ausgezeichnet.

Jugend macht Politik

Ein Jugendführungstraining in Sachsen, siehe Kapitel 11.6

FKT „Jugend macht Politik": Trainerin Dipl.-Päd. Kerstin Kaus (links) und Trainerin Dipl.-Ing. Ina Voigt (zweite von links)

JFKT Region Auland Carnuntum: Überreichnung der Zertifikate durch die Trainer Gerti Taferner und Ing. Robert Moser

Jugendführungstraining in der Region Auland Carnuntum

In der Region Auland Carnuntum wurde ein Jugendführungstraining durchgeführt. Jede Gemeinde der Region konnte junge Menschen oder Jugendbetreuer nennen, die gemeinsam sowohl das Training, als auch konkrete Projekte durchgeführt bzw. entwickelt haben.

Jugend gestaltet die Zukunft

Ein Konzept, entwickelt in Zusammenarbeit mit der nö. Landesregierung. Die Umsetzung ist in der Kleinregion „Schneebergland" geplant.

7. Konflikte – Hemmfaktoren beseitigen, Kräfte bündeln Konfliktmanagement

Immer mehr, immer öfter, fast überall wo Menschen zusammenwirken, gibt es Konflikte. Und diese Konflikte werden meist nicht ausgetragen. Sie werden „unter den Teppich gekehrt". Da schwelen sie dahin, bis sie zum unpassendsten Moment verstärkt hochkommen.

Konflikte zwischen Jung und Alt,
Konflikte zwischen einzelnen Ortsteilen,
Konflikte zwischen Einheimischen und neu Zugezogenen, besonders Ausländern,
Konflikte zwischen Gemeinderat und Verwaltung,
Konflikte zwischen Opposition und Mehrheitsfraktion,
Konflikte bei Bürgerbeteiligungsprozessen,
Konflikte zwischen Gruppen mit unterschiedlichen Interessen:
Konflikte belasten uns mit negativen Gefühlen,
Konflikte behindern unsere Arbeit.

Müssen wir bei tierähnlichen Verhaltensweisen bleiben
oder
lassen sich Konflikte menschengerecht bereinigen?

Spannungen und Konflikte sind immer auch Begleiter bei der Zusammenarbeit von Menschen. Sie signalisieren unterschiedliche Ansichten, Einstellungen und Wertvorstellungen. Die Auseinandersetzung mit anderen Menschen und die damit verbundene Suche nach Wahrheit oder nach qualitativ besseren Lösungen kann eine gegenseitige Bereicherung sein und auch einen Lernprozess im Leben darstellen.

Die Auseinandersetzung kann also positive Auswirkungen haben, führt aber auch oft zu Streitgesprächen, Verärgerungen und Machtkämpfen.

7.1 Wo liegen die Gründe für diese negative Form des Miteinander-Umgehens?

Der Mensch wird heute, vom Elternhaus beginnend, über die Schule und auch im Beruf auf Wettbewerb und auf das Bessersein als der andere konditioniert. Das heißt er muss sich durchsetzen, wenn er bestehen will. Dieser Durchsetzungsprozess wird oft mit unfairen Mitteln geführt:

- Nur meine Meinung gilt, ich brauche daher dem anderen nicht zuzuhören.
- Ja, ich muss den anderen sogar im Formulieren seines Standpunktes stören, damit die Wirkung seiner Argumente entsprechend gering ist.
- Es wird auch auf Sachargumente verzichtet und gegenseitige Beschuldigungen, Vorwürfe und Missachtung bestimmen die Konfrontation.
- Bei länger dauernden Auseinandersetzungen wissen die Gesprächspartner oft nicht einmal mehr die Ursache für den Konflikt. Es gilt nur mehr, den anderen zu bekämpfen, ihn mundtot zu machen und seine Einflussmöglichkeiten zu reduzieren.
- Das Ringen um die Wahrheit bzw. um qualitätsvolle Ergebnisse wird zum Kampf, der entweder die Unterwerfung oder die Ausschaltung des Anderen zum Ziel hat.
- Sehr oft wird die „Ja, aber …“-Methode angewendet, die die Missachtung noch verstärkt und die Kreativität lähmt.
- In unserer Zeit ist das Vergeben und Versöhnen eher zur Seltenheit geworden.

7.2 Dabei wäre es so sinnvoll, es anders zu machen!

Für einen erfolgreichen Neubeginn ist Vergeben und Versöhnen unerlässlich. Der erste Schritt ist das Herbeiführen der Gesprächsbereitschaft, das bewusste Anhören, das Sammeln von Informationen und Fakten. Je größer die Anzahl von unverfälschten Informationen, je klarer die Argumente und Gegenargumente auf dem Tisch liegen, umso besser wird die Qualität der Lösung sein. Ja es gibt sogar oft mehrere Lösungen, aus denen man die für diese Situation am besten geeignete aussucht.

Eine solche Vorgangsweise entspricht einer Kultur, die von Dialog und gegenseitiger Achtung geprägt ist. Das Schöne dabei ist, dass es keine Verlierer, sondern nur Gewinner gibt. Jeder kommt bereichert mit neuen Ideen, neuen Möglichkeiten und neuen Chancen aus diesem Prozess.

Ein Wir-Gefühl entsteht, Freude über den Konsens und die Motivation zur Umsetzung der erzielten Ergebnisse sind die Folge.

Leider findet in unseren Gemeinden diese Form des Miteinanders nur selten statt. Es herrscht eher die Kultur des Gegeneinanders und der Machtausübung von zufälligen Mehrheiten. Dies bedeutet, überspitzt gesagt, oft die Diktatur von 51% über 49% der Bürger.

Mit Partizipation, nämlich der Einbindung aller, der Mehrheiten und der Minderheiten, in Entscheidungs- und Durchführungsprozesse, ist der Erhalt der Vielfalt und somit der Lösungen, die dem Menschen eher entsprechen, gewährleistet. Eine bunte Wiese von Eigeninitiativen, Aktivitäten und Mitwirkung der verschiedensten Persönlichkeiten entsteht und überwindet Fraktionszwang, Gleichschaltung und Nivellierung.

7.3 Wie aber sieht es in vielen unserer Gemeinden aus?

Oft bauen sich in den Gemeinden oder Ortsteilen Spannungen über Jahre auf, die sich immer wieder in emotionalen Konflikten entladen. Es sind dann auf beiden Seiten eingespielte Verhaltensweisen zu erkennen:

- Auf Angriff erfolgt sofort ein Gegenangriff.
- Alles, was der Gegner sagt oder tut, wird sofort schlechtgemacht.
- Es bilden sich „Lager“, die bei jeder sich bietenden Gelegenheit aufeinander losgehen.
- Personen, die von einem Lager zum anderen wechseln oder vermittelnd tätig werden wollen, werden zu Verrätern abgestempelt und ausgestoßen und sind oft auch Mobbing-Opfer.
- Es sind fast alle Mittel recht und billig. Intrigen, Unwahrheiten, Unterstellungen usw. sind meist die angewandten Kampfmittel.
- Es wird in „Parteien“ gedacht.
- Der Fraktionszwang verhindert den offenen Meinungsaustausch und bringt nicht selten Gemeindemandatare (Räte) in Gewissensnotstand.
- Verlierer sind alle.

Die Interessensgruppen/Parteien haben oft nur eine sektorale Wahrnehmung. Manche Funktionäre machen in ihren persönlichen Entwicklungen eher Rückschritte als Erkenntnisgewinne.

7.4 Wie erfolgt die Konfliktbearbeitung?

7.4.1 Ein Erfolgsmodell von GEMEINDE-*impulse*

Sitzordnung bei der Konfliktbearbeitung

Hierzu ein Beispiel, das im Rahmen eines Führungskräftetrainings von den Teilnehmern durchgeführt und abgeschlossen wurde. In einem Ortsteil mit ca. 150 Einwohnern einer niederösterreichischen Gemeinde waren seit mehreren Generationen Konflikte und Streitereien an der Tagesordnung. Es war trotz mehrmaliger Versuche nicht möglich, einen Vorstand für den Dorferneuerungsverein zu wählen. Das Geld war bereits zugesagt, konnte aber mangels eines operativen Vorstandes nicht abgerufen werden.

Der Bürgermeister, der selbst an einem Führungskräftetraining teilnahm, ersuchte den Trainer, aus diesem Problem einen Praxisschritt zu machen. Der Trainer sagte prinzipiell zu, sich zu bemühen, konnte aber keine Erfolgsgarantie abgeben, da nicht alle Konflikte kurzfristig lösbar sind.

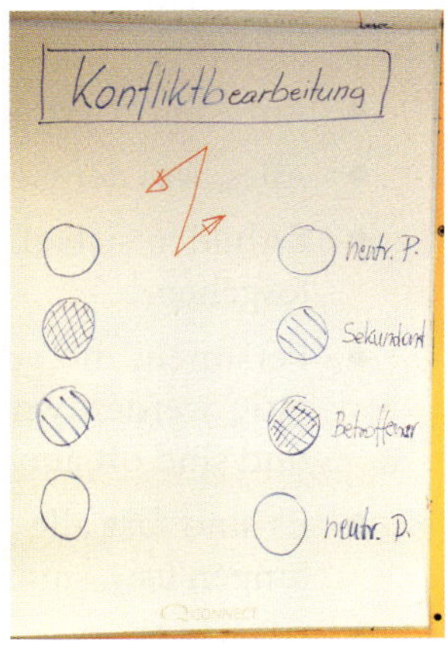

7.4.2 Die Vorgangsweise

1. Schritt:

Vieraugengespräche mit den Hauptkontrahenten durch den Trainer. Die wichtigste Tätigkeit des Trainers war dabei zuzuhören und alle Informationen aufzunehmen. Weder Stellungnahmen noch Wertungen der Inhalte dürfen dabei abgegeben werden. Am Ende der stundenlangen Gespräche wurde die Frage gestellt, ob die Betroffenen dem Versuch einer Konfliktbearbeitung zustimmen. Erst nach Bejahung wurde nach einer Vertrauensperson gefragt, die zu dem jeweiligen Kontrahenten hält und seine Probleme auch versteht.

2. Schritt:

Es wurden Vieraugengespräche mit den Vertrauenspersonen geführt, bei denen folgende Themen bearbeitet wurden:

- Anlassfälle für die letzten emotionalen Konfliktausbrüche.
- Eigentliche Gründe für die jahrzehntelange Auseinandersetzung.
- Wer ist bereits in den Konflikt involviert?
- Welche Sekundärschauplätze gibt es bereits (Stellvertreterkriege)?
- Welche möglichen Lösungsvorschläge gibt es bereits?
- Mögliche Vorgangsweise bei der Umsetzung der Lösungen.

Am Ende des Gespräches wurde gefragt, ob die Vertrauensperson bereit sei, bei einer Konfliktbearbeitung mit den Kontrahenten mitzuwirken.

3. Schritt:

Vorbereitung für die Seminarteilnehmer des Führungskräftetrainings, die sich bereit erklärt haben, bei der Konfliktbearbeitung in der Praxis mitzutun. Es wurde in Rollenspielen Konfliktbearbeitungssituationen trainiert.

4. Schritt:

Konkrete Konfliktbearbeitung in einem abgelegenen Gasthof, wo keine Störungen von außen zu erwarten waren.

Teilnehmer:	die zwei Hauptkontrahenten die zwei Vertrauenspersonen vier Teilnehmer am Führungskräftetraining (zwei Frauen, zwei Männer) der Trainer
Dauer:	ein Abend

Vorgang:

Jede Konfliktpartei (Kontrahent, Vertrauensperson und zwei zugeteilte Seminarteilnehmer) bearbeiten die Frage: „Was könnte den gegnerischen Konfliktpartner an meinem Verhalten stören?“ Die jeweils zwei mitwirkenden Seminarteilnehmer hatten dabei darauf zu achten, dass nur Punkte genannt werden, die den Gegner stören könnten, und nicht, was die Konfliktpartei am Gegner stört. Weiters hatten sie kritisch zu hinterfragen, ob nicht noch weitere Verhaltensweisen den anderen stören könnten.

Die anschließend von den Vertrauenspersonen mit Flip-Chart-Unterstützung vorgetragenen Punkte waren zu 90% tatsächlich jene Störfaktoren, die auch vom jeweiligen Gegner – mit kleinen Korrekturen – bestätigt wurden. Plötzlich war klar, dass die Sicht des Anderen, beim jeweiligen Gegner im Unterbewusstsein bereits vorhanden und durch diesen Prozess bewusst gemacht wurde.

Versöhnung nach der Konfliktbearbeitung

5. Schritt:

„Welche Regeln wollen wir in Zukunft einhalten, damit unser Verhalten dem anderen nicht mehr weh tut und damit Auslöser für emotionale Konfliktausbrüche wird?"

Diese Regeln wurden in der selben Gruppenzusammensetzung ausgearbeitet, im Plenum abgestimmt und von allen Beteiligten in der Absicht unterschrieben, diese in Zukunft einzuhalten. Vom Trainer wurde darauf hingewiesen, dass auch weiterhin Regelverstöße zu erwarten sind, da konditionierte Verhaltensweisen nicht von heute auf morgen geändert werden können.

Die Vertrauenspersonen wurden gebeten, für die Kontrahenten in Zukunft unterstützend zu Verfügung zu stehen. Die Überprüfung der Situation in einem gewissen Zeitabstand wurde vereinbart. Ferner wurde eine Vorgangsweise für die Auswahl und Wahl der Vorstandsmitglieder für den Dorferneuerungsverein fixiert.

6. Schritt:

Die Teilnehmer aus verschiedenen Führungskräftelehrgängen haben jeweils zu zweit in Hausbesuchen bei jedem Haushalt des betroffenen Ortsteiles erfragt, wen die Bürger für den Vorstand des Dorferneuerungsvereines für am geeignetsten halten. Es konnte jeder Bürger beliebig viele Personen in eine Liste eintragen und den Besuchern entweder in einem verschlossenen Kuvert gleich mitgeben oder das Kuvert direkt an die auswertende Stelle senden.

7. Schritt:

In einer Bürgerversammlung, an der ca. 50% der Bevölkerung teilnahmen, wurde das Ergebnis vom Trainer bekannt gegeben. Die Kandidaten waren nach Häufigkeit der Nennung gereiht. Die Erstgereihten wurden von den Anwesenden einstimmig zum Obmann, Obmannstellvertreter, Schriftführer, Kassier und Rechnungsprüfer gewählt. Nach anfänglichem Zögern wurde die Wahl von den gewählten Bürgern auch angenommen.

Bei dieser Vorgangsweise waren die beiden Konfliktparteien anwesend. Sie haben aber auf eine Mitarbeit im neuen Vorstand verzichtet.

8. Schritt:

Der Dorferneuerungsverein hat in der Zwischenzeit seine Tätigkeit aufgenommen und ist seit diesem Zeitpunkt einer der aktivsten Vereine in der Gemeinde. Die vormals emotionale Konfliktsituation wird von der Bevölkerung als bereinigt betrachtet.

7.5 Weitere Konfliktformen

Eine andere Art von Konflikten ist die Auseinandersetzung der unterschiedlichen politischen Gruppierungen in einer Gemeinde. Wie sollte in einer Gemeinde auf Angriffe einer Partei auf die andere oder auf sonstige „Untergriffe" verschiedener Gruppen reagiert werden?

Eine weit verbreitete Methode ist, nach Möglichkeit noch härter zurückzuschlagen, als der Angriff war. Dies führt in der Regel zu einer Eskalation der Situation.

Eine bessere Methode ist, dass der oder die Angegriffenen darauf nicht reagieren. Eine sachliche Richtigstellung bei Unterstellungen oder Verbreitung von Unwahrheiten ist allerdings notwendig, am besten von einem nicht direkt Betroffenen in einer öffentlich wirksamen Form.

8. Verwaltungsoptimierung in der Gemeinde und Optimierung der gemeindeeigenen Betriebe (Bauhof, Kindergarten ...)

Wenn wir nun die ersten Schritte Richtung Bürgerbeteiligung gegangen sind, wenn wir daran gedacht haben, unsere Jugend zu aktivieren, wenn wir dabei sind, Konflikte zu bereinigen, werden wir merken, dass sich vieles zu verändern beginnt. Es ändern sich unter anderem auch die Aufgaben für den Bürgermeister, für die Gemeinderäte und für die Bediensteten.

Um dieser neuen Situation Rechnung zu tragen, ist eine Verwaltungsoptimierung sinnvoll, ebenso ein Überdenken der Aufgaben in den gemeindeeigenen Betrieben.

8.1 Bürgernahe Dienstleistungen

Bürgerbeteiligung ist am wirksamsten, wenn alle wesentlichen Zielgruppen und Betroffenen mittun. Das sind die Gemeinderäte, die Gemeindebediensteten, die Vereine, die Interessensgruppen und die Bürger.

Für die Gemeinderäte und die Bediensteten entstehen durch Bürgerbeteiligungsprozesse neue Aufgaben (Moderations- und Koordinationsaufgaben) im Rahmen der Bürgerbeteiligung. Es fallen in der Regel aber auch Aufgaben weg, da diese von Bürgern übernommen werden (Einholen von Informationen, Übernahme von Arbeiten usw.).

Um die Bediensteten der Gemeinde auf diese neue Situation vorzubereiten, sind Organisationsentwicklungsprozesse zur Verwaltungsoptimierung sinnvoll. Folgende Vorgangsweise hat sich bewährt:

Oberschützen, Bürgerbüro im Gemeindeamt

- In Vieraugengesprächen wird zunächst die derzeitige Situation in der Gemeinde erfasst.
- Die Zusammenfassung dieser Gespräche ergibt eine genaue Analyse. Die Bediensteten entwickeln dann selbst aufgrund dieser Analyse Lösungsvorschläge für ihre künftige Arbeit.
- Diese Lösungsvorschläge werden in einem Maßnahmenkatalog zusammengefasst, abgearbeitet, und durch eine zu bildende Lenkungsgruppe wird die Umsetzung überprüft.
- Dieselbe Vorgangsweise ist für die gemeindeeigenen Betriebe, wie z. B. Kindergarten, Bauhof, Gemeindebad, Gemeindewohnungen etc. geeignet.

Ein detailliertes Konzept könnte wie folgt aussehen:

8.2 Analysegespräche

AKTIVIERENDE MITARBEITERBEFRAGUNG

Zielgruppe:

- Mitarbeiter
- Gemeinderäte – Gemeindevorstand
- (...) Ortsvorsteher
- Bürger

Inhalt:

- Stärken
- Verbesserungspotenziale
- Dienstleistungen
- Organisation
- Aufgaben und Kompetenzen
- Information
- Kommunikation
- Teamwork

- Konfliktverhalten
- Führungsverhalten
- Methoden und Instrumente in Dienstleistungsbetrieben ➔ wie z. B. Qualitätsmanagement (QM)
- Zukunftsentwicklung der Gemeinde

Gesprächsdauer:	ca. 1 – 2 Stunden
Gesprächsform:	Vieraugengespräche, vertraulich mit Achtung der Anonymität
Gesprächsführer:	neutrale, externe dafür ausgebildete Personen

Unternehmenskulturmessung

Am Ende des Gesprächs wird der befragte Mitarbeiter gebeten, noch einen Fragebogen zur Unternehmenskulturmessung auszufüllen.

8.3 Auswertung der Analysegespräche

- Zusammenfassung (summarische Auswertung)
- Einzelauswertung (Argumentationsauswertung)
- Auswertung nach Zielgruppen ➔ Gemeinderäte und Vorstand
  - Ortsvorsteher
  - Bedienstete der Gemeinde
  - Bürger

Die darauf folgende Klausur könnte wie folgt geplant werden:

8.4 Gemeindeklausur zur Organisationsoptimierung

Dauer:

drei Tage, wobei auch an den Abenden gearbeitet wird

Donnerstag	8.30 Uhr bis ca. 22.00 Uhr
Freitag	8.30 Uhr bis ca. 22.00 Uhr
Samstag	8.30 Uhr bis ca. 18.00 Uhr

oder andere Terminvereinbarungen

Trainer:

zwei Trainer (in der Regel eine Frau und ein Mann)

Teilnehmer:

- Mitarbeiter und Bürgermeister

unter bestimmten Umständen auch
  - Gemeindevorstand
  - Gemeinderäte
  - Ortsvorsteher

Inhalte:

- Präsentation der Gesprächsauswertung und Analyse
- Wertung der Themen und Schwerpunkte
- Impulse zu
  - Kommunikation
  - Teamwork
  - Konfliktbearbeitung
  - Führungsverhalten
  - Mitarbeiterverhalten
  - Organisation
  - Methoden
- Erste Schritte zur Zukunftsentwicklung der Gemeinde
- Organisation inkl. Organigramm
- Aufgaben und Kompetenzen
- Maßnahmenkatalog

Die Ergebnisse könnten wie folgt umgesetzt bzw. weiterentwickelt werden:

1. Begleitung der Arbeitskreise, Projektgruppen und Maßnahmen durch Fachberatung und externes Projektcontrolling.
2. Training bzw. Schulung der betroffenen Mitarbeiter, Vorstände, Gemeinderäte, Ortsvorsteher, Projektgruppenleiter, Arbeitskreisleiter usw.
3. Einführung von Methoden und Instrumenten zur effizienten Führung des Dienstleistungsbetriebes „Gemeinde".
4. Weiterentwicklung der Zukunftsperspektiven gemeinsam mit den Bürgern zu einem Gemeindeleitbild und einer Gemeindephilosophie.

Podersdorf am See, Bgld.

9. Führung – Motor für Motivation, Organisation und Erfolge Das Führungskräftetraining

Schwirrt Ihnen schon der Kopf?

Was es da alles und anderes zu tun gibt!

Vergessen Sie nicht, Sie sollen natürlich nicht alles selbst machen. Sie müssen wohl alles im Auge behalten. Sie müssen aber delegieren, Sie müssen moderieren.

Eine Ausbildung zur Bewältigung Ihrer neuen Aufgaben – auch Ihres neuen Verhaltens – ist notwendig. Diese Ausbildung ist umfangreich und geht in mehreren Modulen über zwei Jahre.

Wahrscheinlich wollen Sie so eine umfangreiche Maßnahme besonders gewissenhaft prüfen. Wenn Sie das tun wollen, so stellen wir gerne den Kontakt zu Menschen her, die einen solchen Prozess schon durchlaufen haben. So können Sie sich selbst überzeugen, welche Wirkung mit diesem Trainingsprogramm erzielt werden kann.

Die Besonderheit an dieser Ausbildung sind die Praxisschritte = Projektarbeit zwischen den Modulen.

In einem Seminar wird besprochen, was zu tun ist, dann führen Sie das Projekt mit anderen Teilnehmern durch, im nächsten Seminar wird überlegt: Was haben wir gut gemacht und was könnte noch verbessert werden?

Das ist eine gute Übung, das Erlernte anzuwenden, und eine große Hilfe für Ihre Arbeit in Ihrer Gemeinde.

Eine Aus- und Weiterbildung der Führungskräfte der Gemeinde ist Voraussetzung dafür, dass es gelingt, eine Gemeinde zur Gemeinschaft zu entwickeln.

Führungskräfte sind nicht nur der Bürgermeister und Vizebürgermeister, wir meinen damit alle Gemeinderäte, Vereinsobmänner (Vereinsvorsitzende), Arbeitskreis- und Projektgruppenleiter/innen, alle Personen, die mit anderen gemeinsam etwas entwickeln und umsetzen wollen. Besonders auch Jugendliche sind die Zielgruppe.

Im heutigen Bildungssystem bilden wir hervorragende Fachleute heran. Sie beherrschen ihr Fachgebiet ausgezeichnet. Seien es Ingenieurleistungen, kaufmännische, juristische oder sonstige Fachgebiete.

Was bei unserem Bildungssystem aber oftmals zu kurz kommt ist:

- die soziale Kompetenz (Umgang miteinander)
- die Führungskompetenz (wie gehe ich mit Mitarbeitern um, wie organisiere ich, wie delegiere ich ...)
- die Ethik (welche Werte, Visionen, Grundsätze sind erstrebenswert und geben Orientierung)
- die Umsetzung der Erkenntnisse in der täglichen Arbeit

Führungskräftetraining „Ostritzer Leben" in Sachsen

Die Führungskräfteausbildung beschäftigt sich mit diesen Themen.

In vielen Fällen sind bestimmte Bereiche bereits bekannt und werden von Mitarbeitern und Führungskräften schon praktiziert. Daher muss das konkrete Führungskräftetraining mit den Betroffenen (Teilnehmern eines Lehrganges) auf ihre Bedürfnisse angepasst werden. Der genaue Inhalt und auch die Anzahl der Module werden daher erst nach dem Vorbereitungstag mit den Teilnehmern fixiert.

Trainer zeigen eine Übung vor:
Dipl.-Päd. Kerstin Kaus und
Dipl.-Ing. Dr. Christian Flachberger

9.1 Umsetzungsstrategie

Die Umsetzung erfolgt in einem schrittweisen Prozess in drei Schwerpunktbereichen gleichzeitig:

- Training der Verantwortungsträger (Führungskräftetraining)
- Entwicklung einer Zukunftsvision für die Gemeinde (Gemeindephilosophie – Leitbild)
- Umsetzung konkreter Projekte in den Gemeinden

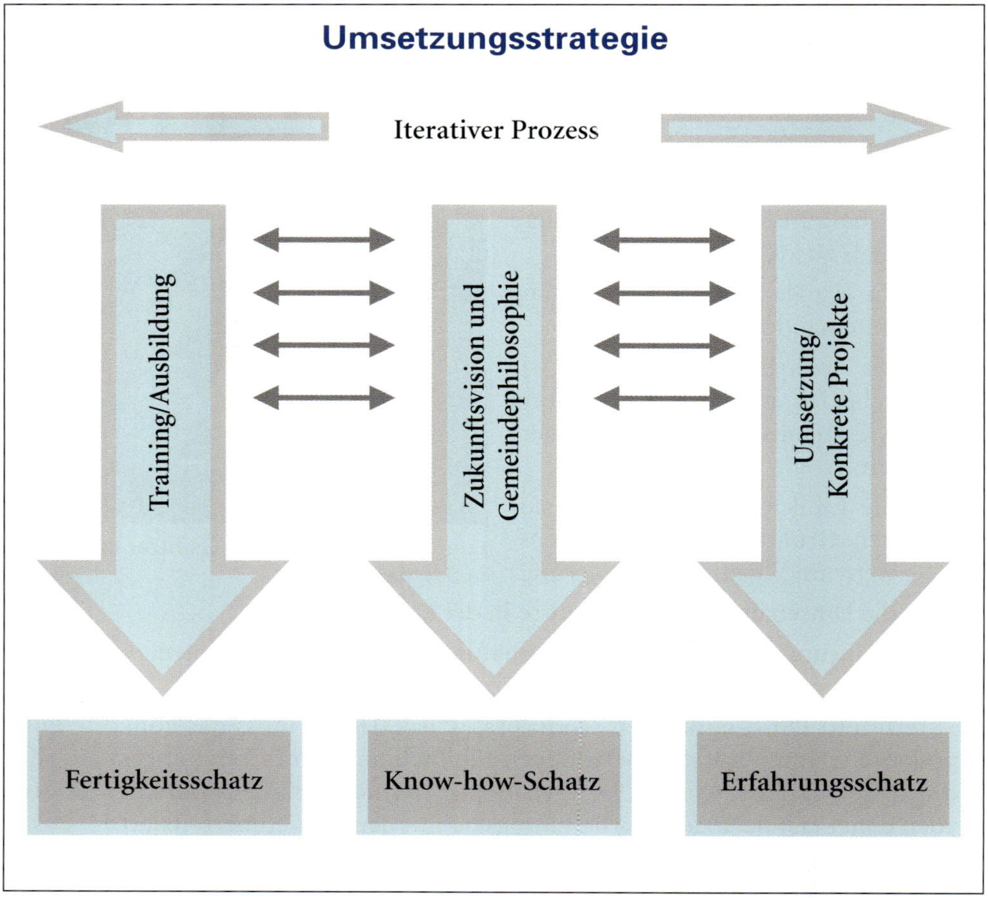

- Gegenseitige Beeinflussung und Weiterentwicklung während des Prozesses
- Projektzeitraum: zwei Jahre

9.2 Die Entwicklung einer Zukunftsvision

- Sämtliche Erkenntnisse und Erfahrungen aus den Trainings, den Praxisschritten und dem bisherigen Erfahrungsschatz der Teilnehmer werden in einer Zukunftsvision für die Gemeinde zusammengefasst, gegliedert und formuliert.
- Die Gliederung könnte neben anderen folgende Bereiche umfassen:
  - Werte (Was ist mir wichtig und stellt für mich einen Wert dar?)

- Grundsätze (Richtlinien für Handlungen)
- Strukturen (Organisationsformen und Richtlinien)
- Erfolgsfaktoren (Was bringt nachhaltigen Erfolg?)
- Führungsinstrumente (Was benötige ich zur Unterstützung der Führungsarbeit – Personalmanagement, Qualitätsmanagement, Informationsmanagement, Controlling usw.)
- Entscheidungs- und Durchführungsprozesse
- Lebensbereiche (Arbeitswelt, Privatwelt, Freizeitwelt usw.)

- In jedem Training und bei jedem Projektschritt werden die wichtigsten Erkenntnisse formuliert und in die Zukunftsvision integriert.
- Die Entwicklung der Zukunftsvision wird nie zu Ende sein. In der Beginnphase wird sehr viel einfließen. In der weiteren Folge wird die Qualitätsverbesserung im Vordergrund stehen.
- Die Zukunftsvision dient als Richtlinie und Orientierungshilfe sowohl für die Auswahl und die Durchführung von Projekten, als auch für das Verhalten nach innen und außen sowohl als Mitwirkende als auch als Verantwortungsträger.

9.3 Das Training

Lerninhalte generell

- Selbstkompetenz (Präsentationsfähigkeit, Motivationsfähigkeit, positives Denken …)
- Soziale Kompetenz, partnerschaftliche Zusammenarbeit
- Konfliktbearbeitungskompetenz
- Methodenkompetenz
- Managementinstrumente in Projekten anwenden lernen
- Führungskompetenz
- Zukunftsvision entwickeln und gestalten lernen

Fixierung der konkreten Lerninhalte

Die Lerninhalte werden mit den Teilnehmern in der Beginnphase und auch noch während des Lehrganges an den Entwicklungsstand der Teilnehmer und die Notwendigkeiten bei den Projekten angepasst.

- Vorhandene Erfahrungen der Teilnehmer werden einbezogen
- Defizite werden definiert und Bedürfnisse dargestellt
- Leistungsbereitschaft und eigenes Engagement werden gefördert

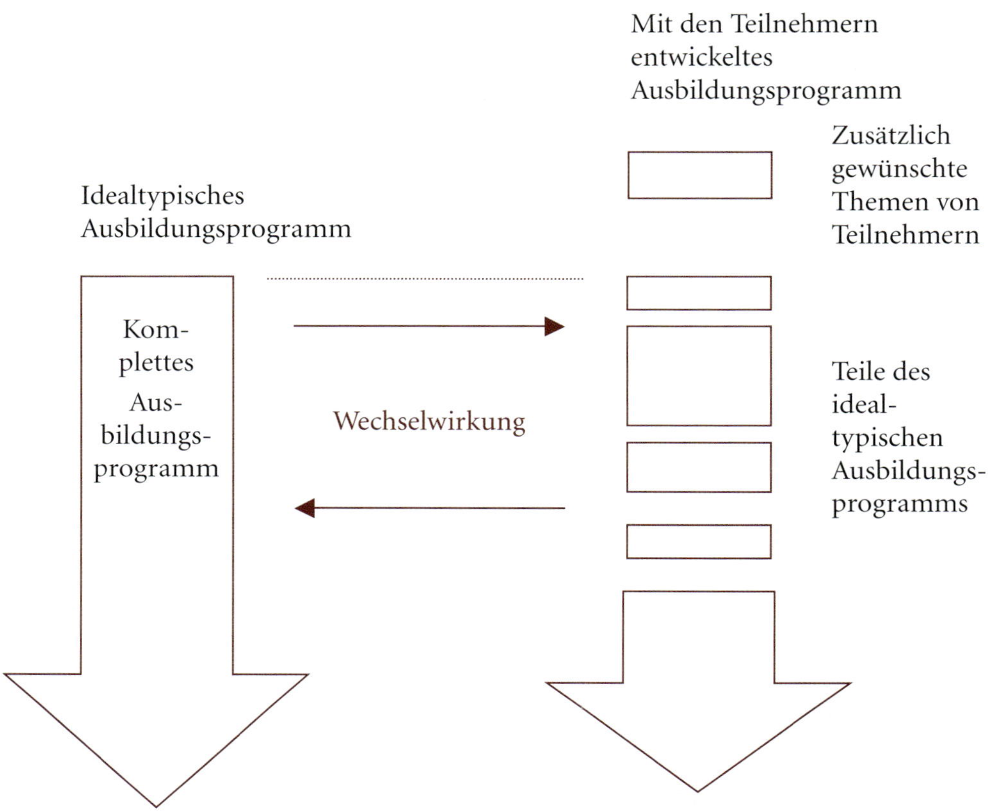

Die folgende Aufzählung der Trainingsinhalte ist eine Idealversion des kompletten Ausbildungsprogramms mit sehr hohem Wirkungsgrad. Mit den Verantwortungsträgern wird punktgenau ein auf die Gruppen angepasstes Trainingsprogramm entwickelt. Es kann auch mit einem kleinen Schritt begonnen werden, der für sich auch einen Wert hat.

Führungskräftetraining, NÖ, Stift Göttweig mit Trainerin Dipl.-LB Sonja Thalinger

Mögliche Trainingsinhalte im Detail

Modul 1	Persönlichkeit/Wertorientierung/Präsentation
Modul 2	Beziehungen/Kommunikation/Gesprächsführung
Modul 3	Gruppenfähigkeit/Moderation/Teamwork
Modul 4	Konfliktbearbeitung/Mediation/Mobbing
Modul 5	Führen/Koordinieren/Organisieren
Modul 6	Strukturen/Organisation/Organisationsentwicklung
Modul 7	Führungsinstrumente bei Projekten/ Qualitätsmanagement bei Projekten
Modul 8	Projektmanagement, Projektcontrolling/ Personalmanagement bei Projekten
Modul 9	Öffentlichkeitsarbeit/interne und externe Information/ Gesundheit/Innovation
Modul 10	Nachhaltigkeit/Zukunftsperspektiven/Lernerfolge

Modul 5: Führen;
Übungen mit Pferden

Ein Fest wird bei jedem Modul als Beispiel für die Organisationsfähigkeit von Teilnehmern organisiert

9.4 Vorgangsweise beim Training für Verantwortungsträger

Informationstag für alle Teilnehmer

Trainingsvorgang

- Das Training umfasst zehn Module.
- Es sind fünf Module pro Jahr vorgesehen.
- Zusätzlich sind vier bis sechs Praxisschritte vorgesehen, die schrittweise zwischen den Modulen durchgeführt werden.
- Das gesamte Training dauert in der Regel zwei Jahre.
- Ein Modul dauert drei Tage, wobei auch an den Abenden gearbeitet wird;
  Freitag: ab 8.30 Uhr bis ca. 22.00 Uhr
  Samstag: ab 8.30 Uhr bis ca. 22.00 Uhr
  Sonntag: ab 8.30 Uhr bis 18.00 Uhr
- Die Trainings finden am besten in einem gemütlichen einfachen Landgasthof (der Tagungsräume anbietet) in der Natur statt, um den Lernerfolg zu erhöhen (außerhalb des sonstigen Umfeldes – ideal mit Übernachtung).
- Bei 24 Teilnehmern sind zwei Trainer – sowie zu Spezialthemen Fachexperten – vorgesehen.

9.5 Die konkreten Projekte als Praxisschritte

Vorbemerkung

Die konkreten Projekte sind ein wichtiger Teil dieser Ausbildung. Sie geben teilweise sowohl den Inhalt als auch die Reihenfolge der einzelnen Trainingsmodule vor. Die Teilnehmer erleben, dass Lerninhalte im Training für die Projekte notwendig und auch praktisch anwendbar sind. Sie erkennen auch, dass persönliche Vorstellungen sich durchaus mit den Zielen einer Gemeinschaft decken können und Zukunftsvisionen eine Voraussetzung für die Orientierung im Alltag und für nachhaltige Entwicklungen, sind.

Durchführung der Praxisschritte

- Als Praxisschritte werden konkrete Projekte im Wirkungsfeld der Teilnehmer durchgeführt.
- Die Praxisschritte werden von den Teilnehmern nicht im eigenen Organisationsbereich, sondern in anderen Organisationseinheiten durchgeführt. Dies fördert den unbefangenen Lerneffekt.

- Die Praxisschritte werden in den Trainingsmodulen vorbereitet und unter subsidiärer Mithilfe von externen Trainern vor Ort durchgeführt.
- Die Verantwortung für die professionelle Durchführung der Praxisschritte liegt bei den externen Trainern.
- Bei diesem Lehrgang können bis zu sechs Projekte in den Gemeinden von den Teilnehmern durchgeführt werden.

Organisation der Praxisschritte

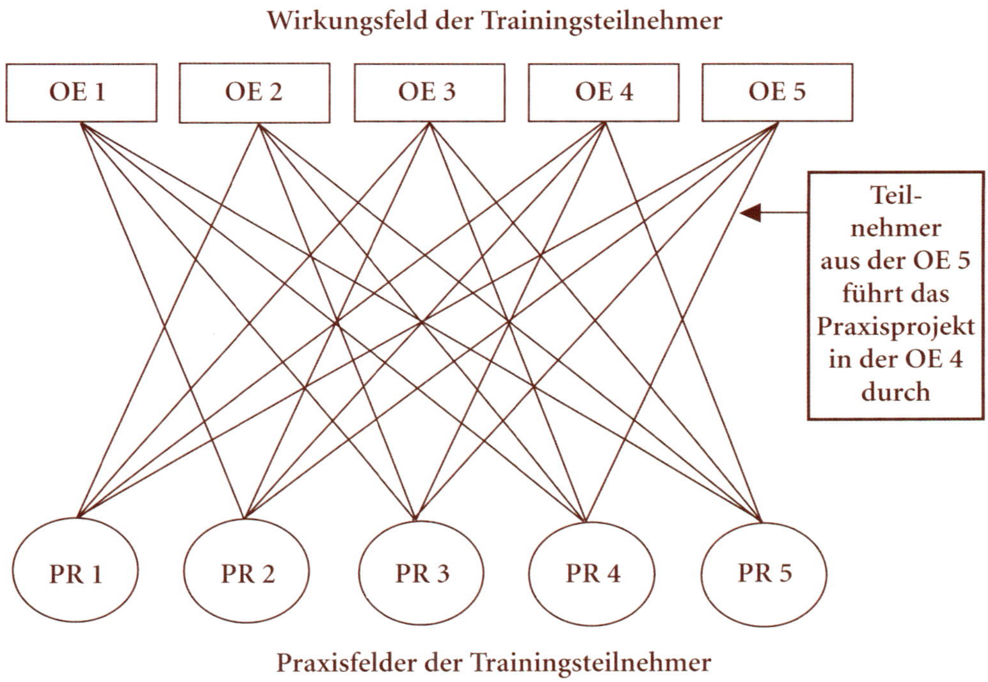

Mögliche konkrete Projekte

- Bürgerzufriedenheitsmessung
- Aktivierende Befragung der Bürger
- Aktivierende Befragung der Mitglieder (z. B. bei Vereinen)
- Aktivierende Befragung der Mitarbeiter (Gemeindeamt, Betriebe ...)
- Unternehmenskulturmessung (Gemeindemitarbeiter, Betriebe)
- Bürgerbeteiligungsprozesse – Mitgestalten, Mitentscheiden, Teilhaben
- Aktivierung der Jugend
- konkrete Projekte in den teilnehmenden Gemeinden
- Optimierung der Organisation (Gemeindeamt, Gemeinderat, Vereine ...)

- Einführung von Managementinstrumenten (Controlling, Personalmanagement, Qualitätsmanagement, Informationsmanagement)
- Entwicklung von Marketingkonzepten (Gemeinde, Wirtschaft, Unternehmen …)

Nutzen für die Teilnehmer und die Gemeinden

Für das Amt/die Gemeinde

- Erhöhte Bürgerbeteiligung bei Gemeindeprojekten
- Einbindung der Jugend
- Verringerung der Kosten von Gemeindeprojekten
- Optimierung der Verwaltung und der gemeindeeigenen Betriebe
- Größere Identifikation der Bürger mit der Gemeinde
- Bessere Vorbereitung auf die Zukunft

Für die teilnehmenden Personen

- Mehr Selbstvertrauen
- Motivation
- Fähigkeiten zur Entwicklung und Umsetzung von Projekten
- Umgehen mit Konflikten
- Aufwertung der eigenen Arbeit
- Eigenverantwortliches Handeln
- persönliche Weiterentwicklung
- Orientierung

Motive und Erkenntnisse der Absolventen

Der Lehrgang nützt den Teilnehmern nicht nur bei der besseren Bewältigung von Aufgaben in der Gemeinde. Die Lerninhalte und Erfahrungen sind auch im privaten und beruflichen Bereich sehr wertvoll und optimal anwendbar.

Einzigartigkeit des Impulse Führungskräfte-Lehrganges

- Die Teilnehmer werden nicht mit kompliziertem, theoretischen Wissen konfrontiert, sondern erleben, wie mit dem „gesunden Hausverstand" komplexe Zusammenhänge

Führungskräftetraining in Stift Göttweig, NÖ

erklärt, Problemlösungen gefunden werden und die Anwendbarkeit von Erkenntnissen in der Praxis gesichert wird.

Trainer Ing. Mag. Alfred Rindlisbacher (zweiter von rechts) beim Training für Verantwortungsträger

- Die permanente Verknüpfung von
  - Theorie
  - Lerninhalten
  - Praxisprojekten
  - Training
  - Konditionierung
  - Definieren der Lernerfolge und Einarbeiten dieser in eine Gemeindephilosophie

  während der dreitägigen Module und in den konkreten Gemeindeprojekten zwischen den Modulen.

- Die gleichzeitige und gleichwertige Bearbeitung von
  - funktionalen Bereichen (Organisation, Aufgabenverteilung, Controlling ...),
  - sozialen Bereichen (Gesprächsführung, Beziehungen, Teamwork, Hausbesuchen, Konfliktbearbeitungen, usw.) und
  - ideellen Bereichen (Zielen, Werten, Grundsätzen, Ethik, Leitbild, Zukunftsvision, Gemeindephilosophie usw.) sowohl im Training als auch in den Gemeindeprojekten.

- Die Qualifikation und Auswahl der Trainer und Impulsgeber

  Generell begleiten ein Mann und eine Frau den gesamten Lehrgang. Das Einbringen und Bewusstmachen von weiblichen und männlichen Fähigkeiten vor allem betreffend sozialer Kompetenz und Führungskompetenz ist eine große Bereicherung.

- Die Trainerzusammensetzung erfolgt nach folgenden Gesichtspunkten
  - Praktiker aus Gemeinden
  - Führungserfahrung in Unternehmen, Gemeinden oder Organisationen
  - Erfahrungen im Umsetzen von theoretischen Erkenntnissen in die Praxis
  - Angewandtes pädagogisches und psychologisches Wissen

- Nach Abschluss des 10. Moduls erhalten die Teilnehmer ein Zertifikat.

9.6 Soziale Lernprozesse – Lernen durch Erleben

Bei den Trainingsvorgängen werden die Methoden der sozialen Lernprozesse angewendet.

„Wissen und Know-how werden durch Erleben vermittelt."

Dabei spielen Denkanstöße in Übungen, Rollenspielen, praktischen Beispielen und Provokationen, die zur Selbsterkenntnis führen, eine große Rolle.

- Lernen bedeutet das Erkennen der Umwelt bis ins Detail und das Erkennen der Großartigkeiten, die in der Schöpfung vereinigt sind.
- Lernen bedeutet das Erleben und Weiterentwickeln der Strukturen und das Initiieren von Prozessen und damit Mitarbeit an der Evolution.
- Lernen bedeutet die Zusammenhänge erkennen, die zwischen Strukturen und Prozessen bestehen,
- Lernen bedeutet Achtung und Demut vor der Natur und ihren Dimensionen zu bekommen.
- Lernen bedeutet zunehmend Verantwortung für die Entscheidungen und Handlungen, für sich selbst und auch für andere Menschen und für die Umwelt zu übernehmen.

Um noch mehr Verständnis für diese Problematik zu wecken, möchten wir den Unterschied zwischen Lehren, das oft zum Belehren wird, und Lernen, das die Erkenntnisfähigkeit des Schülers steigert und zu richtigem Wissen führt, darstellen.

Lehren als Lenken und Dirigieren	Lernen als Appell an die Erkenntnisfähigkeit
Wissen, das ohne Wissensdrang erlernt werden soll, wird schnell vergessen.	Der Mensch behält jenes Wissen, das er aus seinem eigenen Wissensdrang heraus erlernt hat
Sammeln oder Katalogisieren.	Kreative Entfaltung des Menschen.
Der Lehrer lehrt, der Schüler wird belehrt.	Zwischen Lehrer und Schüler muss Dialog herrschen. Danach lehren und lernen beide.
Der Lehrer denkt und über die Schüler wird nachgedacht.	Das Denken des Lehrers gewinnt seine Echtheit nur durch das Denken des Schülers.
Der Lehrer redet und die Schüler hören brav zu.	Der Lehrer und der Schüler führen zu den Problemen miteinander einen Dialog.

Lehren als Lenken und Dirigieren	Lernen als Appell an die Erkenntnisfähigkeit
Der Lehrer weiß alles, die Schüler wissen nichts. Der Lehrer wählt aus, was für die Schüler gut sein soll. Der Lehrer handelt, die Schüler werden berieselt.	Der Lehrer legt das Material den Schülern zur eigenen Überlegung vor, überlegt seine früheren Überlegungen neu, während die Schüler ihre Gedanken formulieren.
Der Lehrer gibt die „Merksätze" aus, die Schüler plappern sie nach. Der Lehrer füllt die Schüler gleich leeren Behältern mit Wissen voll.	Die Rolle des problemformulierenden Lehrers besteht darin, mit den Schülern zusammen Bedingungen zu schaffen, unter denen Erkenntnisse auf der Ebene der „Doktrin" durch wahre Erkenntnisse auf der Ebene der Logik überholt werden.
Der Lehrer ist das Subjekt des Lernprozesses, während die Schüler nur Objekte sind.	Lehrer und Schüler sind beide Subjekte des Lernprozesses.
Die Inhalte werden dem Schüler mitgeteilt.	Der Schüler wird aufgefordert, zu erkennen.
Der Schüler ist braver Zuhörer.	Der Schüler ist kritischer Mitforscher im Dialog mit dem Lehrer.
Der Dialog wird gemieden.	Dialog ist notwendig zur Übertragung auf die vom Einzelnen gesehene Realität.
Die Schüler sind Objekte, die gestützt werden.	Die Schüler sind Subjekte, damit kritische Denker und helfen sich selbst.
Nur Nachvollzug des Lehrers, keine Kreativität.	Eigene Formulierung, Reflexion und Aktion führen zur Kreativität.
Schicksalhaft und unwandelbar.	Herausfordernd und machbar.
Lehrende bzw. belehrende, fixierende Macht.	Flexible, anpassungsfähige, wahre Autorität.
Die Wirklichkeit wird mystifiziert.	Die Wirklichkeit wird real gesehen und damit entmystifiziert; Verlangen nach Veränderung.
Resignation	Erforschung
Die Folgen sind	
Frustration	**Motivation**

9.7 Zusatznutzen für die Teilnehmer und deren Wirkungsfeld

Nach Abschluss des Trainings der Projektarbeit und der Zukunftsvision sind viele Teilnehmer, in der Lage, selbstständig Projekte durchzuführen: In der Praxis ist es sinnvoll, bei bestimmten Themenbereichen sowohl die Lehr-, als auch die

Lernmethoden einzusetzen. Es kann fast jeder Inhalt nach den Lernmethoden aufbereitet werden; die Zeitdauer der Vermittlung dauert in der Regel länger; dafür ist der Lerninhalt aber besser und tiefer im Bewusstsein der Menschen verankert.

Mögliche Projekte, die die Trainingsteilnehmer selbstständig durchführen können:

- optimales Zusammenwirken in größeren und kleineren Organisationseinheiten
- Teamentwicklungsprozesse zur Steigerung der Effizienz in der Organisation und der Lebensqualität der betroffenen Mitwirkenden
- Spannungs- und Konfliktbearbeitungen
- Messungen der „Jugend-, Bürger- und Mitarbeiterzufriedenheit“
- Aktivierende Bürgerbefragung
- Messung der Unternehmenskultur
- Entwicklung einer Zukunftsvision und deren Umsetzung im Alltag

Externe Trainer- und Beratungsleistungen werden dadurch auf bestimmte Fragestellungen reduziert. Die Kompetenzen im eigenen Bereich werden größer und die Abwicklungen können dadurch besser an die Bedürfnisse und Notwendigkeiten der einzelnen Projekte und der mitwirkenden Personen angepasst werden.

Projektgruppe bei der Arbeit

Gemeindephilosophie

- Gemeindeleitbilder und deren Umsetzung
- Mögliche Erkenntnisse zusammengefasst in einer Gemeindephilosophie
- Der Erkenntnisprozess von der Idee zur Philosophie und die praktische Umsetzung

Morgenstimmung, Südtirol, Schlern

10. Orientierung – Vom Gemeindeleitbild zur Gemeindephilosophie
Erfahrungsschatz nachhaltig sicherstellen

Jeder von uns, der sich auf den Weg macht, weiß – oft nur nebulos – wohin er gehen will. Und er sucht nach einer Orientierung. Ein Leitbild ist eine Orientierungshilfe.

Mit wenigen prägnanten Sätzen ist es jedoch nicht getan. Die einzelnen Begriffe müssen durch Erleben, Erfahren, Nachdenken, sich damit Auseinandersetzen, erst ihre Bedeutung erlangen. Es ist ein Prozess, ein Erkenntnisprozess. Der dabei gewonnene Wissensschatz zusammengefasst, ergibt die hinter dem Leitbild stehende Philosophie.

Übrigens: Was bedeutet das Wort „Philosophie"?
Aus dem Griechischen:
philos = der Freund
sophia = die Weisheit

Wollen wir nicht alle Freunde der Weisheit werden?

10.1 Gemeindeleitbilder und deren Umsetzung

Problemdarstellung

Es gibt bereits viele Gemeinden, die ein Leitbild entwickelt haben. Teilweise werden für Ortsteile im Zuge der Dorferneuerung ebenfalls Leitbilder erstellt.

Der Satz

„Bei uns steht der Mensch im Mittelpunkt"

findet sich sehr oft in den Leitbildern.

Bei genauem Hinterfragen, wie dieser Satz in der Lebenspraxis umgesetzt wird, gibt es oft wenig befriedigende Antworten.

Auch andere Sätze im Leitbild können von manchen Funktionären nicht erklärt werden. Es kommt das Gefühl auf, dass es zwar ein Leitbild gibt, dieses aber nicht gekannt bzw. offensichtlich nicht als Handlungsrichtlinie für Gemeinderatsbeschlüsse oder für die Verwaltungsarbeit dient.

Die Sätze klingen gut, stellen aber keine Verpflichtung für die Verantwortungsträger dar. So kommt es vor, dass es das Leitbild zwar gibt, weil es im Zuge der Dorferneuerung oder bei geförderten Projekten gefordert wurde, niemand sieht aber darin eine Bedeutung für sein Handeln.

Für ein Gemeindeleitbild dient das Wohl der kommenden Generationen als Orientierung.

Dolomiten, Südtirol: Das Gemeindeleitbild dient auch zum Schutz unseres Lebensraums und zur Demut vor der Schöpfung.

Lösung

Die oft wenigen, aber gut formulierten Sätze in Leitbildern werden um alle Erkenntnisse und Erfahrungen, die im Zuge von Projekten, Bildungs- oder Trainingsveranstaltungen gewonnen wurden, ergänzt.

Die fortlaufende Ergänzung bringt einen Erfahrungs- und Wissensschatz, der am besten zu einer Gemeindephilosophie zusammengefasst wird, auf die immer wieder zurückgegriffen werden kann.

Die Gemeindephilosophie wird einfach und verständlich formuliert und ist jedem Verantwortlichen, Mitarbeiter und Bürger zugänglich.

10.2 Verschiedene Erkenntnisse für die Erstellung einer Gemeindephilosophie zusammengefasst

Viele der hier beschriebenen Erkenntnisse sind der Unternehmensphilosophie der WERT-*impulse* und der Führungsphilosophie der IT-Sektion im österreichischen Bundesministerium für Finanzen entnommen. Die Führungsphilosophie der IT-Sektion im BMF wurde von 152 Mitarbeitern und Führungskräften der IT-Sektion im Zuge des Trainings zur Teamentwicklung, erarbeitet. Diese Inhalte sind überall wo Menschen zusammenwirken, also auch in Gemeinden, gültig.

Die möglichen Inhalte einer Gemeindephilosophie

Jede Gemeindephilosophie ist eine Führungsphilosophie, weil sie das Miteinander regelt, und weil das Leben nach diesen Erkenntnissen durch die Verantwortungsträger oder Führungskräfte eine wichtige Vorbildwirkung hat.

1. Von der Vision über das Ziel zur Aufgabenteilung
2. Vom IST über das SOLL zum WEG
3. Einbindung der Bürger, Mitarbeiter, Betroffenen und Mitwirkenden
4. Unsere Dienstleistungen für die Bürger – „unsere Kunden“
5. Die Grundlage für unser Handeln und die Erkenntnisse über die drei Dimensionen des Menschen
6. Dem Menschen gerechte Organisationsstrukturen
   - Mensch
   - Partner
   - Gruppe
   - Gemeinschaft

7. Dem Menschen gerechte Verhaltensweisen
   - Leistung des Einzelnen
   - Partnerschaft zwischen Partnern
   - Partizipation in der Gruppe
   - Subsidiarität in der Gemeinschaft
8. Strukturen und Wirkungen
9. Wechselwirkung zwischen Strukturen und Verhaltensweisen
10. Ursachen für Unzufriedenheit
11. Kommunikation, der wichtigste Erfolgsfaktor
12. Kommunikationsprozesse in Organisationen
13. Spitzenleistungen
14. Führungsprozess
15. Die Rollen eines Verantwortungsträgers oder einer Führungskraft
16. Führen benötigt Zeit
17. Delegation
18. Bildungsmaßnahmen
19. Mitarbeiterförderung
20. Führung dient dem Menschen
21. Organisation – Linien-, Gruppen-, Matrixorganisation
22. Entwicklung optimaler Organisationsstrukturen
23. Elemente unseres Erfolgsweges
24. Erfolgsfaktoren
25. Einführung und Umsetzung
26. Umgang mit Widerständen
27. Erkenntnis

Ing. Robert Moser, CMC

1. Von der Vision über das Ziel zur Aufgabenteilung

„Willst du mit anderen ein Schiff bauen, so lass nicht nur Holz und Werkzeug sammeln, sondern wecke die Sehnsucht nach dem weiten, weiten Meer."
frei nach Antoine de Saint-Exupéry

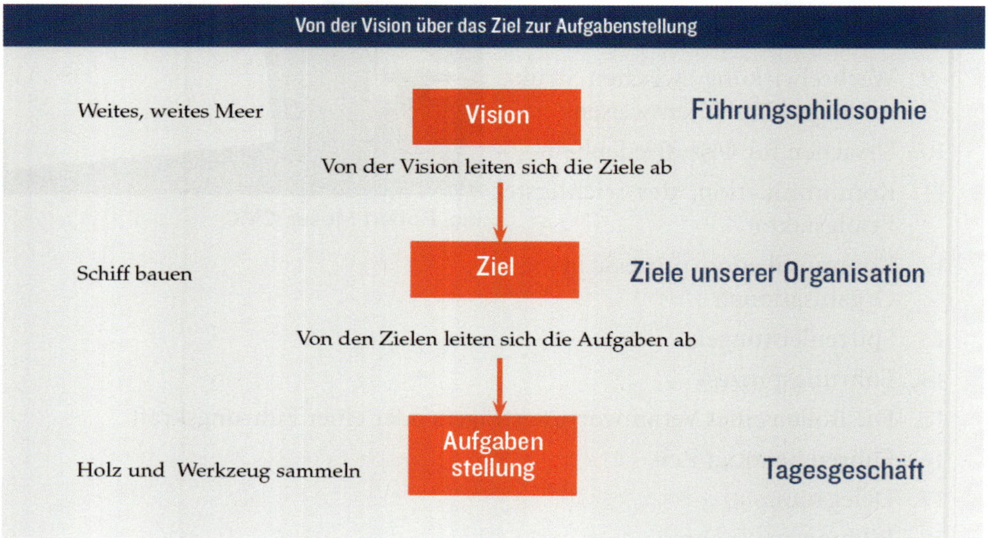

- Die Zukunftsvision der Gemeinde,
- die Ziele für die Entwicklung der Gemeinde bzw. für die Gemeindebediensteten und
- die täglichen Aufgabenstellungen, die in Handlungen umgesetzt werden, bedingen einander.

Mögliche Vision

Miteinander zu Effizienz und Lebensqualität

Das Miteinander ist die Voraussetzung für erfolgreiches Handeln. Unaufgelöste Spannungen, Konflikte und Streit behindern jeden Arbeitsablauf und schaffen ein Betriebsklima, in dem sich die Menschen nicht wohl fühlen und das „krank" macht. Daher ist es notwendig, schon in der Beginnphase Auseinandersetzungen genau zu beachten:

- Dienen sie der Abklärung von unterschiedlichen Standpunkten, einem Erkenntnisgewinn oder der Suche nach der Wahrheit?

oder

- Geht es darum, den anderen „fertig zu machen“, seine „Unfähigkeit“ darzulegen oder ihn schlecht zu machen?

In einer nicht von Streit und Kampf belasteten Zusammenarbeitskultur in der Gemeinde ist die **Lebensqualität** aller Betroffenen einfach besser. Dies ist auch die Voraussetzung für Effizienz.

Effizienz wird aber auch dadurch erreicht, dass die Beziehungs-, Gruppen- und Führungsfähigkeit bei Arbeitsprozessen durch Bildungs- bzw. Trainingsprozesse erhalten bzw. verbessert wird.

Besonders bei Bürgerbeteiligungsprozessen ist die Herstellung einer optimalen Arbeitsfähigkeit in Arbeits-, Projekt- und Lenkungsgruppen besonders wichtig. Dies bringt Erfolge, Freude bei der Arbeit und in der Folge auch Motivation für neue Aufgaben.

Ziele

Ziele müssen eindeutig definiert, klar und verständlich formuliert, umsetzbar, erreichbar und messbar sein.

Das Übertreffen von Zielen muss geplant werden durch

- Erreichbarkeit und nicht Überforderung,
- engagierte Ziele, die nicht unterfordern und
- Zwischenziele sowie deren Überprüfung.

Jede Zielübertreffung bringt Motivation für alle Beteiligten; diese Motivationsschübe sind zu planen und auch durch gemeinsames Freuen und Feiern zu verstärken.

Aufgabenstellung

Die Aufgabenstellungen leiten sich von den Zielen ab. Dabei ist die Aufgabenverteilung von besonderer Bedeutung. Die Mitwirkenden sollen vorwiegend jene Aufgaben bearbeiten, die sie gern machen und die ihren Fähigkeiten und ihrem Können entsprechen.

Bei der Delegation von Aufgaben ist zu beachten, dass neben der Verantwortung auch die Entscheidungsbefugnis übertragen wird. Dies ermöglicht erst selbstständiges Arbeiten und bringt Motivation.

2. Vom IST über das SOLL zum WEG

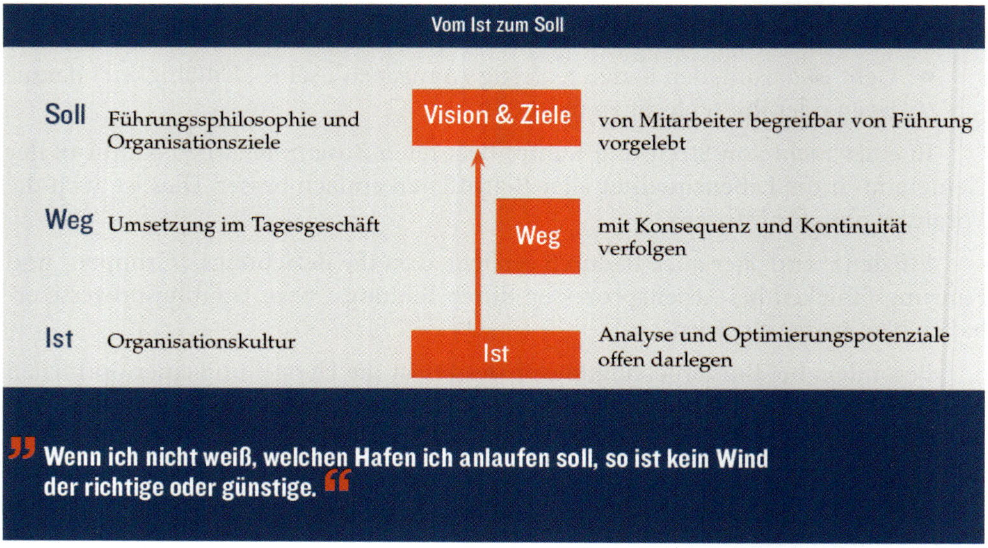

Die Entwicklung einer Gemeindephilosophie ist die Voraussetzung für eine erfolgreiche und optimierte Gemeindearbeit.

Bei allen Projekten und Aktivitäten sollte folgende Vorgangsweise gewählt werden:

Analyse	IST
Vision	SOLL
Lösungsvorschläge	WEG

Je besser die Analyse über die Aufgaben bzw. das dargestellte Problem erfolgt, umso besser ist die Möglichkeit, eine Lösung zu finden, die nachhaltig wirkt und qualitätsvoll ist. Bei Organisationsoptimierungsprozessen in Gemeindeverwaltungen oder bei gemeindeeigenen Betrieben kann dies durch eine aktivierende Befragung (siehe Kapitel 5.1)und durch eine Unternehmenskulturmessung über die Stärkenpotenziale erfolgen.

Das gemeinsame Finden einer **Vision** und davon abgeleitet **konkrete Ziele** für die Organisationseinheit ermöglichen die Erarbeitung konkreter Lösungen.

Die Lösungen werden in Arbeitsgruppen bei der Entscheidungsfindung und in Projektgruppen bei der Umsetzung entwickelt. Dabei haben sich drei Hauptpunkte und die sieben Detailpunkte in der Bearbeitung bewährt.

Nach den drei Hauptpunkten:

1. Analyse
2. Vision oder Ziel
3 Lösungen

werden in der Regel folgende weitere Punkte bearbeitet:

4. Zugkräftiger Titel für die Aktivität
5. Konkreter detaillierter Ablaufplan mit konkreten Aufgaben und Terminen
6. Wer sollte noch angesprochen und eingebunden werden
7. Mit welchen Menschen, die von der Aufgabe oder dem Problem betroffen sind, sollte noch gesprochen werden
8. Wer sollte welche Aufgaben erledigen
9. Wer ist Arbeitskreis- oder Projektgruppenleiter bzw. wer ist Stellvertreter
10. Wann und wo findet die erste Arbeitskreis- bzw. Projektbesprechung statt

3. Einbindung der Bürger, Mitarbeiter, Betroffenen und Mitwirkenden

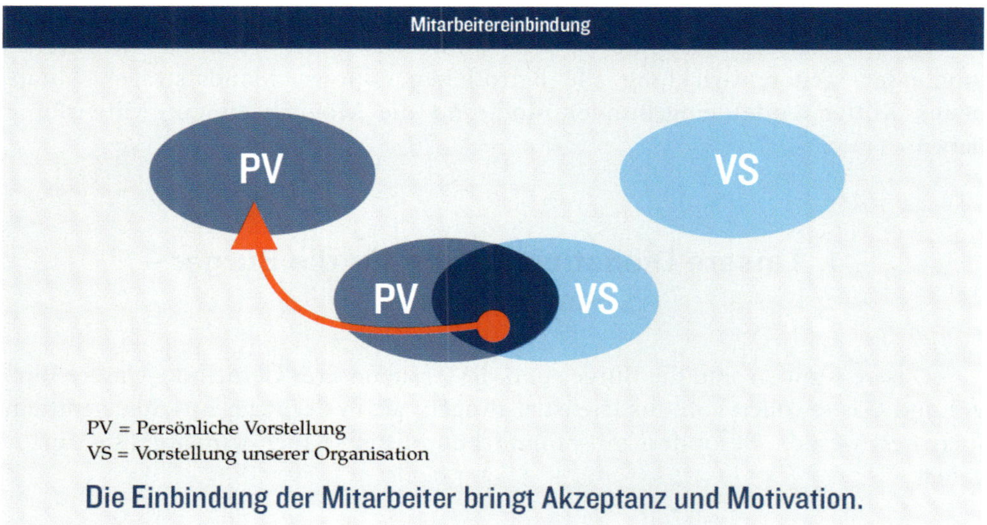

Persönliche Vorstellung und Vorstellungen der Gemeinde:

Die Einbindung der Betroffenen und der Mitwirkenden bei der Lösungsfindung und der Umsetzung bringt Motivation. Je größer die Überschneidung der persönlichen Vorstellungen (PV) mit den Vorstellungen der Gemeinde (VS) ist, desto größer ist in der Regel auch die Motivation und damit die Effizienz bei der Umsetzung.

Die Mitwirkenden erkennen, dass bei der Verwirklichung der Vorstellungen in der Gemeinde auch ihre eigenen Vorstellungen verwirklicht werden.

Es gibt bei einem solchen Entwicklungsprozess immer wieder Gegenargumente:

„Die Einbindung aller Betroffenen ist zu mühsam und kostet Arbeitszeit.“

Die Antwort darauf kann nur sein:

„Das Nichteinbeziehen der Betroffenen kostet Motivation und Effizienz.“

Der Weg lautet:

„Der notwendige Aufwand hängt von der guten Vorbereitung, der optimalen Organisation und der effizienten Durchführung ab.“

Wenn wir im Controllingprozess die Analysen, Ziele, Planung und Prognosen in bottom-up- bzw. top-down-Prozessen unter Einbindung aller Mitarbeiter entwickeln, so wird dies bei grundsätzlichen, nachhaltig wirkenden Themen sogar noch wichtiger sein. Die Einbindung der Betroffenen hängt vom Willen der Führung ab.

Die Gemeindephilosophie ist nur dann umsetzbar, wenn bei der Erstellung oder Weiterentwicklung alle Betroffenen (Bürger, Mandatsträger, Mitarbeiter, Mitwirkende) eingebunden sind und die Möglichkeit zur Mitwirkung haben.

4. Unsere Dienstleistungen für die Bürger – „unsere Kunden“

Unsere Kunden sind die Bürger und die Gäste unserer Gemeinde. Unsere Bürger und Gäste wollen von uns Dienstleistungen, die in der Regel aus Steuermitteln finanziert werden. Besonders mit öffentlichen Mitteln haben wir sorgfältig umzugehen.

Der Kunde ist weder „König“ noch „Gegner“ – er ist Partner.

- Beide, sowohl der Kunde als auch der Dienstleister, haben Anspruch auf eine gegenseitige wertschätzende Haltung.

- Wir agieren fast täglich in beiden Rollen. Wir sollten unser Verhalten gegenüber Partnern so ausrichten, wie wir auch selbst als Kunde oder Lieferant behandelt werden wollen.
- Wenn wir eine den Anforderungen gerechte Dienstleistung erbringen, so haben wir auch Anspruch auf eine wertschätzende Akzeptanz und pünktliche und vollständige Gegenleistung (Mitwirkung).
- Kostentransparenz und tatsächlicher Aufwand sowie eine Wirtschaftlichkeitsberechnung sind die Grundlagen und die Entscheidungshilfen für unsere Projekte, Investitionen und Dienstleistungen.
- Unsere Bürger können bei der Einbindung in die Entscheidungsfindung und Umsetzung bei Projekten einen vielfachen Nutzen für die Gemeinde bringen:
  - Kreativität und Innovation.
  - Die ehrenamtliche Mitwirkung unserer Bürger sowohl bei der Entscheidung als auch bei der Durchführung bringt auch ein Einsparungspotenzial für unsere Gemeinde.
- Der Nutzen für die mitwirkenden Bürger ist vor allem die Gestaltung ihres Umfeldes und ihrer Gemeinde entsprechend ihren Vorstellungen und Wünschen.
- Der Gemeinschaftsgeist, das Wir-Gefühl und die Identität für unsere Gemeinde steigen und bringen ein Gefühl der Zusammengehörigkeit, der Heimatverbundenheit und der Geborgenheit.
- Vor allem die Mitwirkung der Jugend in der Gemeinschaft und deren frühe Einbindung in Aktivitäten und Projekte lässt eine Beziehungsqualität entstehen, die auch Abwanderungsgedanken entgegenwirkt.

Die Bürger, die Gemeindeverantwortlichen und die Gemeindebediensteten haben ein gemeinsames Ziel:

- unsere Gemeinde lebens- und liebenswerter zu gestalten
- unsere Einzigartigkeiten, Bau- und Naturdenkmäler zu pflegen und zu erhalten sowie
- unsere Dienstleistungen für die Bürger und Gäste
  - einfacher
  - rascher
  - effizienter
  - kostengünstiger
  - durchschaubarer und
  - in der notwendigen Qualität zu erbringen.

5. Die Grundlage für unser Handeln und die Erkenntnisse über die drei Dimensionen des Menschen

Die drei Dimensionen des Menschen

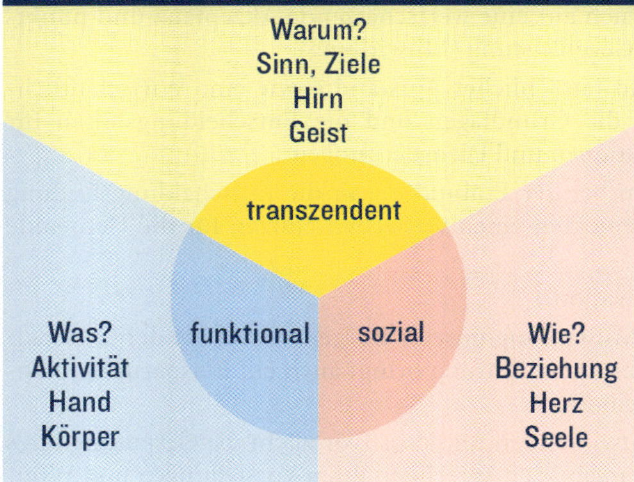

Optimale Ergebnisse bringt die gleichzeitige und gleichwertige Beachtung der Aktivitäten, der Beziehungen und des Sinns.

Die Grundlage für das Erreichen optimaler Ergebnisse ist die gleichzeitige und gleichwertige Beachtung der Aktivitäten, der Beziehungen und des Sinns. Dies gilt sowohl für Einzelpersonen als auch für Gruppen. Am Beispiel einer Gruppe lässt sich das gut erkennen:

1. Ergibt sich Effizienz, wenn wir viel und zielorientiert arbeiten, den Sinn der Arbeit erkennen, aber Streitereien, Gezänk und Intrigen die Organisationskultur beherrschen?
2. Ergibt sich Effizienz, wenn wir fleißig arbeiten, die Zusammenarbeit und die gegenseitige Wertschätzung sehr hoch entwickelt ist, aber die Mitwirkenden keinen Sinn in der Arbeit sehen und es auch keine Ziele gibt?
3. Ergibt sich Effizienz, wenn wir Ziele gemeinsam definiert haben, ein ausgeprägt positives Gruppenverhalten haben, aber durch eine schlechte Organisation oder/und eine unklare Aufgaben- und Kompetenzverteilung uns gegenseitig behindern?

Die Antwort ist NEIN!

In all diesen Fällen kann die Effizienz nicht sehr ausgeprägt sein und die Leistungsmöglichkeiten sind eingeschränkt.

Optimale Ergebnisse gibt es nur, wenn ich viel einbringe, gut mit meinem Umfeld zusammenarbeite und das Ziel, den Nutzen und den Sinn nicht aus den Augen verliere. Eine Ausgewogenheit zwischen dem Freiraum für die persönlichen Interessen und für die Arbeit in der Organisation ist anzustreben.

6. Dem Menschen gerechte Organisationsstrukturen

Wenn wir in Organisationen die soziologisch bedingten menschlichen Strukturen nicht ausreichend beachten, so bildet sich neben der offiziellen Organisation eine „informelle Struktur." Diese berücksichtigt nicht die gewählte Gemeindeführung, sondern Parallelstrukturen bestimmen einen Großteil der Organisationskultur. Diese ist oft von Spannungen, Konflikten und Auseinandersetzungen geprägt und führt vielfach zu Ineffizienz in der Gemeindearbeit.

Die natürlichen menschlichen Strukturen

- der einzelne Mensch
- Partner
- Gruppen
- Gemeinschaft

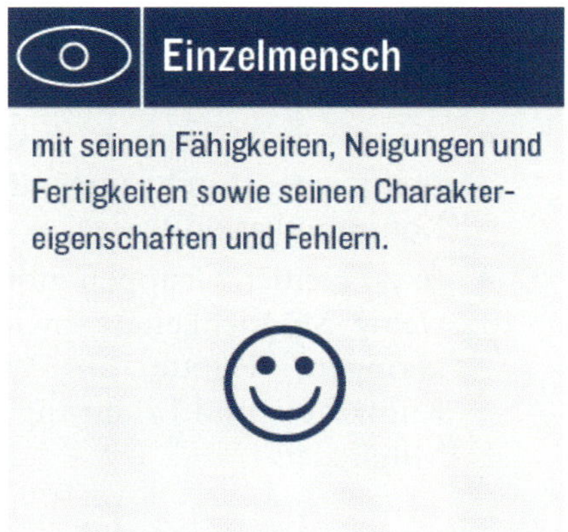

Bürger, Verantwortungsträger

Einzelmensch

- Optimaler Einsatz ist gegeben, wenn der Mensch seine Fähigkeiten und Möglichkeiten einsetzen kann und so zu seiner Verwirklichung kommt.
- Nicht den Menschen an die vorgegebene Struktur anpassen, sondern die Struktur entsprechend mit den mitwirkenden Menschen entwickeln.

Bewusstes Fördern, Entwickeln und Unterstützen von Arbeitskreisen, Projektgruppen, Vereinen und Betrieben, in denen sich die Bürger entsprechend ihren Tätigkeiten, Neigungen und Wünschen einbringen können, ist wichtig.

Partner, Stellvertreter

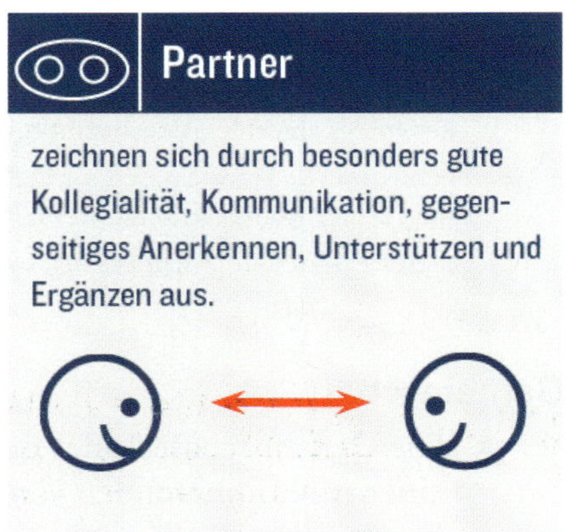

Partner

In Arbeitskreisen, Projektgruppen sowie in der Organisation der Gemeindeverwaltung und der Gemeindebetriebe ist Folgendes wichtig:

Wichtige Punkte:

- Echtes Stellvertreterprinzip in der Organisation einführen
- Mentoring bei Neueinstellungen oder neuen Aufgaben
- Coaching
- Mitarbeitergespräche
- Vertretung für jede Aufgabe organisieren

Gruppe

Gruppen sind der Motor für offizielle und gemeinschaftsbildende Strukturen:

- Zu große Gruppen bedingen Ineffizienz durch ungenügende Kommunikation.
- In zu kleinen Gruppen gibt es zu wenig Möglichkeiten sowie eine geringere Palette an Wissen, Know-how und Erfahrungen der Mitglieder.

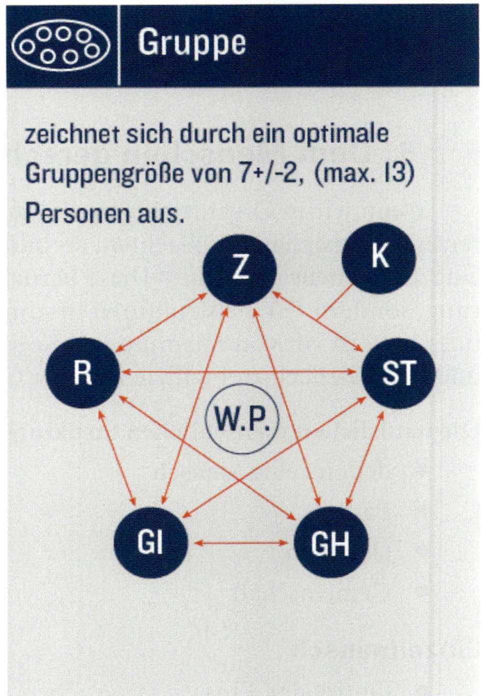

Arbeitskreis, Projektgruppe, Lenkungsgruppe, Führungskreis

Folgende Gruppenfaktoren sollten beachtet werden:

GI	gemeinsames Interesse
Z	klare Ziele, die jedes Mitglied kennt und unterstützt
K	gute Kommunikation und Zusammenarbeit aller Gruppenmitglieder
R	gemeinsam akzeptierte Regeln des Zusammenwirkens
ST	Struktur der Gruppe mit klaren Aufgaben und Kompetenzen, entsprechend den Fähigkeiten der einzelnen Gruppenmitglieder
GH	gemeinsames Handeln. Jeder erledigt zielorientiert die übernommenen Aufgaben im Rahmen seiner Kompetenzen und im Rahmen der Gruppenorganisation
W. P.	dieser Faktor kann nicht erklärt, sondern nur erlebt werden

Gemeinschaft

- Die Gemeinschaft findet dort ihre Grenze, wo die Anonymität beginnt. In einer funktionierenden Gemeinschaft kennen sich die Mitwirkenden noch persönlich.

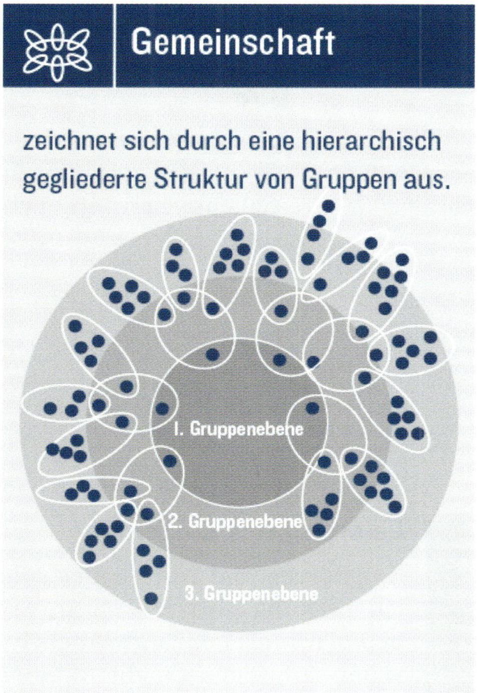

Gemeinde, Vereine, Betriebe

- Die optimale Gemeinschaftsgröße beginnt bei 125 Personen. Sie liegt in der Regel zwischen 350 bis 700, bis max. 1400 Personen. Um die Überschaubarkeit zu erhalten, sollten stark wachsende Organisationen auf 700 Mitarbeiter beschränkt werden.

Die ideale Gemeindegröße in soziologischer Hinsicht liegt bei ca. 2000 Bürgern. Größere Gemeinden sollten in Ortsteile gegliedert werden, die selbstständig entsprechend dem Subsidiaritätsprinzip eine Aufgabenteilung mit der Gemeinde vereinbaren.

Ideale Gemeinschaften zeichnen sich durch folgende Faktoren aus:

Es gibt nur drei gruppenhierarchische Ebenen. Es gibt nur zwei Schnittstellen, um den Informationsverlust im Zuge der Kommunikation zu verringern. Die Gruppenstruktur ist so entwickelt, dass in jeder Gruppe, jeder hierarchischen Ebene die idealen Gruppenfaktoren von allen Gruppenmitgliedern gelebt und erlebt werden können. Bottom-up-, top-down-Prozesse und Prozesse für die Entwicklung von Zukunftsperspektiven oder bei Problemlösungen, die die gesamte Organisation betreffen, können effizient und qualitativ hochwertig durchgeführt werden. Die Ergebnisse der ersten Gruppenebene werden in der nächsten Gruppenebene weiter bearbeitet usw. In einer idealen Gemeinde sind alle Strukturen, die in der Gemeinde wirken, bewusst organisatorisch eingebunden. Dies bewirkt eine schnelle und effiziente Kommunikationsstruktur bei der Entwicklung von Zukunftsperspektiven, Projekten, Investitionen und Aufgaben.

Dabei sollte neben den von der Gemeinde initiierten Arbeitskreisen, Projektgruppen und Lenkungsgruppen auch nicht auf die

- Gemeindebediensteten und die Gemeindebetriebe (Bauhof, Kindergarten usw.)
- öffentliche Einrichtungen wie Schulen, Körperschaften, Feuerwehr
- Unternehmen, sowie
- Vereine und ehrenamtliche Gruppen

vergessen werden.

7. Dem Menschen gerechte Verhaltensweisen

Führungsgrundsätze

Neben Organisationsstrukturen und den direkt daraus resultierenden Verhaltensweisen hängen Lebensqualität und Effizienz zum Großteil von den zuständigen Führungskräften ab. Daher werden die nachfolgenden Verhaltensweisen oft auch Führungsgrundsätze genannt.

Die Führungsgrundsätze

- Leistung des Einzelnen
- Partnerschaft zwischen Partnern
- Partizipation in der Gruppe
- Subsidiarität in der Gemeinschaft

Leistung des Einzelnen: Trainerin Dipl.-LB. Sonja Thalinger

Leistung des Einzelnen

Bürger und Mitarbeiter sollen Leistung dort erbringen, wo deren Fähigkeiten und Möglichkeiten am besten für die Mitwirkenden, die Gemeinde und deren Strukturen zur Wirkung kommen. Auf Minderleistungen, Fehlleistungen oder Nullleistungen ist von den Verantwortungsträgern entsprechend zu reagieren. Spitzenleistungen, besonderes bei ehrenamtlichem Engagement, oder das Übertreffen von Zielen sind von den Verantwortungsträgern entsprechend zu würdigen.

Eine überfordernde Leistungsspirale führt letztendlich zu Ineffizienz und zu einer Verringerung der Lebensqualität und ist daher zu vermeiden.

Die Steigerung der Effizienz in der Organisation darf nicht nur der schnellen Verwirklichung der Ziele und in der Folge der Erhöhung des Leistungsumfangs in der Organisation zugute kommen, sondern muss zu einem definierten Anteil den Freiraum der Mitarbeiter und Bürger sowie deren Lebensqualität erhöhen.

Partnerschaft zwischen Partnern

Eine Partnerschaft zeichnen die Achtung vor dem Anderen, Standpunktbeziehen und das gemeinsame Suchen nach Lösungen aus. Bei Lügen, Intrigen und Machtspielen haben die Verantwortungsträger entsprechend zu reagieren und sich davon zu distanzieren. Durch Verantwortungsträger gelebte partnerschaftliche Verhaltensweisen haben eine Vorbildwirkung für die gesamte Gemeinde.

Partnerschaft zwischen Partnern: Projektleiterin Regina Schrödl (links) und Vizebürgermeisterin Vroni Schadenhofer (rechts)

Partizipation in der Gruppe

Selbst mitwirken, andere entsprechend ihren Fähigkeiten mitwirken lassen und den Erfolg gerecht teilen, zeichnet die Partizipation aus.

P = T + T + T

Partizipation = tun + tun lassen + teilen

Auf Ausgrenzungen, Mobbing und Ungerechtigkeiten haben die Verantwortungsträger entsprechend zu reagieren. Auf die unverzügliche Weitergabe von Feedback ist besonders zu achten!

Partizipation in der Gruppe: Trainerin Mag. Silvia Ledl (dritte von rechts)

Die konsequente Einbindung von Betroffenen in Entscheidungsfindungsprozesse und die Einrichtung von Projektgruppen für konkrete Umsetzungsprojekte bringt Motivation und einen Mehrwert für die Mitwirkenden, für die Bürger und für die Gemeinde.

Die Mitwirkung der Bürger bzw. Mitarbeiter bei der Aufgabenverteilung entsprechend ihren Neigungen, Fähigkeiten und Möglichkeiten ist sicherzustellen. Die

Entscheidung über die konkrete Aufgabenverteilung obliegt dem Verantwortlichen der Gruppe, wobei auf eine gerechte Verteilung auch jener Arbeiten zu achten ist, die notwendig sind, aber von den Mitwirkenden und Bürgern weniger gern gemacht werden.

Subsidiarität in der Gemeinschaft

Alles was Einzelpersonen, Partner, Gruppen oder Gemeinschaften aus eigener Kraft leisten können, darf ihnen von übergeordneten Verantwortlichen nicht entzogen werden. Hilfe ist nur als Mittel zur Selbsthilfe zulässig oder wenn die Hilfe tatsächlich nötig ist. Hilfe darf nicht ungerechtfertigt angefordert werden.

Der Führungsgrundsatz, die Subsidiarität hat bedeutende Auswirkungen:

- Eigeninitiative und Eigenverantwortung der Bürger und Mitarbeiter zulassen und zuteilen.
- Delegation von Aufgaben und Kompetenzen (Entscheidungsbefugnissen) soweit wie möglich und zentrale Leistungen der Gemeinde nur so weit wie nötig bereitstellen.
- Lösungsvorschläge verlangen und nicht sofort jede Frage von Mitarbeitern bzw. Bürgern beantworten.

Subsidiarität in der Gemeinschaft: Bürgertagung in Podersdorf am See

- Den Freiraum für den Einzelnen so groß wie möglich gestalten, Einschränkungen nur zulassen, wo es notwendig ist.

Freiraum an sich bedeutet anzuerkennen, dass die Arbeit für den Menschen da ist und nicht der Mensch für die Arbeit. Das Leben außerhalb der Gemeinschaft hat daher grundsätzlich einen gleich hohen Stellenwert wie die Arbeit für die Gemeinde. Die Führungskraft anerkennt und respektiert die persönlichen Interessen der Mitwirkenden, auch wenn sie diese nicht teilt. Persönliche Interessen werden nicht abgewertet oder als minderwertig dargestellt. Besonders die Verantwortungsträger sind verpflichtet, die Führungsgrundsätze selbst zu leben und diese Verhaltensweisen von ihren Mitwirkenden in der täglichen Arbeit einzufordern.

8. Strukturen und Wirkungen

Strukturen bedingen Verhaltensweisen. Das Sein bestimmt das Bewusstsein.

Zentralistische Strukturen • Nicht vorhandene feingliedrige Unterstrukturen bedingen autoritäre Verhaltensweisen	Wirkung • Alles wird zentral, oft bis ins Detail vorgegeben • Befehle – Gehorchen ohne Denken ist die Regel • Der Einzelne hat sich unterzuordnen, die zentralen Instanzen bestimmen das Geschehen	**Ineffizienz durch Demotivation**
Organisation ohne Hierarchie und ohne Strukturen • Es gibt nur Mitarbeiter bzw. Bürger, keine bzw. wenig Strukturen und keine bzw. wenig Führungskräfte oder Verantwortungsträger • Die Verantwortungsbereiche sind nicht klar geregelt	Wirkung • Jeder macht, was er will • Keine Führung möglich • Unsicherheit der Mitarbeiter	Ineffizienz durch Chaos
Dezentrale Strukturen mit zentralen Bereichen Mit Partnern, Gruppen und Gemeinschaften, in denen sich der Einzelne verwirklichen kann, bedingen • eigenverantwortliche • leistungsorientierte • partnerschaftliche • partizipative und • subsidiäre Verhaltensweisen	Wirkung • Es wird nur das zentral gemacht, was notwendig ist • Es wird dezentral gemacht, was möglich ist • Der Einzelne kann oft seine Potenziale entfalten • Partner ergänzen und unterstützen sich gegenseitig	**Effizienz durch Motivation und Klarheit die Organisation und die Ziele betreffend**

Eine gemeinsame Ausrichtung setzt auch zentrale Bereiche zur • Koordination • Abstimmung • Einfügung ins Ganze • Findung gemeinsamer Richtlinien und Regeln voraus	• Mehrwert durch Gruppenergebnisse nützen der Organisationseinheit und den Mitarbeitern • die berechtigten persönlichen Ansprüche auf Freiraum können individuell berücksichtigt werden und besser mit den persönlichen und beruflichen Anforderungen in Einklang gebracht werden • Erfolgskontrolle sichert die Motivation bei der Zielerreichung	

Es ist daher das Bestreben unserer Gemeinde, eine Organisationsform mit weitestgehend dezentralen Strukturen zu entwickeln

9. Wechselwirkung zwischen Strukturen und Verhaltensweisen

Subsidiäre Strukturen und Verhaltensweisen sind die Voraussetzung für Motivation

Die Entfaltung der Fähigkeiten und Möglichkeiten, die der einzelne Mensch hat, führt zu seiner Verwirklichung. Dies entspricht dem Sinn und dem Lebensziel des Menschen. Deshalb müssen der Natur des Menschen entsprechende Organisationsstrukturen und Verhaltensweisen entwickelt werden. Diese Rahmenbedingungen ermöglichen das Erleben von Werten, durch die sich der einzelne Mensch in der Gemeinschaft verwirklichen kann.

Jugendführungskräftetraining, Ostritz/Sachsen

In der folgenden Grafik werden auf der linken Seite die Strukturen und auf der rechten Seite die entsprechenden Werte und Führungsgrundsätze dargestellt.

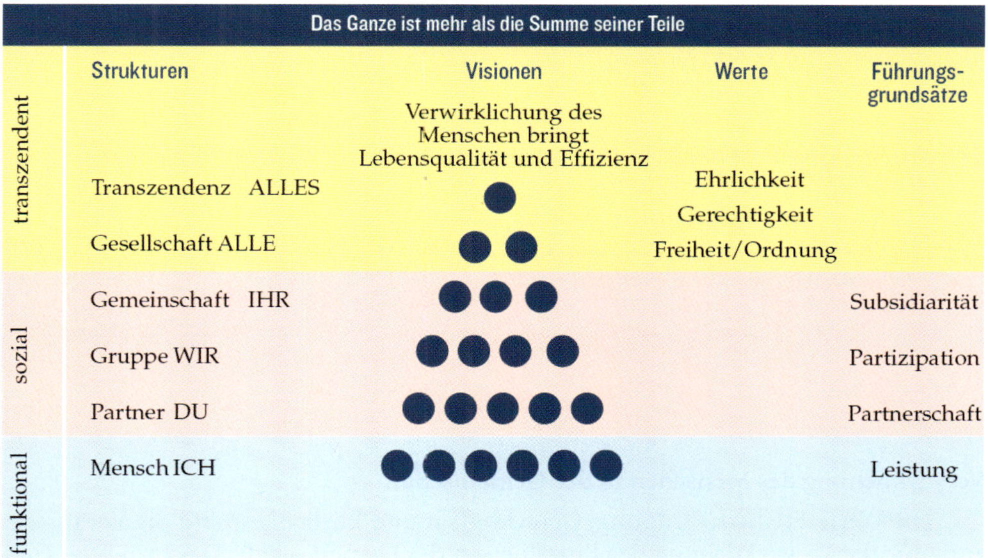

Durch den Aufbau von menschengerechten Strukturen und das Leben der Führungsgrundsätze im Alltag ist es möglich, sich den Werten anzunähern und die Verwirklichung des Menschen anzustreben. Dies erhöht sowohl die Lebensqualität als auch die Leistung und die Effizienz.

Die Werte unserer Gemeinde

Ehrlichkeit

- Sag immer nur das, was du für die Wahrheit hältst
- Sag nicht immer alles, was du zu wissen glaubst (es könnte den Anderen verletzen)
- Wenn du etwas sagst, so sag es in Liebe und um dem Anderen zu helfen (damit es der Andere annehmen kann)
- Anerkennung entsprechend der Leistung

Freiheit

- meine Freiheit endet dort, wo der Freiraum des Anderen beginnt
- Spannungsfeld zwischen Freiheit und Ordnung ausgewogen gestalten
- Freiraum für Aktivität schaffen unter Beachtung der Beziehungen zu und zwischen Anderen
- Der Anspruch der Organisation auf den Mitarbeiter endet dort, wo der definierte oder vereinbarte Anspruch des Mitarbeiters auf seinen persönlichen Freiraum beginnt (gilt auch sinngemäß umgekehrt)

Die Werte unserer Gemeinde	
Gerechtigkeit • urteilen aufgrund von Fakten • Entscheidung unter objektiver Abwägung aller Tatsachen und Perspektiven • bewerten aufgrund vereinbarter Kriterien • jeder bekommt nach Möglichkeit jene Aufgaben zugeteilt, die er am besten kann und auch will	**Ordnung** • das gemeinsame Aufstellen und Akzeptieren von Regeln bringt Sicherheit und Ordnung. • die Einhaltung der Regeln ist zu überprüfen; bei Verletzungen sind die vorher fixierten Maßnahmen anzuwenden • jene, die sich öfter nicht an die gemeinsam vereinbarten Regeln halten, schließen sich selbst aus der Gruppe oder der Gemeinschaft aus

Verwirklichung des Menschen in der Gemeinschaft

Die Werte Freiheit, Ordnung, Gerechtigkeit und Ehrlichkeit sind die Voraussetzung für die Verwirklichung des Einzelnen in der Gemeinschaft. Das bringt Nutzen sowohl für die Organisation, als auch für die Mitarbeiter:

- Transparenz und Offenheit
- Effizienz und Wirtschaftlichkeit
- Identifikation mit der Gemeinde und deren Organisationsbereichen
- geringere Fluktuation
- geringere Krankenstände
- Spitzenleistungen der Mitarbeiter entsprechend ihren Fähigkeiten
- Motivation und Leistungsbereitschaft
- nachhaltige Nutzung der Zukunftschancen

Zentralistische Strukturen mit autoritären, despotischen Verhaltensweisen oder hierarchielose Organisationen mit willkürlichen Verhaltensweisen lösen letztendlich Unzufriedenheit aus. Streit, Eifersucht, Neid, Missgunst, Konflikte und Positionskämpfe sind die Folge. Ein solches Betriebsklima oder Gemeindeklima macht die Menschen krank. Demotivation, Unmut und Ohnmachtsgefühle senken die Lebensqualität für die Mitarbeiter und Bürger, sowie die Effizienz der Organisation.

In unserer Gemeinde wollen wir besonders diese vorhin genannten Erkenntnisse beachten. Besonders die Verantwortungsträger tragen für die Umsetzung eine wesentliche Verantwortung.

Um ihnen die Möglichkeit zu geben, die Rahmenbedingungen entsprechend den aufgezeigten Erkenntnissen und den Anforderungen der Mitarbeiter zu gestalten, ist es notwendig, dass die Mitarbeiter und Bürger ihre Anforderungen und Vorstellungen auch kommunizieren. Dies erfordert eine offene Kommunikationskultur, die von gegenseitiger Wertschätzung und Vertrauen geprägt ist. Die proaktiven Impulse der Bürger und Mitarbeiter sind für die Verantwortungsträger unerlässlich. Nur so kann der Rahmen für die Mitwirkung der Einzelnen bei der gemeinsamen Gestaltung des Arbeitsalltages und der Organisationsstrukturen entstehen.

Das Leben der Führungsgrundsätze Leistung, Partnerschaft, Partizipation und Subsidiarität in einer den Menschen gerechten und der Situation angepassten Organisationsstruktur bewirkt eine Organisationskultur mit Freiheit, Ordnung, Gerechtigkeit und Ehrlichkeit. Dies ist die Voraussetzung zur Verwirklichung des Einzelnen in der Gemeinschaft.

10. Ursachen für Unzufriedenheit

Die Organisationsstrukturen und die entsprechenden Verhaltensweisen haben einen direkten Einfluss auf den Zufriedenheitsgrad der betroffenen Menschen.

Skepsis am Beginn: Tagung in Rheinland-Pfalz

Wie entsteht Unzufriedenheit?

Untersuchungen haben gezeigt, dass in jenen gesellschaftlichen Bereichen, wo die feingliedrige Struktur von selbstständigen, eigenverantwortlichen Menschen, Partnern, Gruppen oder Gemeinschaften nicht vorhanden oder in Auflösung begriffen ist, auch die Unzufriedenheitsfaktoren bei Menschen am größten sind.

In autoritär geführten größeren Organisationen oder Konzernen sind die Unzufriedenheitsfaktoren in der Regel größer als in Betrieben, Gemeinden oder Organisationen, in denen eine feingliedrige Struktur besteht und das Subsidiaritätsprinzip gelebt wird.

Motivation am Ende: Tagung in Rheinland-Pfalz

Wie werden Unzufriedenheitsfaktoren gemessen?

Die Unzufriedenheitsfaktoren werden gemessen an der Häufigkeit von Krankenständen, Fluktuation, Herzinfarkten, psychosomatischen Krankheiten, Hautkrankheiten, Selbstmordraten usw.

Die Konsequenzen für unsere Gemeinde

Die Lebensqualität im Berufsleben, im Privatleben und im Gemeindeleben beeinflussen sich gegenseitig. Daher bewirken dem Menschen angepasste Strukturen und Verhaltensweisen in der Gemeinde, in den Betrieben und in den Vereinen auch eine Steigerung der Lebensqualität in allen Lebensbereichen.

Die Konsequenzen aus diesen Erkenntnissen für Verantwortungsträger, die sich der Lebensqualität verpflichtet fühlen, sind: feingliedrige Strukturen und subsidiäre Verhaltensweisen zu erhalten bzw. dort aufzubauen, wo sie nicht vorhanden sind.

Um die Erfolge erlebbar zu machen, sind die Ziele und Wege miteinander festzulegen. Die Ziele müssen realistisch erfüllbar und konkret messbar sein.

Motivation, Lebensqualität, Freude, Leistungsbereitschaft und Effizienz sind die Folge – dies dient unserer Gemeinde, den Bürgern, Mitarbeitern, Mitwirkenden und Gästen.

Die Erfolgsfaktoren sind von den Mitarbeitern und Führungskräften voll auszuschöpfen (siehe Punkt 24).

11. Kommunikation, der wichtigste Erfolgsfaktor

Kommunikation – der wichtigste Erfolgsfaktor

- Jede Art der Kommunikation ist wertvoll und daher auch zugelassen.
- Sowohl eine zielgerichtete Kommunikation als auch ein belangloses Gespräch fördern die Beziehungen zwischen Menschen.
- Jede Unterbrechung der Kommunikation bringt in der Regel einen Qualitäts- und Effizienzverlust.

Spannungen und Konflikte sind Hemmfaktoren

Besonders die Verantwortungsträger haben darauf zu achten, dass Spannungs- und Konfliktfelder zwischen einzelnen Personen sofort nach Kenntnisnahme angesprochen und aufgearbeitet werden. Werden Konflikte zu lange ohne Reaktion beobachtet, so entsteht ein Klima der Verunsicherung, der Instabilität und der Ineffizienz. Generell sind Auseinandersetzungen etwas ganz Normales im Leben.

Die Art und Weise der wertschätzenden oder den Anderen missachtenden Begegnung entscheidet über ein konstruktives oder destruktives Gespräch.

Dialoge fördern Lösungen

Prinzipiell dienen Gespräche in Form eines Dialoges zur Findung eines gemeinsamen Lösungsweges oder zum Erkennen der Wirklichkeit. In der Gesprächsführung ist dabei die Akzeptanz der anderen Person und der anderen Ansichten eine wichtige Voraussetzung für einen gegenseitigen Nutzen.

Freude zur Zusammenarbeit, Oberschützen/Burgenland

Andere Standpunkte oder Ansichten müssen nicht zu eigenen Ansichten gemacht, sondern lediglich angehört und als Information betrachtet werden. Mehr Informationen, ergänzende Informationen oder neue Informationen zu meinem Wissensstand können für mich nur ein Vorteil sein.

Das Abwiegen von unterschiedlichen Informationen, das Auseinandersetzen mit Inhalten und auch ein Rollentausch können bei der „Wahrheitssuche" hilfreich sein.

Wird ein Klärungsprozess in einer partnerschaftlichen und wertschätzenden Atmosphäre durchgeführt, so ist dies eine Bereicherung und ein Nutzen für alle Beteiligten und ein Teil ihrer Lebensqualität.

12. Kommunikationsprozesse in Organisationen

Erfolgreiche Kommunikationsprozesse erfordern folgende drei Voraussetzungen:

A. Kommunikationsfähigkeit
B. Kommunikationsstrukturen
C. Kommunikationsstrategien

Diese drei Voraussetzungen sind von den Verantwortungsträgern mit den Bürgern, den Gemeindemandataren und den Gemeindemitarbeitern entweder zu entwickeln oder zu schaffen.

A. KOMMUNIKATIONSFÄHIGKEIT

- sich ausdrücken lernen
- zuhören
- andere Meinungen akzeptieren
- positive Kommunikationsprozesse in Gruppen
- umgehen mit Spannungen und Konflikten

Diese Fähigkeiten sind zu trainieren und zu konditionieren. Nachhaltig können diese Fähigkeiten nur im Zusammenhang mit den persönlichen Werten (wie Ehrlichkeit, Gerechtigkeit, Freiheit, Ordnung, Sicherheit ...) entwickelt und gelebt werden. Um diese Fähigkeiten nachhaltig sicherzustellen, ist ein Training für Verantwortungsträger mit konkreten Praxisprojekten sinnvoll.

B. KOMMUNIKATIONSSTRUKTUREN

- keine oder mangelhafte Strukturen bringen Chaos
- zentralistische Strukturen bedingen autoritäre Verhaltensweisen
- subsidiäre Strukturen bedingen partnerschaftliche Verhaltensweisen in der Entscheidungsfindung und Durchsetzungsfähigkeit in der Umsetzungsphase

Gruppengröße 7, +/−2, max. 13 Teilnehmer, drei hierarchisch gegliederte Gruppenstrukturen

1. Gruppenebene:

Gemeindevorstand, Gemeinderat

2. Gruppenebene:

Führungskräfte (Verantwortungsträger) der Gemeindebediensteten, der gemeindeeigenen Betriebe, der Wirtschaftstreibenden in der Gemeinde, der Vereinsvorstände, der Arbeitskreis- und Projektgruppenleiter

3. Gruppenebene:

Mitarbeiter, Mitwirkende bzw. ehrenamtlich tätige Bürger

In **subsidiären Strukturen** sind sowohl eine hierarchische Ordnung als auch die Entfaltungsmöglichkeit der einzelnen Menschen vorhanden. Sie werden auch entsprechend der Aufgaben und Probleme genutzt.

- Entscheidungsfindung ➔ partnerschaftlich
- Umsetzung ➔ autoritär

C. KOMMUNIKATIONSSTRATEGIE

Welche Themen, Fragen oder Inhalte sind für welche Zielgruppen bzw. welche Informations- bzw. Kommunikationsform geeignet? Dies ist immer zu überlegen.

- Mail
- schriftlich
- Gesprächsform
- Telefon usw.

Strategisch geplante Kommunikationsprozesse

Das MA-Gespräch: Zur Personalförderung und Zielfindung

- mit Mitarbeitern der Gemeinde oder gemeindeeigenen Betriebe durch deren Führungskräfte oder Verantwortungsträger
- der Vereinsvorstände mit den Mitarbeitern
- der Arbeitskreis- bzw. Projektgruppenleiter mit seinen Mitwirkenden bzw. Mitarbeitern

Dies sollte einmal im Jahr stattfinden.

Bürgergespräche in den Ortsteilen

Entwicklung oder Weiterentwicklung eines Gemeindeleitbildes oder einer Gemeindephilosophie bei Projektentwicklungen oder großen Investitionen bei Konfliktlösungen, die Ortsteile oder viele Menschen betreffen:

Die folgenden Erkenntnisse gelten vorwiegend für größere Gemeinden oder Betriebe mit vielen Bediensteten.

Planungsgespräch/Prognosegespräch/Analysegespräch

In größeren Betrieben oder größeren Gemeinden mit vielen Bediensteten.

Diese Gespräche sollten in der Jahresterminplanung fixiert sein und von unten nach oben (bottom up) oder von oben nach unten (top down) erfolgen.

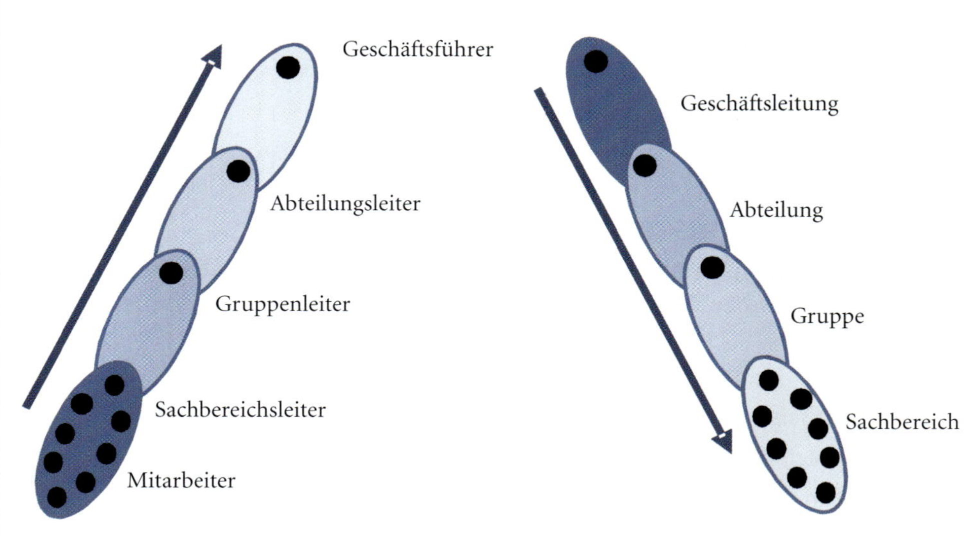

1) Mit **Zielfindungsgesprächen** beginnend in den untersten Organisationseinheiten. Ziele werden defininiert, abgestimmt und von der Geschäftsleitung, dem Bürgermeister, dem Vorstand oder dem Gemeinderat freigegeben.	2) **MA-Gespräche inkl. Planungsprozess** aufgrund der freigegebenen Ziele. Umsetzungsmaßnahmen und Detailziele formulieren und die Inhalte des MA-Gespräches schriftlich festlegen.
September	Oktober/November
3) **Prognose monatlich** – Wie sieht das Ergebnis am Jahresende aus, wenn sich der Trend fortsetzt? – SOLL/IST-Vergleich – Steuerungsmaßnahmen	4) **Analysegespräche** bei Vorliegen der Vorjahresergebnisses.
Ab Jänner monatlich	In der Regel im März/April

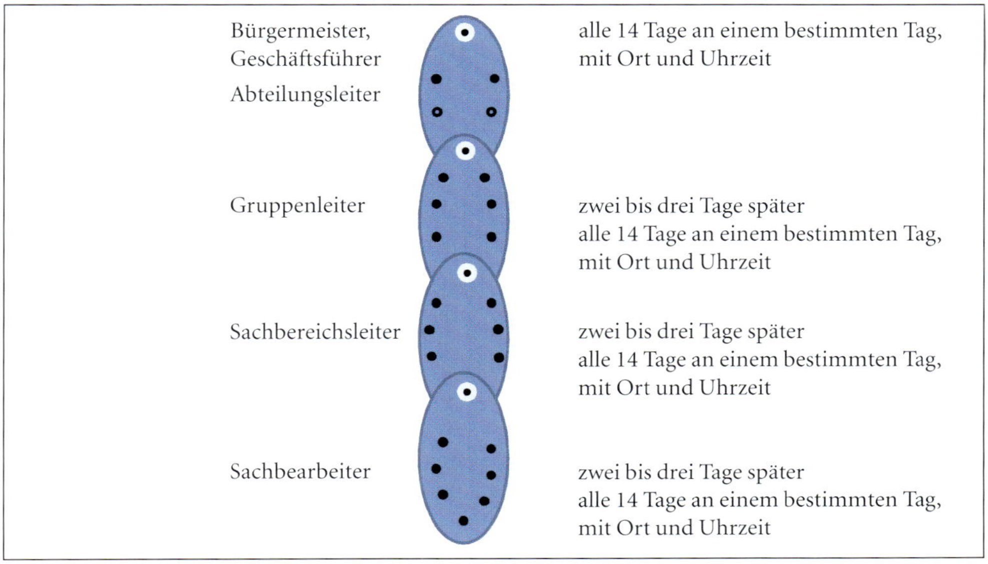

Führungsgespräche

in den jeweiligen Führungskreisen in größeren Gemeinden oder gemeindeeigenen Betrieben mit vielen Mitarbeitern

Vorbereitung:

- Die Teilnehmer bereiten sich auf jene Themen vor, die bei der letzten Sitzung vereinbart wurden (Berichte, Ergebnisse …)
- Informationen aus den Führungskreisen (darüber bzw. darunter)
- Entscheidung, ob bzw. welcher Moderator hinzugezogen wird oder ob die Führungskraft selbst moderiert

Durchführung:

- externer oder interner Moderator
- Berichte (vorbereitet)
- Dialog über Maßnahmenkatalog
- Ergebnisse schriftlich fixieren
- bei nächster Zusammenkunft Ergebnisse überprüfen

Generell:

Im Jahresterminkalender sind Termine über das gesamte nächste Jahr im Herbst des Vorjahres zu fixieren. Diese Termine sind für alle Betroffenen verpflichtend. Bei voraussichtlicher Abwesenheit ist der jeweilige Stellvertreter zum Kommen verpflichtet. Bei Abwesenheit gilt für den Betroffenen eine Holschuld für die Informationen und die Ergebnisse werden anerkannt.

Für diese Führungsprozesse ist von den Führungskräften mehr als die Hälfte ihrer Zeit aufzuwenden.

13. Spitzenleistungen

Spitzenleistungen planen und Ziele erreichen oder übertreffen sichert Erfolge.

Ziele sind die Voraussetzung für Erfolge

- Ziele definieren, damit Erfolge messbar werden
- erreichbare Ziele gemeinsam mit und für jede Organisationseinheit und jeden Bereich definieren (z. B. im Mitarbeitergespräch, Führungskreis, Arbeitskreis, Projektgruppe)
- Zielerreichungen regelmäßig überprüfen und Anerkennung beim Erreichen oder Übertreffen geben (Lob, Feste feiern ...)

Die Zufriedenheit der Bürger und Mitarbeiter oder Mitwirkenden wird beispielsweise erreicht durch:

- Zielerreichung
- der Mitwirkende hat sich den Aufgaben gestellt und sie erfolgreich bewältigt
- die Aufgabenstellung wurde entsprechend den Fähigkeiten des Mitarbeiters bzw. Bürgers oder Mitwirkenden gewählt, der Betroffene hat sie interessant gefunden, positiv erlebt und sie auch bewältigt
- optimale Gruppenzusammenstellung durch Einbindung der notwendigen Wissensträger und der verschiedenen Charaktertypen
- Übertragung von Verantwortung und Entscheidungsbefugnissen
- Rotationsprinzip als Lern- und Entwicklungsmöglichkeit für Mitarbeiter, Bürger, Mitwirkende (vor allem bei Verantwortungsträgern)
- Karrierechancen und Aufstieg in der Organisation durch persönliche Spitzenleistungen
- Persönlichkeitsentwicklung als Bildungsmaßnahme
- Unterstützung bei Problemen
- Anerkennung der Leistungen

- Entwicklung eines Betriebsklimas, in dem sich die Mitarbeiter, Bürger und Mitwirkenden wohl fühlen

Zufriedenheit der Mitarbeiter bringt Motivation und eine emotional positive Stimmung. Motivation auf manipulativen Wegen erreichen zu wollen, funktioniert nicht. Ein solches Vorgehen bewirkt in der Regel Misstrauen, Rückzug, Demotivation und Frustration. Es gibt einige Faktoren, die zu Spitzenleistungen führen. Ein wichtiger Faktor sind positive Emotionen.

Die Positivspirale für Spitzenleistungen

- Positive Emotionen bedingen höhere Abwehrkräfte gegen Krankheiten.
- Weniger Krankheiten führen zu höherer Leistungsfähigkeit.
- Höhere Leistungsfähigkeit lässt mehr Erfolge erwarten.
- Mehr Erfolge bringen positive Emotionen.
- Positive Emotionen bringen höhere Abwehrkräfte gegen Krankheiten.
- Gesunde Mitarbeiter verfügen über eine höhere Leistungsfähigkeit.
- Ein Regelkreis zu persönlichen Höchstleistungen entsteht.
- Die Positivspirale beginnt sich zu drehen und bewirkt Spitzenleistungen und Effizienz der Organisationseinheit.

Positive Faktoren wie Anerkennung, Akzeptanz und Erfolge bewirken Freude und andere positive Emotionen. Positive Emotionen stärken das Immunsystem des Menschen.

14. Führungsprozess

Jene sollen führen, die bereit und fähig sind, den Anderen und der Zielerreichung am besten zu dienen.

Führung bedeutet, eine Dienstleistung für die Bürger, die Mitwirkenden und Mitarbeiter zu erbringen. Mitzuwirken, wo es notwendig ist, zu koordinieren, zu unterstützen und die Gesamtheit im Auge zu behalten.

Neben den einfachen Routineentscheidungen im Tagesgeschäft gibt es für komplexe Entscheidungen oder für Entscheidungen mit großer Tragweite einen Führungsprozess, in dem zur Entscheidungsfindung eine Arbeitsgruppe eingesetzt wird.

Im Führungsprozess sind von den Führungskräften unterschiedliche Verhaltensweisen entsprechend den Prozessphasen notwendig.

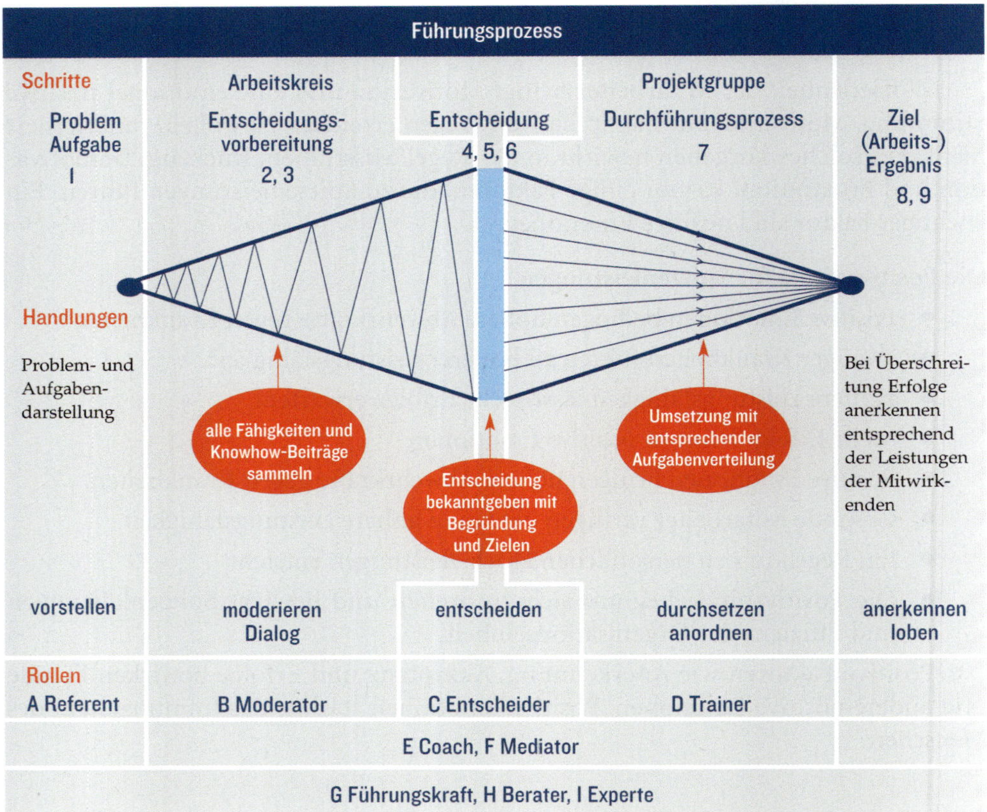

PROZESSORIENTIERTES ARBEITEN MIT UNTERSCHIEDLICHEN ROLLEN UND VERHALTENSWEISEN IN KOMPLEXEN SITUATIONEN

1. Schritt: Aufgaben stellen/problematisieren

Das Problem bzw. die Aufgabenstellung ist den Mitwirkenden von der Führungskraft darzulegen und zu erläutern. Es liegt in der Verantwortung sowohl der Führungskraft als auch der Mitarbeiter, dass sie die Aufgabenstellung bzw. das Problem auch richtig verstehen (gegenseitiges „Rückfragen" bzw. „Hinterfragen" ist notwendig).

2. Schritt: Arbeitsgruppen zusammenstellen

Zusammenstellen der Arbeitsgruppen für die Entscheidungsvorbereitung entsprechend den Fähigkeiten und der Betroffenheit.

3. Schritt: Dialogphase in der Arbeitsgruppe

In der Phase der Entscheidungsfindung sollen alle Möglichkeiten, Fähigkeiten und Erfahrungen von allen Betroffenen bzw. Mitwirkenden eingebracht werden

Ein moderiertes Vorgehen fördert die notwendige Kreativität und Mitwirkungsbereitschaft. Wurden miteinander Lösungsvorschläge erarbeitet, so hat die für das Ergebnis verantwortliche Führungskraft in der Regel mehrere Entscheidungsmöglichkeiten.

4. Schritt: Entscheidungsträger informieren

Das Ergebnis den Entscheidungsträgern vortragen und zur Entscheidung vorlegen.

5. Schritt: Entscheidung treffen

Die Entscheidung trifft immer der dafür zuständige verantwortliche Entscheidungsträger. Natürlich muss er die notwendigen Entscheidungsvoraussetzungen berücksichtigen (Vorstand, Gemeinderat befassen)!

Zu bedenken ist: Nach der Phase der Lösungs- und Entscheidungsfindung ist die Entscheidung vom Verantwortungsträger zu treffen oder herbeizuführen (Befassung des Vorstandes, Rates oder der entsprechenden Gremien, die zustimmen müssen), da dieser auch immer die Verantwortung für die Entscheidung trägt. Im Gegensatz zu den Vorteilen, die die Einbindung möglichst aller Mitarbeiter für die Steigerung der Qualität der Entscheidung bei der Lösungsfindung bietet, würde eine Entscheidung durch die gesamte Gruppe Nachteile haben, da Gruppenentscheidungen ungeeignet sind.

Einzelne Gruppenmitglieder könnten sich bei Fehlentscheidungen hinter der Gruppenentscheidung verstecken und wären die Verantwortung los (= verantwortungslos).

Zu berücksichtigen ist: Für Entscheidungsfindungsprozesse werden nur jene Aufgabenstellungen oder Probleme vorgelegt, bei denen tatsächlich noch Handlungsspielraum vorhanden ist. Dieser ist genau zu definieren. Geht es nur um die Umsetzung von getroffenen Entscheidungen, so ist dies offen zu kommunizieren. Ein vorgetäuschter Entscheidungsfindungsprozess, der nur auf die Akzeptanz bereits getroffener Entscheidungen abzielt, wird als Missbrauch empfunden und ist daher zu unterlassen.

Die Entscheidung ist vom Verantwortungsträger auf jeden Fall zu begründen. Die Mitarbeiter sind darüber zu informieren und die entsprechenden Ziele sind zu definieren und zu fixieren.

6. Schritt: Einsetzen einer Projektgruppe

Einsetzen einer Projektgruppe. Die Aufgaben entsprechend den Fähigkeiten der Mitwirkenden zur konkreten Umsetzung der getroffenen Entscheidung verteilen (nur bei Projekten notwendig).

7. Schritt: Umsetzung/Durchsetzung

In der Umsetzungsphase hat jeder Mitwirkende sein Bestes zu geben. Aufkeimende Diskussionen über Sinn oder Unsinn der getroffenen Entscheidung sind Hemmfaktoren und daher zu unterbinden. Die Führungskräfte haben in dieser Phase auf höchste Effizienz und die Mitwirkung aller zu achten und notfalls auch bei Mitarbeitern, die den Effizienzfluss stören, alle rechtlichen Möglichkeiten auszuschöpfen. Durchsetzungsfähigkeit ist jetzt gefragt.

8. Schritt: Leistungen und Erfolge anerkennen

Nach erfolgter Zielerreichung oder Zielübertreffung sind die Mitwirkenden entsprechend zu loben und ihre Leistungen anzuerkennen. Auch ein gemeinsames Fest ist bei größeren Projekten oft sehr motivierend.

9. Schritt: Analyse der Aktivitäten

Auswertung des Führungsprozesses gemeinsam mit den Mitwirkenden.

15. Die Rollen eines Verantwortungsträgers oder einer Führungskraft

Verschiedene Rollen einer Führungskraft im Zuge eines Führungsprozesses entsprechend der Situation und Aufgabe.

A. Referent

- spricht zu einem bestimmten Thema
- beantwortet Fragen
- gibt Grundsatzinformationen
- muss Präsentationstechniken beherrschen

B. Moderator

- führt durch die Besprechung, Verhandlung
- ist zu jedem Zeitpunkt absolut neutral
- legt gemeinsam mit den Teilnehmern Regeln fest
- sorgt dafür, dass alle zu Wort kommen
- gibt Zeitrahmen vor und sorgt für die Einhaltung
- sorgt für Zusammenfassung
- hat die Methodenkompetenz
- sorgt für Ordnung und Einhaltung der Regeln in der Diskussion bzw. im Dialog

- kann einer Person auch das Wort entziehen
- darf nicht mitdiskutieren
- darf die eigene Meinung nicht einbringen

C. Entscheider

- trifft Entscheidungen in seinem Kompetenz- und Aufgabenbereich
- legt die Entscheidungen den entsprechend zuständigen Entscheidungsgremien zur Beschlussfassung vor
- lässt sich Entscheidungen von Betroffenen, Know-how-Trägern und Beratern vorbereiten
- begründet die Entscheidungen und gibt die Rahmenbedingungen sowie klare Ziele und Detailziele bekannt

D. Trainer

- gibt klare Anweisungen
- lässt Fehler zu
- zeigt Fehler auf
- führt an die Grenze
- führt den Prozess
- sorgt für Wiederholung und gibt Möglichkeiten zum Üben
- gibt Erfahrung weiter
- konditioniert
- lässt konsequent umsetzen (Praxis)
- fordert und fördert
- lässt die Mitwirkenden umsetzen
- lässt die Teilnehmer nicht alleine, ist immer zur Stelle, wenn Unterstützung gebraucht wird
- kontrolliert den Fortschritt
  In gewissen Bereichen seiner Tätigkeit hat der Trainer Aufgaben vom Referenten, Moderator, Coach, Mediator oder Berater. In diesem Falle muss er die jeweilige Rolle erklären und diese für alle wieder erkennbar verlassen.

E. Coach

- betreut persönlich
- betreut einzelne Personen
- fördert Vorhandenes, bringt eigene Fähigkeiten der Betreuten zur Entfaltung

- stellt Fragen, drängt sich nicht auf, lässt die eigene Persönlichkeit des Betreuten entfalten
- begleitet in bestimmten Situationen
- referiert nicht
- moderiert nicht
- stellt seine Meinung in den Hintergrund
- drängt keine fertige Lösung auf
- gibt keine Anweisungen
- lässt den Gecoachten die Lösung selbst finden

F. Mediator

- vermittelt zwischen Konfliktparteien
- ist unparteiisch
- arbeitet Lösungen gemeinsam mit den Betroffenen aus
- gibt die Methode vor
- wendet Konfliktlösungstechniken an
- muss von allen Betroffenen akzeptiert werden
- darf nicht Partei ergreifen
- gibt keine fixen Vorgaben (Inhalte)
- hat die Methodenkompetenz und gibt Methoden vor

G. Führungskraft oder Verantwortungsträger

- deckt alle Rollen selbst ab oder organisiert Fachleute, die diese wahrnehmen oder abdecken können
- muss in der Lage sein, dieses Wissen auch situativ anzuwenden, einzusetzen oder zu organisieren
- es ist in jeder Phase möglich, sich Berater oder Experten von außen zu holen
- es ist wichtig, das richtige Verhalten für die jeweilige Situation an den Tag zu legen, um Konflikte möglichst zu verhindern
- die jeweilige Prozessphase muss offengelegt werden und die jeweilige Rolle der Führungskraft den Mitwirkenden klar sein
- ist das Rollenverhalten nicht klar, so wird dies den Prozess erschweren, Fehlerquoten erhöhen, Spannungen verursachen und Unzufriedenheit auslösen
- die Entscheidung muss erklärt und begründet werden, damit sie von den Mitarbeitern angenommen wird – bei der Begründung ist die Führungskraft Referent

H. Berater

- gibt Rat
- zeigt fertige Lösungen vor
- ist parteiisch in Fachfragen
- hat Fachwissen
- entscheidet nicht (die Entscheidung trifft immer die verantwortliche Führungskraft)

I. Experte

- ist ein Berater (Punkte wie bei Berater) in speziellen Fachfragen

Für die Führungskraft ist es wichtig, sich dieser unterschiedlichen Rollen bewusst zu sein und diese auch bewusst zu leben.

Die Mitarbeiter müssen diese verschiedenen Phasen des Führungsprozesses erkennen, verstehen und akzeptieren können.

Es ist die Aufgabe der Führungskräfte, die Projektphasen darzustellen und zu erklären. Sonst erscheint die Führungskraft mit mehreren Gesichtern und verbreitet Unsicherheiten.

16. Führen benötigt Zeit

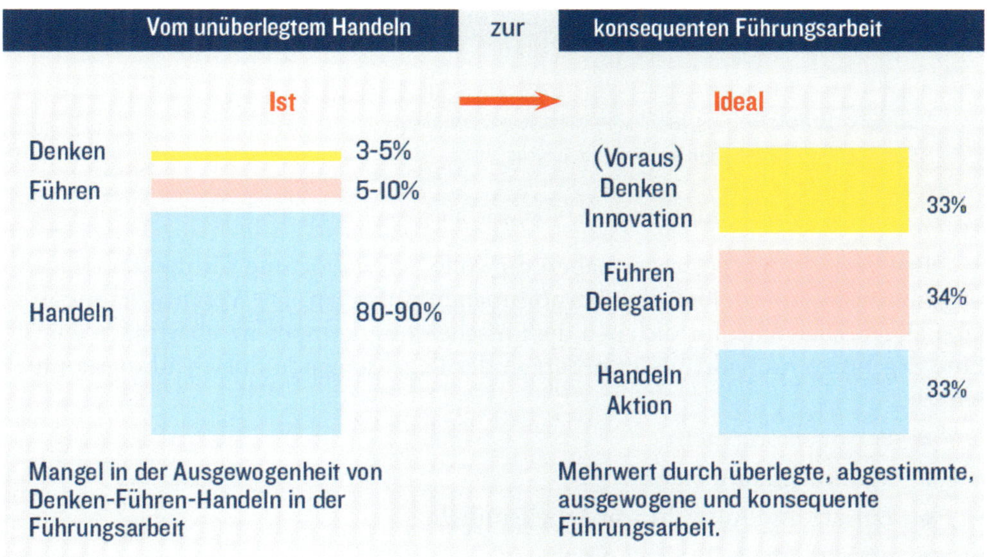

Viele Führungskräfte in der heutigen Zeit werden zu Verantwortungsträgern berufen, weil sie als Sachbearbeiter hohes Fachwissen und Know-how erworben haben. Der Übergang vom Sachbearbeiter zum Sachgebietsleiter ist für manche Persönlichkeiten schwierig. Sie machen am liebsten ihre Sacharbeit, fühlen sich dort „zu Hause“ und vergessen auf die Führungsarbeit, die aus Führen, Delegieren und nur wenn notwendig aus Sacharbeit besteht.

Soziale Kompetenz, Führungskompetenz, Konfliktbearbeitungskompetenz und Methodenkompetenz sind jetzt gefragt.

17. Delegation

Verantwortungsbereiche

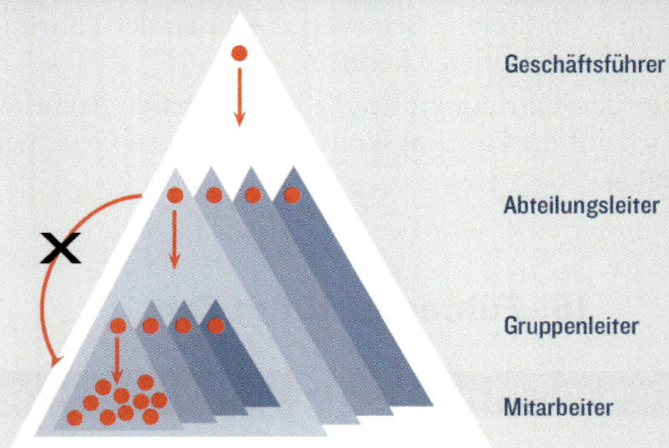

Delegation ist Verantwortung und Entscheidungsbefugnis übertragen
Übergehen der Führungskräfte ist Entzug der Führung

Die Verantwortungsträger haben die volle Verantwortung für die übertragene Organisationseinheit oder die übernommenen Aufgaben. Die Verantwortung umfasst all jene Bereiche, für die auch die Entscheidungskompetenz übertragen wurde. Eine Ergebnisverantwortung erfordert in der Regel folgende Entscheidungskompetenzen:

- Personalkompetenz
- Methodenkompetenz
- Einsatz und Auswahl von Arbeitsmitteln
- die vereinbarte Budgetkompetenz

Die Übertragung von Verantwortung ohne Entscheidungskompetenz bedeutet „Schuldigensuche". Wird die Entscheidungskompetenz nicht übertragen, so bleibt die Verantwortung beim Delegierenden.

Die Verantwortung für die Gesamtorganisation

Jeder Verantwortungsträger und damit jeder Mitarbeiter hat nicht nur Verantwortung für den übertragenen Verantwortungsbereich, sondern auch für die gesamte Organisation in all jenen Bereichen, wo sein Handeln eine Auswirkung hat, z. B.:

- Art der Zusammenarbeit mit anderen Verantwortungsträgern
- die Würdigung oder das „Schlechtmachen" anderer Leistungen
- das Horten oder das Zur-Verfügung-Stellen von Ressourcen
- das Helfen oder das Unterlassen von Hilfe für andere

Die Delegation von Verantwortung

Wenn eine Führungskraft Verantwortung an Mitarbeiter oder an nachgeordnete Führungskräfte überträgt, so bleibt die Gesamtverantwortung trotzdem beim Delegierenden. Das heißt, der Delegierende ist seinem Chef gegenüber in der vollen Verantwortung. In der Entscheidungsbefugnis des Delegierenden liegt es ja, die Verantwortung wieder umgehend zu entziehen, wenn die Eignung des Verantwortungsnehmers falsch eingeschätzt wurde.

Das Übergehen von Verantwortungsträgern

Der direkte Vorgesetzte übergibt Aufträge und nimmt die Leistungen seiner Mitarbeiter oder nachgeordneten Führungskräfte ab. Gibt eine Führungskraft direkt einen Auftrag an einen Mitarbeiter einer seiner nachgeordneten Führungskräfte, so entzieht er damit seiner nachgeordneten Führungskraft die Führungsverantwortung – „er setzt sie durch sein Verhalten praktisch ab". Durch das direkte Beauftragen hat er ihm die Führungsverantwortung entzogen. Diese Verhaltensweise ist daher zu unterlassen oder vorher offiziell die Führungsverantwortung zu entziehen.

„Gefahr im Verzug" ist die einzige Ausnahme. In dieser Notsituation ist jeder zum sofortigen Handeln nicht nur berechtigt, sondern verpflichtet.

18. Bildungsmaßnahmen

„Lebensbegleitendes Lernen" ist vielen bewusst. Wir wollen es in Gemeinden tatsächlich umsetzen.

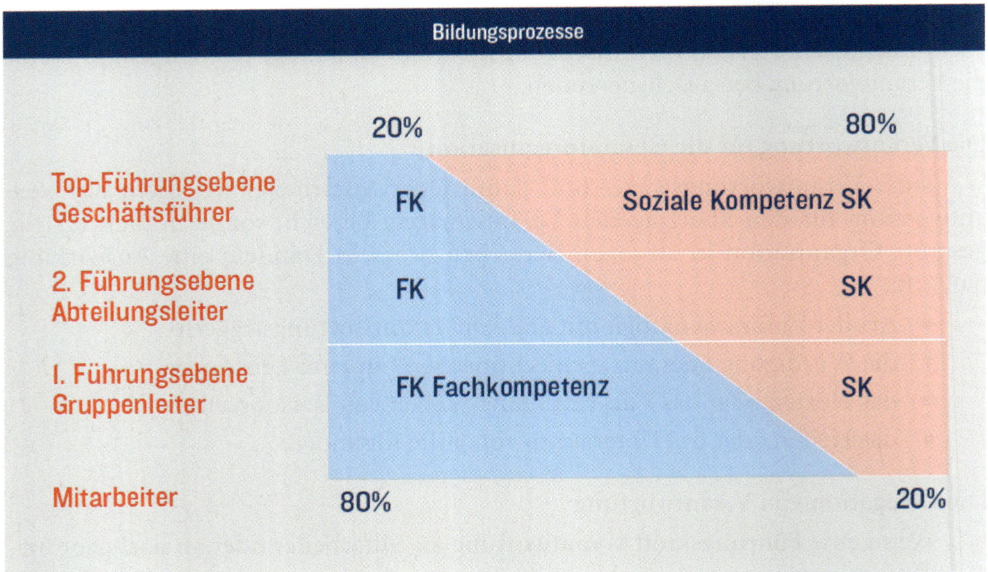

Die Mitarbeiter

sind im fachlichen Bereich entsprechend dem „Stand der Technik" laufend weiterzubilden und in der sozialen Kompetenz entsprechend den Werten unserer Führungsphilosophie zu trainieren.

Im Zuge der Mitarbeitergespräche wird der Bildungsbedarf für alle Mitarbeiter erhoben und geplant. Die Bildungsmaßnahmen werden im Hinblick auf die jetzigen Aufgabenstellungen bei der Karriereplanung des Mitarbeiters individuell erstellt und auf die Notwendigkeiten in der Gemeinde abgestimmt. Im Mitarbeitergespräch werden auch die Ziele persönlich vereinbart. Der Erfüllungsgrad der persönlichen Ziele ist die Grundlage für die Mitarbeiterbewertung.

Schulungen und Trainings für Mitarbeiter sichern nachhaltig eine an unseren Werten orientierte Entwicklung sowie Effizienz und Lebensqualität.

Die Führungskräfte

sind vorwiegend in folgenden Bereichen auszubilden:

- Fachkompetenz als generelles Wissen, um die Schnittstellen zu erkennen und ganzheitliches Denken zu entwickeln
- soziale Kompetenz
- Konfliktlösungskompetenz
- Führungskompetenz sowie
- Partner-, Gruppen- und Gemeinschaftsfähigkeit

- Methodenkompetenz unter besonderer Ausprägung der Managementinstrumente wie
  - Controlling
  - Personalmanagement
  - Informationsmanagement
  - Qualitätsmanagement
- Kompetenz zur Entwicklung von Perspektiven zur Sicherung und Wahrnehmung der Zukunftschancen
- theoretische Erkenntnisse, Trainings- und Konditionierungsprozesse sowie die konkrete Projektarbeit im Modellbereich sind die Elemente einer wirkungsvollen Führungskräfteausbildung

Mitarbeiter ohne Führungsaufgaben sollten zu 80% in der Fachkompetenz ausgebildet und zu 20% in der sozialen Kompetenz trainiert werden.

Top-Führungskräfte sollten zu 20% in Fachkompetenz weitergebildet und zu 80% in sozialer Kompetenz, Führungskompetenz und Methodenkompetenz trainiert werden.

Das in Aus- und Weiterbildungsmaßnahmen investierte Geld fließt in der Regel bereits mittelfristig zwanzigfach wieder zurück.

Schulungen und Trainings für Mitarbeiter und Führungskräfte sichern nachhaltig eine an unseren Werten orientierte Entwicklung sowie Effizienz und Lebensqualität.

19. Mitarbeiterförderung

- Die Führungskraft hat die Interessen der Organisationseinheit unter Berücksichtigung der Mitarbeiter zu vertreten.
- Die Personalvertreter vertreten die Interessen der Mitarbeiter unter Berücksichtigung der Organisation.
- Eine Führungskraft hat nicht die Aufgabe, der beste Sachbearbeiter zu sein.
- Die wichtigste Aufgabe der Führungskraft ist der optimale Einsatz der Mitarbeiter entsprechend ihrer Fähigkeiten sowie die Weiterentwicklung und Befähigung der Mitarbeiter zu Spitzenleistungen durch entsprechende Fördermaßnahmen. Daran sollten die Führungskräfte auch gemessen werden. Auch die Fähigkeiten zur Qualitätsverbesserung ihrer Organisationseinheit sollten bei der Bewertung der Führungskraft herangezogen werden.

- Eine Führungskraft sollte möglichst alle Sachaufgaben delegieren und zwar sowohl die Verantwortung, als auch die Entscheidungsbefugnisse für die delegierten Aufgaben. Die Führungskraft sollte ihre Aufmerksamkeit vor allem der Wahrung der Zusammenhänge, dem Erkennen und Lösen von Problemen sowie der Kontrolle und der Wahrung von Zukunftschancen widmen.
- Im Zuge der Weiterentwicklung der Organisation hat die Führungskraft sorgfältig zu achten, dass die Mitarbeiter zur Erledigung der übertragenen Aufgaben befähigt sind und diese auch bewältigen können.
- Sollten die vorhandenen Mitarbeiter für die Bewältigung der Aufgaben in der Organisationseinheit nicht geeignet sein, so sind sie dafür zu befähigen oder es sind neue (andere) Mitarbeiter einzusetzen.
- Für diese vorhin beschriebenen Managementaufgaben benötigt die Führungskraft auch die entsprechenden Entscheidungsbefugnisse:
  - Personalkompetenz
  - Methodenkompetenz
  - Kompetenz für die Auswahl und den Einsatz der Arbeitsmittel sowie die Kompetenz für die Verwendung der vereinbarten Budgetmittel
- Eine Führungskraft hat die Qualität und Leistungsfähigkeit eines neuen Mitarbeiters in einer Funktion spätestens vor Ablauf der vereinbarten Probezeit (oder vor Ablauf des befristeten Arbeitsvertrages, max. sechs Monate) zu bewerten. Nach Ablauf der Probezeit oder nach dem Übergang eines befristeten in ein unbefristetes Arbeitsverhältnis ist der Mitarbeiter ein vollwertiges Mitglied der Organisationseinheit. Daher ist von der zuständigen Führungskraft vor Ablauf dieser Fristen eine Bewertung des neuen Mitarbeiters bewusst vorzunehmen und daraus die entsprechende Konsequenz zu ziehen. Stellt eine Führungskraft erst zu einem späteren Zeitpunkt fest, dass der Mitarbeiter nicht entsprechend geeignet ist, so ist nicht der betroffene Mitarbeiter zur Verantwortung zu ziehen, sondern die Frage nach den Führungsfähigkeiten der Führungskraft zu stellen.
- Der Mitarbeiter hat auch selbst die Verantwortung für seine Entwicklung. Er hat nicht zuzuwarten, bis die Führungskraft mit Weiterentwicklungsvorschlägen an ihn herantritt, sondern proaktiv seine Neigungen, Fähigkeiten und Kompetenzen mit seinem direkten Vorgesetzten zu besprechen und die Karriereplanung mit dem dazugehörigen Bildungsplan gemeinsam zu fixieren.

Die Mitarbeiter selbst und die direkten Vorgesetzten sind für ihre Entwicklung und Förderung verantwortlich.

20. Führung dient dem Menschen

- Wer den Erfolg plant und an ihn glaubt, der „versetzt Berge".
- Wer Wind sät, wird Sturm ernten.
- Wer Respekt vor den Leistungen anderer zeigt und diese anerkennt, bewirkt Motivation.
- Wer Probleme leugnet, der schafft zusätzlich Schwierigkeiten.
- Wer in Problemen Herausforderungen erkennt, wird sie bewältigen.
- Wer kein Ziel hat, der dreht sich im Kreis.
- Wer die persönlichen Ziele mit den Geschäftszielen zur Deckung bringt, bewirkt höchstes Engagement.
- Wer Mitwirkende nicht sorgfältig auswählt, soll nicht klagen.
- Wer Mitarbeiter einstellt, trägt für sie Verantwortung.
- Wer Mitarbeiter nicht fördert, soll sich über Qualität und Leistungsfähigkeit nicht beklagen.
- Wer sich um Mitarbeiter kümmert, der führt.
- Wer Mitarbeiter und Betroffene in Entscheidungsfindungen nicht einbezieht, der handelt wie ein Seiltänzer ohne Netz.
- Wer zuhört, erhält Informationen.
- Wer Entscheidungen vor sich her schiebt, schafft Orientierungslosigkeit.
- Wer Widerspruch erduldet, erntet Kreativität.
- Wer Verantwortung ohne Entscheidungsbefugnisse delegiert, sucht Schuldige.
- Wer Konflikte austrägt, entspannt die Situation.
- Wer selbst alles macht, der braucht keine Mitarbeiter.
- Wer Konflikte für andere lösen will, wird scheitern.
- Wer Qualität und Leistung überprüft, sichert nachhaltig das Ergebnis.
- Wer Konflikte nicht austrägt, schafft zusätzlich neue.
- Wer im Team arbeitet, erhöht die Durchsetzungsfähigkeit.
- Wer die Umsetzung verzögert, verspielt den Erfolg.
- Wer führt, hat die Umsetzung durchzusetzen.
- Wer aus Fehlern nicht lernt, dem ist nicht zu helfen.
- Wer Mitwirkende lobt, erntet Achtung.
- Wer sich selbst lobt, erniedrigt sich.
- Wer bereit ist zu dienen, dem gebührt die Führung.

21. Organisation Linien-, Gruppen und Matrixorganigramm

Organisationsaufbau

- Die Mitwirkenden, Mitarbeiter und Führungskräfte entwickeln gemeinsam die Organisationsstrukturen aufgrund der Aufgabenstellungen und Dienstleistungen, die die Arbeitskreise, Projektgruppen, Abteilungen oder Stabsstellen zu bewältigen haben.
- Die Ergebnisse aus den Klärungsprozessen sind als Rohkonzept zu betrachten, die mit den anderen Organisationseinheiten in der Gemeinde abgestimmt werden.
- Bei der Entwicklung der Organisationsstruktur wird auf die Fähigkeiten, das Know-how und die Interessen der möglichen Stelleninhaber Rücksicht genommen.
- Der Organisationsaufbau berücksichtigt die natürlichen menschlichen Organisationsstrukturen (Mensch, Partner, Gruppe, Gemeinschaft).
- Jeder Mitarbeiter findet sich im Organigramm wieder.
- Erst nach Erstellung des Organigramms mit den Hauptaufgaben für jeden Mitarbeiter und Mitwirkenden werden die konkreten Aufgaben und Kompetenzen mit den Betroffenen erarbeitet.
- Das Organigramm ist nicht starr und fix festgeschrieben, sondern ändert sich unter folgenden Voraussetzungen:
  - neue Aufgaben und Kompetenzen
  - Wegfall von Aufgaben und Kompetenzen
  - neue Mitarbeiter bzw. Mitwirkende
  - Entwicklungsstand der Mitarbeiter bzw. Mitwirkenden
    (Die jeweilige Führungskraft überzeugt sich, ob der Mitarbeiter die ihm übertragenen Aufgabenstellungen bewältigen kann. Durch einen Qualifizierungsprozess des Mitarbeiters und durch das Erwerben eines entsprechenden Erfahrungsschatzes können neue oder erweiterte Aufgaben übertragen werden)
  - Ausscheiden von Mitarbeitern
- Das Organigramm ist immer aktuell und jederzeit für alle Mitarbeiter zugänglich.
- Es gibt für ein Organigramm einige Formen der Darstellung. Wir beschränken uns auf:
  - Linienorganigramm
  - Gruppenorganigramm
  - Matrixorganigramm

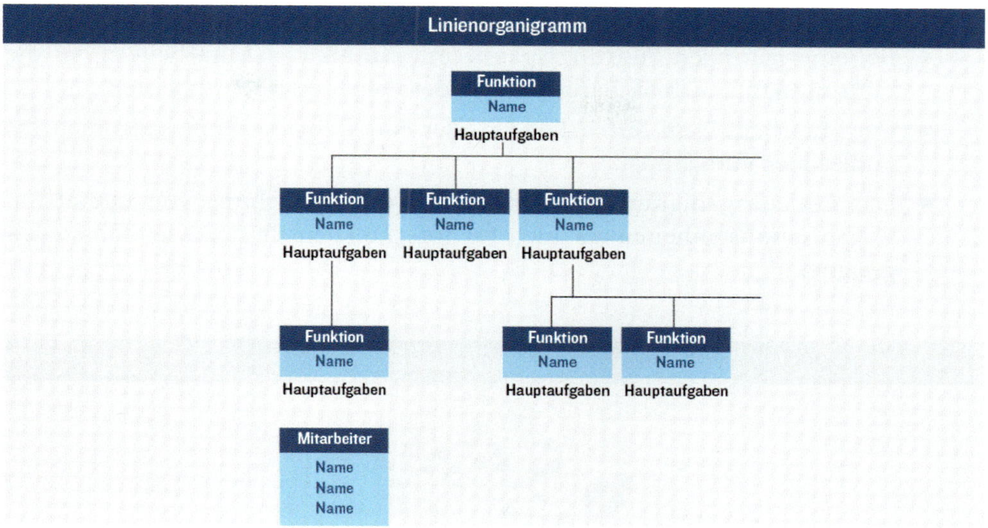

Das **Linienorganigramm** beinhaltet

- Funktion
- Name
- Hauptaufgaben
- Mitarbeiter
- Vorgesetzte
- Führungsspanne (wie viele Mitarbeiter die Führungskraft führt)
- Fachaufgaben

Die *Aufgaben- und Kompetenzbeschreibung* hat für jeden Mitarbeiter mindestens folgende Punkte zu enthalten:

- Stellenbezeichnung
- Stelleninhaber
- Sinn und Nutzen der Stelle
- Hauptaufgaben (siehe Linienorganigramm)
- detaillierte Aufgaben
- Entscheidungsbefugnisse im Verantwortungsbereich
- Vorgesetzte (wem berichtet der Stelleninhaber)
- Mitarbeiter (wer berichtet dem Stelleninhaber)
- Vertretungsregelungen
- Was sollte der Stelleninhaber nicht tun

Grundsätzliches

- Bei einer geringen Führungsspanne mit ein bis vier Mitarbeitern hat die Führungskraft auch Sacharbeit neben der Führungsarbeit zu leisten.
- Ein Mitarbeiter, ein Mitwirkender oder eine Führungskraft kann mehrere Funktionen einnehmen.
- Das Linienorganigramm ist sowohl für die Darstellung von operativen Organisationseinheiten als auch für interne Dienstleister wie Stabsstellen geeignet.

Gruppenorganigramm

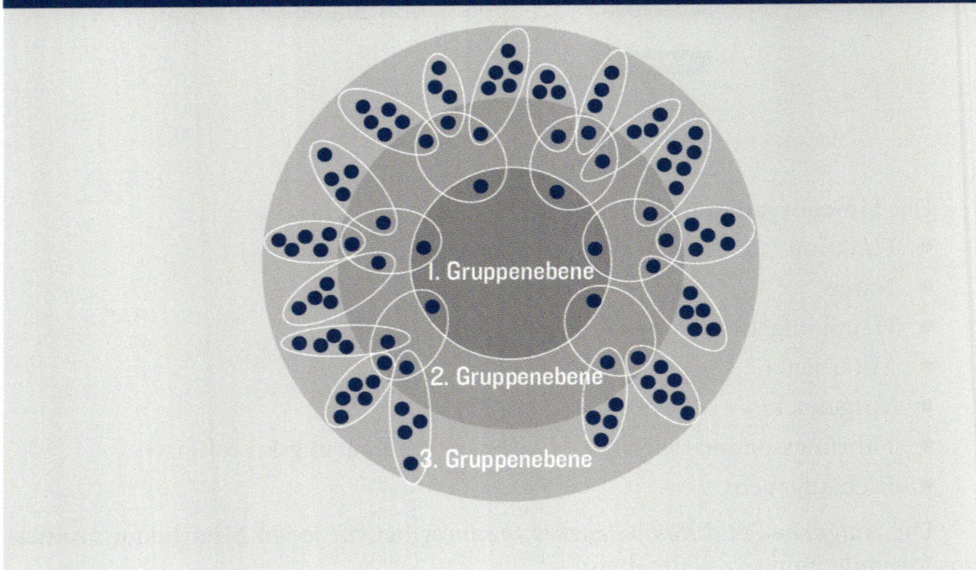

Das **Gruppenorganigramm** ist nur eine andere Darstellung des Linienorganigramms. Es dient zum besseren Verständnis der Organisation. Es zeigt auf einen Blick

- die Anzahl der Gruppenmitglieder (Führungsspanne)
- die Anzahl der hierarchisch gegliederten Gruppenebenen
- die Schnittstellen (Führungskräfte) der Organisation

Das **Matrixorganigramm** wird bei einer größeren Organisation mit komplexen Strukturen angewendet. Diese wird zum besseren Verständnis in einer Matrix abgebildet.

Matrixorganigramm

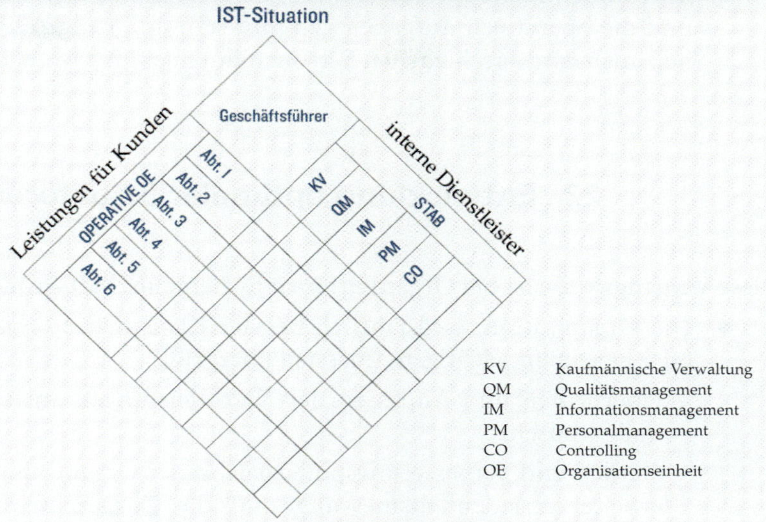

Klarheit und Flexibilität trotz Komplexität

- Das Matrixorganigramm ersetzt nicht das Linienorganigramm. Es dient zum besseren Verstehen der Zusammenhänge in der Organisation.
- Es kann sowohl eine zweidimensionale als auch eine mehrdimensionale Organisationsform dargestellt werden.
- Für eine Gemeinde genügt in der Regel eine zweidimensionale Matrixdarstellung.
- Die erste Dimension umfasst alle Dienstleistungen für die Bürger.
- Die zweite Dimension umfasst alle Stabsaufgaben bzw. alle internen Dienstleistungen innerhalb der Gemeinde, die als Unterstützung für die operativ tätigen Organisationseinheiten notwendig sind.
- Die operativ tätigen Organisationseinheiten sind die internen Kunden bzw. Auftraggeber für die Stabsstellen.
- Die Stabsstellen sind die internen Lieferanten und Dienstleister für die operativ tätigen Organisationseinheiten.
- Die Stabsstellen haben in der Regel die Richtlinien-Kompetenz für ihre Dienstleistungen. Die Inkraftsetzung von Richtlinien muss über die Führungskräfte der Linie erfolgen, in der Gemeinde durch den Bürgermeister. Die Anforderungen für die Dienstleistungen des Stabes müssen von den operativ tätigen Organisationseinheiten kommen.

- Um Klarheit in der Organisation, in den Aufgaben und im Rollenverständnis (bin ich Lieferant oder Kunde) zu erreichen, sollten die Stabsaufgaben und die operativen Aufgaben getrennt sein und bei größeren Organisationen auch von verschiedenen Personen durchgeführt werden.

22. Entwicklung optimaler Strukturen

Diese Vorgangsweise ist bei Organisationen in Gemeinschaftsgröße anwendbar:

- Die Organisation wird jährlich bei der Klausur der Organisationseinheit oder bei einem wichtigen Anlassfall überprüft:
  - Überprüfen und Anpassen der Dienstleistungen an Bürgerbedürfnisse und -wünsche
  - Stärken und Verbesserungspotenziale in der Organisation durch die Mitarbeiterzufriedenheitsmessung und die Bürgerzufriedenheitsmessung feststellen, Maßnahmen ableiten und umsetzen
- vorhandenes Organigramm, in dem alle Mitarbeiter mit den entsprechenden Funktionen in der jeweiligen Organisationseinheit angeführt sind, als Ausgangsbasis nehmen
- überprüfen, ob das offizielle Organigramm mit der „gelebten Organisation" bzw. der „informellen" Struktur übereinstimmt
- klare Definition der Linien- und Stabsfunktionen und Überschneidungen abbauen bzw. minimieren
- überprüfen, ob die Organisation aus hierarchisch gegliederten Gruppen in max. drei Ebenen besteht und/oder die Führungsspanne (Mitarbeiteranzahl in den einzelnen Gruppen) 7, +/–2, max. 13 Personen nicht überschreitet
- überprüfen, ob ein Mitarbeiter für ein und dieselbe Funktion auch nur einen Vorgesetzten hat, d. h. dass der Mitarbeiter auch tatsächlich nur von einer Person Anordnungen und Weisungen für eine Funktion entgegenzunehmen hat (die Aufgaben- und Kompetenzbeschreibung kann dabei hilfreich sein)
- überprüfen, ob eine Vertretung bzw. Stellvertretung für jeden Mitarbeiter bzw. jede Führungskraft bestellt ist, davon Kenntnis hat, konkrete Aufgaben bzw. Führungsaufgaben delegiert bekommen hat und diese auch eigenverantwortlich wahrnimmt
- delegieren bedeutet Verantwortung und Entscheidungsbefugnisse übertragen.

- Die Organisationsstruktur muss kontinuierlich angepasst werden an:
  - neue Aufgaben
  - veränderte Wirkungsbereiche
  - Personalressourcen
  - Entwicklung der Mitarbeiter und Führungskräfte
  - neue Entwicklungen (Forschung, Technik, Material ...)
  - vereinbarte Ressourcen und Budgets
- Das Ergebnis der Weiterentwicklung der Organisationsstrukturen ist schriftlich zu fixieren.

Die Weiterentwicklung einer Organisation entsprechend den genannten Organisationsrichtlinien sichert die Effizienz für die betroffene Organisationseinheit sowie die Lebensqualität für Mitarbeiter, Bürger und Partner.

23. Elemente unseres Erfolgsweges

Wirksamkeit durch einen klar definierten Erfolgsweg sichern

Voraussetzung für die Entwicklung eines Erfolgsweges für unsere Gemeinde ist die Entwicklung einer Gemeindephilosophie, aus deren Umsetzung im Tagesgeschäft eine Organisationskultur entsteht, in der Lebensqualität und Effizienz ihren Platz haben. Die Gemeindephilosophie baut auf dem neuesten Stand der Erkenntnisse auf und wird durch den Abgleich mit den Erfahrungen bei der Umsetzung in die Praxis weiterentwickelt. Dieser iterative Prozess führt zu einer ständigen Qualitätsverbesserung und Weiterentwicklung unseres Erfolgsweges.

Mitarbeiter in Linienfunktionen

führen Dienstleistungen für unsere Bürger durch bzw. entwickeln oder implementieren sie. Sie organisieren auch Dienstleistungen (Aufträge, Abnahme, Qualitätssicherung, Einführung usw.). Um ihre Leistungen effizient und in der notwendigen Qualität erbringen zu können, stehen ihnen alle Dienstleistungen der Mitarbeiter des Stabes (interne Dienstleister) zur Verfügung.

Mitarbeiter in Stabsfunktionen

haben Aufgaben zu erfüllen, die den Mitarbeitern in der Linie helfen bzw. sie unterstützen. Sie sind interne Dienstleister für jene Mitarbeiter, die den direkten Bürgerkontakt pflegen oder Dienstleistungen erbringen bzw. initiieren.

Elemente unseres Erfolgsweges

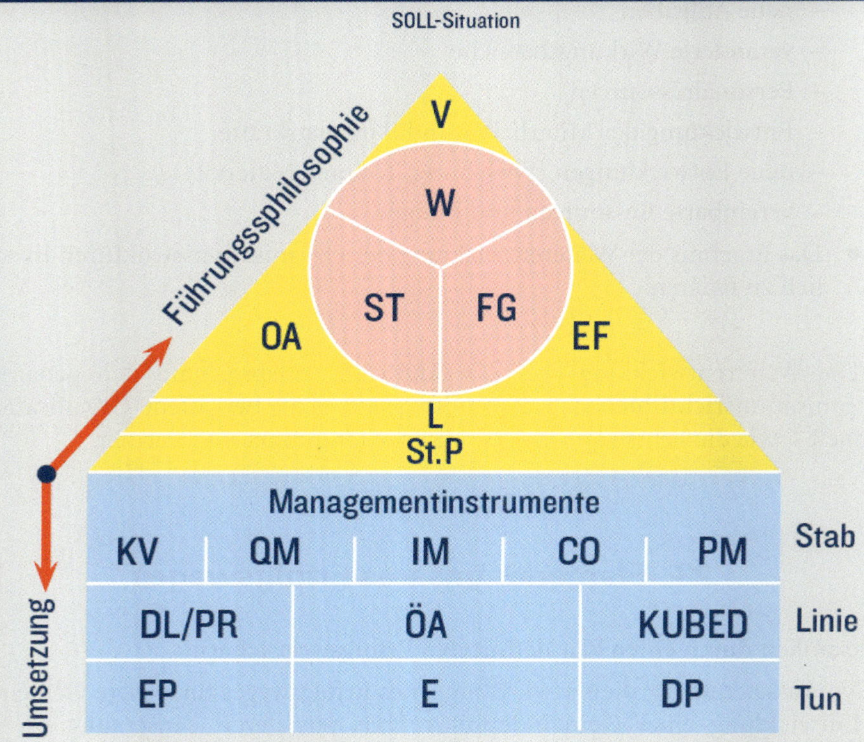

V	Vision	IM	Informationsmanagement
W	Werte	CO	Controlling
ST	Struktur	PM	Personalmanagement
FG	Führungsgrundsätze	DL/PR	Dienstleistungen/Produkte
OA	Organisationsaufbau	ÖA	Öffentlichkeitsarbeit
EF	Erfolgsfaktoren	KUBED	Kundenbedürfnisse
L	Leitbild	EP	Entscheidungsprozesse
St.P.	strategische Planung	E	Entscheidung
KV	kaufm. Verwaltung	DP	Durchführungsprozesse
QM	Qualitätsmanagement		

Kundenbedürfnisse = Bürgerbedürfnisse

Führungsphilosophie = Gemeindephilosophie

Die Idealvorstellungen unseres Erfolgsweges und unserer Gemeindephilosophie können nie vollständig im Tagesgeschäft erreicht werden. Das Streben und die Orientierung der Mitarbeiter und Bürger, danach zu leben, lösen nachhaltige Erfolge für unsere Gemeinde und für unsere Bürger und Mitarbeiter aus.

24. Erfolgsfaktoren

DIE SIEBEN ERFOLGSFAKTOREN FÜR UNSERE MITARBEITER, BÜRGER UND MITWIRKENDEN

1. Besser informiert

- Fachwissen und internes Know-how sind für unsere Gemeindebediensteten Voraussetzung.
- Um die Aufgaben bewältigen zu können ist es notwendig, dass die Mitarbeiter immer die neuesten Informationen zur Verfügung haben und sich das notwendige Fachwissen für die Aufgabenbewältigung aneignen.

2. Besser kommuniziert

- Neben dem Fachwissen ist die soziale Kompetenz der Mitarbeiter, Mitwirkenden und Führungskräfte die Voraussetzung für effizientes Arbeiten.
- Kommunikation und Zusammenarbeit in Kleingruppen und mit Bürgern in Arbeitskreisen und Projektgruppen sind genauso wichtig wie das Bearbeiten von Spannungen und Konflikten für die Erreichung von Spitzenleistungen und Synergien.

3. Besser organisiert

- Die feingliedrige Organisation in unserer Gemeinde, bestehend aus Einzelmenschen, Partnern und Gruppen, ermöglicht eine optimale Kommunikation und ein effizientes Zusammenwirken in Gruppen, in denen der einzelne Mitwirkende, Mitarbeiter und Bürger seine Fähigkeiten entsprechend zur Entfaltung bringen kann.

4. Besser ausgebildet

- Sowohl für den Erwerb des Fachwissens als auch für die Weiterentwicklung der sozialen Kompetenz, der Methodenkompetenz und der Führungskompetenz ist ein auf die Bedürfnisse der Mitwirkenden und der Organisationseinheit abgestimmtes Schulungs- und Trainingsprogramm zu erstellen und laufend weiterzuentwickeln.

5. Besser geführt

- Die bewusste und gezielte Führungsarbeit der Verantwortungsträger unserer Gemeinde orientiert sich an unseren Werten, Führungsgrundsätzen und Organisationsrichtlinien.

6. Besser motiviert

- Kompetente Führung und die Übernahme von Verantwortung sichern die Motivation der Mitwirkenden, Bürger und Mitarbeiter sowie nachhaltig wirkende Erfolge.

7. Bessere Zukunftschancen durch

- bessere Information
- bessere Kommunikation
- bessere Organisation
- bessere Ausbildung
- bessere Führung
- bessere Motivation

25. Einführung und Umsetzung

Die Umsetzung ist in jedem Bereich möglich, wenn die Führungskräfte und Verantwortungsträger daran glauben und ein für die Umsetzung strategisch individuell geplantes Konzept mit den Bürgern, Mitwirkenden und den Betroffenen entwickeln.

Folgende Elemente sind zu beachten:

- Training der Verantwortungsträger und Führungskräfte in Theorie und Praxis
- einen Bereich als Modell für die Umsetzung eines Teilprojektes auswählen (Pilotierung)
- genaue Analysen im ausgewählten Bereich
- Umsetzungstagung mit allen Mitarbeitern, Mitwirkenden, Verantwortungsträgern und Führungskräften des Bereiches mit dem Ziel, eine genaue Maßnahmenplanung durchführen
- begleitendes Controlling für die Umsetzung der geplanten Maßnahmen (bis diese umgesetzt sind)
- Übertragung der Erfahrungen und Erfolge aus dem Modellbereich auf die anderen Organisationseinheiten
- konsequente Weiterführung und Anpassung des begonnenen Prozesses auch bei Rückschlägen und Widerständen
- bei erfolgreichem Abschluss eines Projektes sind die Leistungen der Mitwirkenden anzuerkennen und entsprechend zu würdigen. Ein gemeinsames Fest aller Mitwirkenden als Ausdruck der Freude über die Zielerreichung verstärkt die Motivation und Begeisterung für Folgeprojekte
- weitere Projekte in Angriff nehmen

Die **Umsetzung** des Erfolgsweges in der Gemeinde wird nie zu Ende sein. Die bewusst geplante Veränderung von einer vorhandenen Organisationskultur hin zu einer an Werten orientierten Gemeindephilosophie dauert in größeren Organisationen mehrere Jahre bis zu einer entsprechenden Reife und Konsolidierung.

Impuls- oder Konsolidierungsphasen wechseln sich in der Regel ab. Auch ist die Überprüfung auf Zweckmäßigkeit der Maßnahmen und die Analyse der Widerstände für die weitere Vorgangsweise immer wieder durchzuführen (Feinsteuerung).

Fehler, Rückschläge, Widerstände

Deutlich erkennbare Erfolge stellen sich relativ rasch ein. Dennoch ist es notwendig, auch bei Rückschlägen und Widerständen eine konsequente Weiterführung des begonnenen Prozesses sicherzustellen.

Einführung und Umsetzung

Die Einführung der vorliegenden Gemeindephilosophie – als Richtlinie für alle Bürger, Mitarbeiter, Mitwirkenden und Führungskräfte – wird für die Umsetzung einen längeren Zeitraum in Anspruch nehmen. Die Übergangsphase erfolgt „schleifend".

Umsetzung der Führungsphilosophie

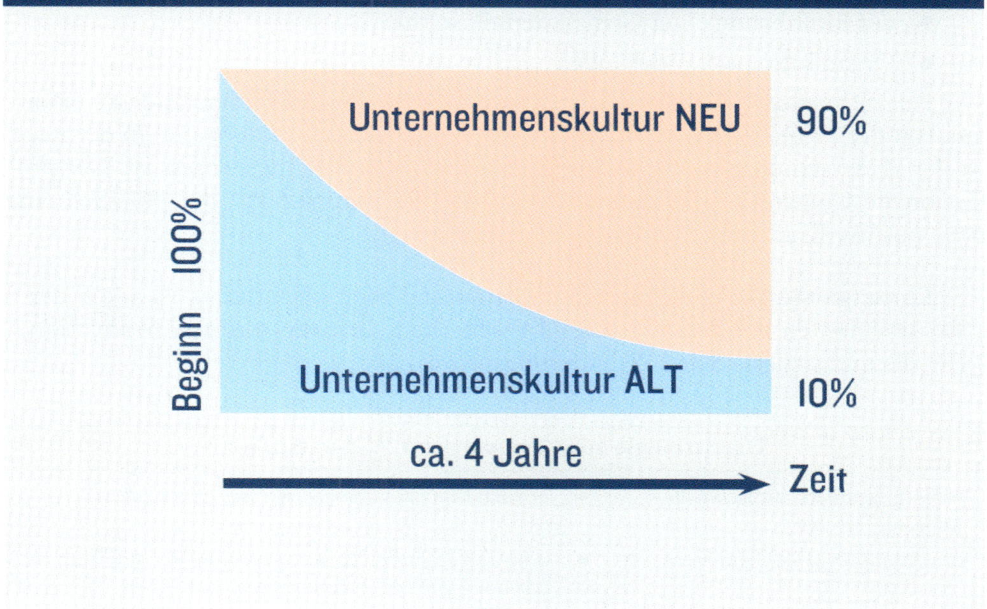

26. Umgang mit Widerständen

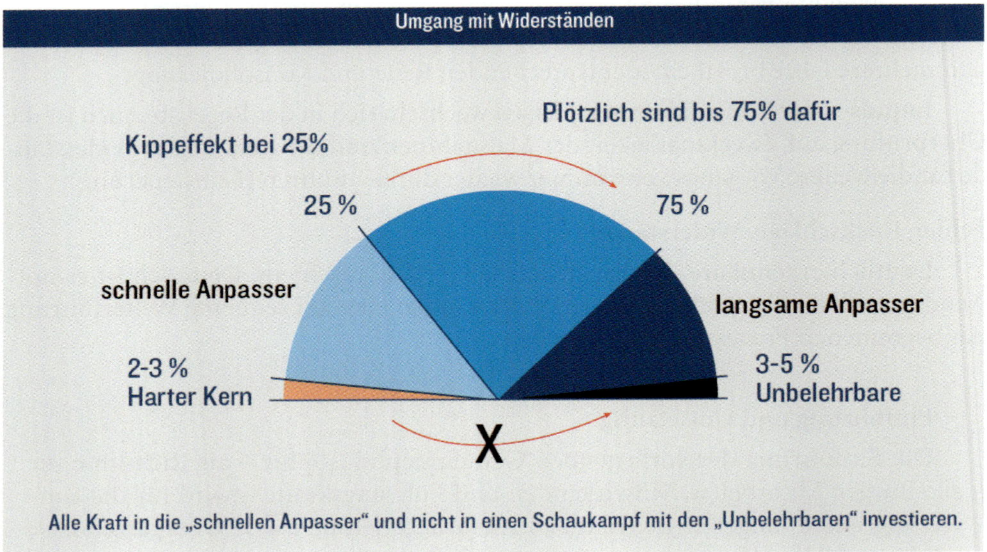

Widerstände sind ganz normal bei

- Veränderungsprozessen
- der Einführung neuer Dienstleistungen
- der Einführung einer Gemeindephilosophie
- Organisationsveränderungen

Hat der Prozess Wirkung (d.h. er ist effizient), so sind Widerstände zu erwarten. Hat der Prozess keine Wirkung, so gibt es auch keinen Widerstand. In der Regel ist der Widerstand größer, je wirkungsvoller der Veränderungsprozess ist. Der professionelle Umgang mit Widerständen führt zum „Kippeffekt", der plötzlich eine neue positive Kraft für Veränderungsprozesse bringt.

Konsequentes, schnelles und am Grundsätzlichen orientiertes Handeln der Repräsentanten der Veränderung gibt Sicherheit, Orientierung und Motivation für alle und sichert so den Veränderungsprozess.

Die Strategie zum Umgang mit Widerständen	
Hauptaugenmerk auf „schnelle Anpasser" richten	• um den Kippeffekt möglichst rasch zu erreichen
Beachtung der „Unbelehrbaren"	• um Aktivitäten und Kräfte gegen die Veränderung zu erkennen und Maßnahmen ergreifen können

Die Strategie zum Umgang mit Widerständen	
Nächste Veränderungsschritte	• erst dann setzen, wenn erkannte Aktivitäten und Maßnahmen gegen die Veränderung unwirksam sind (Spannungsfeld zwischen Befürwortern und Gegnern ist für das Veränderungstempo mitbestimmend)
Veränderungsbereiche forcieren	• dort, wo wenig Widerstand zu erwarten ist
Kompromisse, Konsense und Vereinbarungen	• Werte, Grundsätze, Führungsphilosophie, Organisationsrichtlinien etc. sind bei Einzelentscheidungen unveränderbar
Schnelligkeit geht vor Genauigkeit	• Termine, Zwischenschritte, Übergangslösungen usw. sind gestaltbar • besser Entscheidungen mit 80% Qualität als keine Entscheidungen treffen • Flexibilität beim Nachbessern sicherstellen
Auch Veränderungsgegner sind zu respektieren	• Auch wenn die Gegner die Regeln verletzen, sind sie entsprechend der Gemeindephilosophie zu behandeln • Werte, Grundsätze, Organisationsrichtlinien und die Gemeindephilosophie sind auch für Reaktionen bei Fehlverhalten die Handlungsrichtlinien
Direkter offener Widerstand	• ist berechtigt und dient dem Veränderungsprozess • offene Aussprachen suchen • gemeinsame Problemlösungen finden und umsetzen
Versteckter, indirekter Widerstand	• ist eine akute Gefahr für den Veränderungsprozess und für die Verantwortlichen des Veränderungsprozesses • die Bearbeitung ist oft nicht möglich, da sich diese Personen nicht stellen • offiziell sind sie für den Veränderungsprozess, im Hintergrund arbeiten sie dagegen • erste Anzeichen des indirekten Widerstands beachten und ihnen nachgehen, konsequentes Durchgreifen verhindert in der Regel nachhaltige Schäden

27. Die Erkenntnis

Effizienz und Lebensqualität sind vereinbar.

Ja, Lebensqualität ist eine Voraussetzung für Effizienz. Die Berücksichtigung der Lebensqualität in allen Bereichen schafft Effizienz und sichert die nachhaltige Nutzung der Zukunftschancen für unsere Gemeinde und für unsere Bürger, Mitwirkenden und Mitarbeiter.

10.3 Der Weg von der Idee zur Philosophie und die praktische Umsetzung

Beteiligungsprozesse in menschlichen Gesellschaften gibt es mit Sicherheit seit den Anfängen des menschlichen Lebens. Der Entwicklungsprozess, der hier beschrieben wird, ist eine Erfahrung wie sie Robert Moser mit Freunden, Kunden und Mitarbeitern erlebt hat.

Zunächst fand sich im Jahr 1974 eine Gruppe von Freunden zusammen, die in der Gesellschaft mitwirken wollten. Die erste Aktionsgruppe war entstanden.

In einem Videotraining haben sich die Mitglieder dieser Gruppe zunächst mit Themen wie Freiheit, Gerechtigkeit, Ehrlichkeit, Wahrheit, Leistung, Partnerschaft, Partizipation, Subsidiarität, den Parteiprogrammen und Vielem mehr beschäftigt. Videorekorder, Kamera und Monitor wurden angeschafft und dienten bei den ersten Trainings mit Prof. Edi Ofner, bei denen Persönlichkeitswirkung, Kommunikation, Gruppenfähigkeit, Konfliktbearbeitung und Führung im Mittelpunkt standen, der Selbstkontrolle.

In der Folge wurde ein Programm für Aktionswochenenden ausgearbeitet. Es konnten alle interessierten Bürger teilnehmen, egal welcher politischen Gesinnung sie sich verbunden fühlten.

Diese Aktionswochenenden waren der Impuls für die Entstehung einer Reihe von Aktionsgruppen, die viele Aktivitäten in niederösterreichischen Gemeinden durchführten.

Dieses niederösterreichische Modell der Aktionsgruppen wurde dann bundesweit übernommen als „Rangerprogramm“ und erreichte als „Pro Österreich“ seinen Höhepunkt.

Die Stadträte Dr. Jörg Mauthe und Dr. Erhard Busek hatten vorher schon in Wien die Bürgerbewegung „Pro Wien“ ins Leben gerufen. Unvergesslich sind aus dieser Zeit die Zusammenkünfte und Seminare im Atelier von Dr. Mauthe im 9. Wiener Gemeindebezirk.

Die Ergebnisse von damals sind bemerkenswert. Die innerstädtische Belebung wie, um nur ein Beispiel zu nennen, der „Spittelberger Weihnachtsmarkt“ mit vielen kleinen Lokalen in diesem Stadtbereich sind bis heute lebendige Erinnerung.

In diese Zeit fällt auch die Zusammenarbeit mit der Wissenschaft.

- Prof. Edi Ofner – Pädagoge und Trainer
- Dr. Anneliese Fuchs – Psychologin und Familientherapeutin
- Prof. Dr. Hans Millendorfer – Systemanalytiker und Zukunftsforscher
- Prof. Dr. Christoph Günzel – Philosoph der ganzheitlichen Betrachtungsweise

- Prof. Dr. Ruppert Riedl – Meeresbiologe und Weiterentwickler der Evolutionstheorie
- Dr. Leo Gabriel – Philosoph und Mystiker
- Prof. Dr. Erwin Ringel – Psychiater und Selbstmordforscher

Mit einigen von ihnen gab es interessante Diskussionen im Schottenkeller in Wien, besonders wenn das Weltbild der Mystiker und das der Naturwissenschafter aufeinander prallten.

Mit manchen dieser namhaften Persönlichkeiten wurden auch Interviews über ihre Erkenntnisse und ihr Weltbild in der Reihe: „Wertorientierte Entwicklungen" auf Videokassetten aufgenommen. Diese Videoreihe ist seit dem Jahr 2000 auf DVD erhältlich.

Im Jahre 1981 kam das Buch „Zurück zum Menschen – Die Überwindung des Unbehagens heute" mit der Beschreibung von ca. 250 Aktivitäten in Gemeinden aus ganz Österreich im Anhang auf den Markt. Ein kleiner Auszug dieser Bürgerbeteiligungsprozesse, die die Aktionsgruppen zwischen 1975 und 1980 initiiert haben:

BURGENLAND **Pinkafeld**	Es wurde gemeinsam ein Fitnessparcours errichtet, eine Fragebogenaktion unter den Lehrlingen des Ortes durchgeführt; eine Rätselrallye gestartet und ein zweitägiges Kreativfest mit Ideenmarkt veranstaltet.
KÄRNTEN **Obervellach**	Gemeinsam säuberten die Bewohner den Kaponigbach und das Ortsgebiet in der „Woche der Sauberkeit"; ein Heilkräuter- und ein Waldlehrpfad wurden neu errichtet; eine Jugendgruppe plant die gemeinsame Errichtung eines Jugendtreffs.
NIEDERÖSTERREICH **St. Pölten**	Es werden gemeinsam Möglichkeiten zur Sicherheit in der City überlegt und Sitzbänke vom Stadtrand bis zum Zentrum aufgestellt.
OBERÖSTERREICH **Katzdorf**	Eltern werden gemeinsam einen Kinderspielplatz errichten; die Bewohner bessern gemeinsam Straßen aus.
SALZBURG **Adnet**	Die örtlichen Wanderwege werden gemeinsam ausgebaut; eine Umfrage zur Errichtung eines Kinderspielplatzes wird durchgeführt.
STEIERMARK **Anger**	Bürgerbeteiligungsprozess
TIROL **Rum-Dorf**	Die Bewohner organisieren einen Babysitterdienst und einen Tauschshop.

VORARLBERG **Ludesch**	Jugendliche befragen alte Menschen im Ort und stellen so eine Ortschronik zusammen; ein eigener Arbeitskreis beschäftigt sich gemeinsam mit den Gemeindevertretern mit Umweltfragen.
WIEN **Alsergrund**	Mit der Aktion „Licht in dunkle Ecken“ helfen die Bewohner allen Notleidenden und Kranken in ihrem Bezirk.

Mag sein, dass manchem Leser diese Aktionen nicht so sensationell erscheinen. Jedoch: Durch gemeinsames Tun kommen sich Menschen näher, sie übernehmen verschiedene Aufgaben eigenverantwortlich, es entsteht Motivation und das gute Gefühl, etwas Sinnvolles für die Gemeinschaft zu tun.

Im Jahre 1989 wurden WERT-*impulse* und etwas später GEMEINDE-*impulse* als Gesellschaften für ganzheitliche wertorientierte Entwicklungen gegründet. In diesem Buch sind viele Aktivitäten dieser Firmen dargestellt.

Nähere Informationen über Trainingsprogramme, Lehr- und Lernbehelfe für Trainings- und Bildungsprozesse sowie Referenzen können Sie bei GEMEINDE-*impulse* erfragen:

GEMEINDE-*impulse*
Brunngasse 13
A-2540 Bad Vöslau
Tel.: 0043/2252/78 8 36, Fax: DW -99
Mobil: 0043/664/143 00 76
Mail: office@gemeinde-impulse.at
http: www.wert-impulse.at

Büro von GEMEINDE-*impulse:* Christa Aringer, Konrad Höller, Karin Pfleger, Roland Poschik und Monika Rosenberg

Gemeinderatswahl

Vom Kampf um Mandate zur gegenseitigen Wertschätzung

Gemeinderatswahl als Bürgerbeteiligungsprozess

Früher herrschten hier „Raubritter" – heute ist die Wachau „Weltkulturerbe"
Blick von Rossatz auf Dürnstein/NÖ

11. Strategien zur Wahlvorbereitung
Wo wollen wir hin?

DIE GEMEINDERATSWAHL ALS BÜRGERBETEILIGUNGSPROZESS

In Gemeinden mit Bürgerbeteiligungsprozessen wird in Projekten und Arbeitsgruppen über Parteigrenzen hinweg positiv zum Wohle der Bürger und der Gemeinde zusammengearbeitet.

Zirka ein Jahr vor der Gemeinderatswahl passiert für manche völlig unerwartet ein Gesinnungswandel. Es kommt oft zu einem Parteien-Hickhack, das viele Mitwirkende und Bürger verunsichert und auf sie abstoßend wirkt. Um diese Konfliktsituation zu entschärfen ist es sinnvoll, eine Wahlbewegung zu entwickeln, die nicht in Gegnerschaft mündet, sondern in Zusammenarbeit. Wir müssen uns also neue Strategien zur Wahlvorbereitung und Durchführung überlegen, die den Erkenntnissen, die in der Gemeindephilosophie gewonnen wurden, entsprechen.

Analysetagung

Auch die Gemeinderatswahl kann Teil eines Bürgerbeteiligungsprozesses sein. Die wahlwerbende Gruppe bildet in diesem Fall eine Plattform, damit interessierte Bürgerinnen oder Bürger, die von der Bevölkerung geschätzt werden, eine einfache Möglichkeit haben, für den Gemeinderat zu kandidieren.

Damit ist weder ein Beitritt zur wahlwerbenden

Gruppe, noch eine sonstige Verpflichtung verbunden, außer dass das gemeinsam erarbeitete Zukunftsprogramm für die jeweilige Gemeinde nach besten Kräften umgesetzt wird.

Vorgangsweise

1. Kandidatenfindung und Kandidatenreihung durch die Bürger selbst als Ausdruck einer gelebten Demokratie.
2. Erstellung eines langfristigen Zukunftsprogramms für die Gemeinde durch die gefundenen Kandidaten, die auch bereit sind, für den Gemeinderat zu kandidieren, unter Einbindung aller interessierten Bürger.

Die wahlwerbende Gruppe sollte sowohl den Bürgerbeteiligungsprozess in ihrem Namen führen, als auch den Namen der wahlwerbenden Gruppe in ihrem Logo bzw. in der Listenbezeichnung.

Folgende strategische Ziele sollen erreicht werden:

- Der Mensch und die dem Menschen gerechten Visionen, Strukturen und Verhaltensweisen bilden die Grundlage.
- Die Zukunft der Gemeinde und ihrer Ortsteile wird von den Bürgern selbst geplant und auch in der folgenden Umsetzung im Gemeinderat, in Arbeitskreisen und Projektgruppen selbst gestaltet.
- Die Kommunikation zwischen der wahlwerbenden Gruppe, den Kandidaten und den Bürgern wird durch viele Einzelschritte konsequent forciert.
- Die besten „Köpfe“ der Gemeinde arbeiten in Zukunft miteinander für das Wohl der Gemeinde und blockieren sich nicht gegenseitig zum Nachteil der Gemeinde.
- Nicht die Parteipolitik bestimmt die Gemeindearbeit, sondern ein auf die Zukunft der Gemeinde gerichtetes Miteinander.

11.1 Wem nützt dieser Vorgang? Vom Kampf um Mandate zur gegenseitigen Wertschätzung

Den Bürgern

Viele Bürger sind heute politikverdrossen, sie wollen in parteipolitische „Ränkespiele“ und „Machtausübung“ nicht hineingezogen werden. Umfragen belegen, dass Politiker auf allen Ebenen des politischen Geschehens an einem der letzten Plätze in der Anerkennung und Beliebtheit stehen.

In Gesprächen mit Bürgern ist immer wieder zu hören, dass „Parteipolitik“ in der Gemeinde nichts verloren hat. Hier geht es um die Umsetzung der Bürgerwünsche und um die Mitwirkung der Bürger bei der Gestaltung ihrer Heimat und nicht um „Ideologien“ und Parteipolitik.

Den Verantwortungsträgern

Bürgerbeteiligungsprozesse nützen jenen Persönlichkeiten, die diese Sehnsucht der Bürger erkennen und sie auch ehrlich umsetzen. Sie bekommen in der Regel die entsprechende Anerkennung. Geht dieser Prozess von der Mehrheitsfraktion aus und werden dabei alle Interessensgruppen und auch die anderen Fraktionen eingebunden, so stärkt dies die Mehrheitsfraktion, aber auch jene Interessensgruppen und Persönlichkeiten, die sich aktiv am Geschehen beteiligen. Geht dieser Prozess von einer Minderheitsfraktion aus und die Mehrheitsfraktion macht mit, so stärkt dies jene Persönlichkeiten, die durch diesen Prozess bekannt und als konstruktive Mitwirkende erlebt werden. Tritt die Mehrheitsfraktion aber gegen den Bürgerbeteiligungsprozess auf, so verliert sie in der Regel Ansehen und bei der nächsten Wahl auch Wählerstimmen.

Bürgerbeteiligungsprozesse dienen in der Regel jenen Führungspersönlichkeiten, die aktiv mitwirken und die Leistungen anderer auch akzeptieren und anerkennen.

12. Bürgernahe Kandidatenfindung
Der neue demokratische Weg

Wenn eine Gemeinderatswahl vor der Tür stand, war es bisher so, dass in den Parteigremien Kandidatenlisten erstellt wurden. In der Regel bestimmte eine kleine Gruppe von Parteifunktionären, wer auf die Liste kommt. Die Bürger haben meistens keine Chance, Menschen ihres Vertrauens auf die Listen der wahlwerbenden Gruppen für den Gemeinderat zu bringen.

Bürgerbeteiligung schon bei der Kandidatenfindung

Die wahlwerbende Gruppe, die einen solchen Vorgang durchführt, kann entweder eine etablierte Partei, eine Bürgerbewegung oder eine völlig neue Initiative sein.

1. Schritt:

Kommunikationswege zum Bürger – Vorgehensweise bei der Kandidatenfindung:

- Information über Brief oder Zeitung
- Persönlicher Besuch
- Wenn Bürger beim Hausbesuch nicht erreicht werden können, so ist eine schriftliche Information zu hinterlassen.

Die Mitwirkenden der wahlwerbenden Gruppe führen bei Hausbesuchen Gespräche mit allen Wahlberechtigten. Sie nehmen dabei vorbereitete Blätter mit, in denen die Bürger jene Kandidaten eintragen können, die sie persönlich für am besten geeignet für den Gemeinderat halten. Jeder Bürger kann – unabhängig von der Parteizugehörigkeit – beliebig viele Kandidaten nennen. Wichtig: Dabei darf keinerlei Beeinflussung der Bürger durch den Gesprächsführer stattfinden!

Gleichzeitig werden auf einem zweiten Blatt jene Themen genannt, die in ein nachhaltig wirkendes Zukunftsprogramm für die Gemeinde aufgenommen oder als Probleme und Aufgabenstellungen kurzfristig gelöst werden sollen. Beide Blätter werden in ein vom Bürger verschlossenes Kuvert gegeben, dem Hausbesucher wieder mitgegeben oder vom Bürger direkt an die neutrale Auswertungsstelle gesendet.

Bei diesem Vorgang ist darauf zu achten, dass möglichst lückenlos alle Bürger angesprochen werden, um keine Verärgerung auszulösen. Jene, die nicht persönlich erreicht werden können, sind am besten von dieser Aktivität in schriftlicher Form zu informieren. Sehr hilfreich kann dabei sein, dass die lokalen Medien über diese Aktion berichten.

2. Schritt:

Die Themen und Inhalte für das Zukunftsprogramm werden ausgewertet und zusammengefasst. Die genannten Personen werden in eine Liste aufgenommen und nach der Häufigkeit der Nennungen gereiht.

3. Schritt:

Alle genannten Personen, ohne Rücksicht auf Parteizugehörigkeit, werden in persönlichen Gesprächen gefragt, ob sie auf dieser von den Bürgern erstellten Wahlliste für die Gemeinderatswahl kandidieren wollen oder bei einem oder mehreren Arbeitskreisen zur Lösung von einzelnen Sachthemen oder bei der Erstellung des Zukunftsprogramms mitwirken wollen. Jene Bürger, die bereit sind, als Gemeinderat zu kandidieren, bestätigen schriftlich, dass sie an einer Vorwahl teilnehmen wollen. Jene Bürger, die beim Zukunftsprogramm oder bei konkreten Sachthemen mitwirken wollen, werden zu den entsprechenden Arbeitskreisen oder Projektgruppen eingeladen.

4. Schritt: Durchführung der Vorwahl

Alle Kandidaten, die sich schriftlich bereit erklärt haben mitzuwirken, werden alphabetisch auf einer Liste gereiht und jeder Bürger hat die Möglichkeit so viele Kandidaten anzukreuzen, wie Gemeinderäte, entsprechend der Einwohnerzahl, gewählt werden können (z. B. bis 2000 Einwohner 19 Mandate in NÖ).

Die Vorwahlstimmzettel werden bei Hausbesuchen ausgetragen, die Bürger gebeten, ihre Wunschkandidaten in der Anzahl der zu vergebenden Mandate anzukreuzen, den Abstimmungszettel, in einem Kuvert verschlossen, den Aktivisten wieder mitzugeben oder mit der Post an die auswertende Stelle zu senden.

Hilfreich ist auch, wenn die Aktivisten eine Wahlurne mitnehmen, in die der Bürger das Vorwahlkuvert einwirft.

Um auf Zielgruppen oder Ortsteile entsprechend Rücksicht nehmen zu können, muss dem Bürger mitgeteilt werden, wie die endgültige Reihung der Kandidaten erfolgt. Das könnte folgendermaßen geschehen:

- Jeder Ortsteil wird extra ausgewertet.
- Eine Auswertung wird über die gesamte Gemeinde gemacht.
- Das erste Drittel der wählbaren Listenplätze wird in der Reihenfolge der Gesamtauswertung der Kandidatenbewertung in der Gemeinde besetzt.

- Das zweite Drittel der wählbaren Listenplätze wird entsprechend der Anzahl der Wahlberechtigten den Ortsteilen vorbehalten, wobei die Anzahl der Kandidaten aus den Ortsteilen im ersten Drittel berücksichtigt wird.
- Das dritte Drittel der wählbaren Listenplätze wird entsprechend der Reihung der Kandidaten aus dem Gesamtergebnis der Gemeinde besetzt, ebenso wie die weiteren Listenplätze (maximale Anzahl der Kandidaten: doppelte Anzahl der Mandate, die in der Gemeinde zu vergeben sind).

Beispiel: Eine Gemeinde mit 19 Gemeinderäten

Listenplätze	
1	Reihung entsprechend dem Gesamtergebnis in der Gemeinde
2	
3	
4	
5	
6	
7	Reihung entsprechend den Ortsteilergebnissen und der vorgesehenen Anzahl der Kandidaten aus den Orten entsprechend der Wählerzahl in den Ortsteilen Die Kandidaten der Listenplätze 1–6 sind in der vorgesehenen Anzahl der Kandidaten aus den Ortsteilen enthalten
8	
9	
10	
11	
12	
13	Reihung entsprechend dem Gesamtergebnis in der Gemeinde
14	
15	
16	
17	
18	
19	
20–38	

5. Schritt:

Nach Auswertung der Ergebnisse durch die auswertende, unabhängige Stelle wird in einer öffentlichen Versammlung, an der alle Kandidaten teilnehmen sollten, das Ergebnis nach dem vorher vereinbarten Reihungsmodus durch einen Vertreter der Auswertungsstelle bekanntgegeben. Vorherige Absprachen zwischen der Auswertungsstelle und Personen aus der Gemeinde oder der wahlwerbenden Gruppe sind nicht zulässig.

Wichtig ist, dass die wahlwerbende Gruppe sehr genau darauf achtet, dass die vereinbarte Form der Kandidatenreihung, die auch öffentlich bekanntgemacht wurde, punktgenau eingehalten wird.

6. Schritt:

Das Ergebnis der Kandidatenfindung und -reihung wird in den öffentlichen Medien und durch ein Rundschreiben an die Bürger bekanntgegeben und auch so bei der Wahlbehörde eingereicht.

Kandidatenvorstellung

Kandidatenreihung nach dem vorgeschlagenen Modell

13. Die Erstellung des Zukunftsprogramms Bürger bestimmen ihre Zukunft

Wenn wir nun Kandidaten auf eine ganz neue Art gefunden haben, was werden sie tun?

Welche Ziele werden sie verfolgen?

Wie wird ihre Arbeit beurteilt und woran werden sie gemessen?

Wenn von den Kandidaten gemeinsam mit den Bürgern ein Zukunftsprogramm erstellt wird, gibt es eine Aufbruchsstimmung und Motivation in der Gemeinde.

Sowohl die Erstellung des Zukunftsprogramms als auch die Umsetzung der einzelnen Projekte und Maßnahmen erfolgen durch die Bürger selbst. Die Erstellung des Zukunftsprogramms hat parallel zur Kandidatenaufstellung dadurch begonnen, dass die Bürger auch die Gemeinde betreffende Themen, Probleme und Aufgaben genannt haben.

1. Schritt:

In einer öffentlichen Veranstaltung, zu der die Aktivisten der wahlwerbenden Gruppe, die Kandidaten, die zur Gemeinderatswahl antreten und die Bürger eingeladen werden, wird von einem Vertreter der auswertenden Firma das Ergebnis als Zusammenfassung der Themen, Probleme und Aufgabenstellungen bekanntgegeben. Im Anschluss daran werden unter Beiziehung eines Moderators jene Punkte erarbeitet, die von den

Anwesenden für wert befunden werden, in ein Zukunftsprogramm für die entsprechende Gemeinde aufgenommen zu werden. Zu jedem dieser Themen werden Arbeitskreise gebildet, die schon bei der Veranstaltung Folgendes erarbeiten:

- Aufgaben- bzw. Problemdarstellung
- Was sollte erreicht werden? – Zielvorstellung
- Wie sollten die Ziele erreicht werden? – Darstellung der Vorgangsweise und Lösungswege
- Wer ist der Arbeitskreisleiter?
- Wer ist sein Stellvertreter?
- Welche Betroffenen bzw. Interessierten sollten in persönlichen Gesprächen noch für die Teilnahme gewonnen werden?
- Ort, Zeit und Datum der nächsten Zusammenkunft

2. Schritt:

Das Ergebnis dieser ersten Versammlung zur Erarbeitung des Zukunftsprogramms wird den Bürgern in einem Rundschreiben bekanntgegeben und den öffentlichen Medien zur Berichterstattung übermittelt. Gleichzeitig werden alle Bürger auf die Arbeitskreistermine aufmerksam gemacht und eingeladen, bei den für sie interessanten Themen, Problemen und Aufgabenstellungen bei der nächsten Zusammenkunft des jeweiligen Arbeitskreises teilzunehmen.

3. Schritt:

Training für die Arbeitskreisleiter und deren Stellvertreter für die Führung und Moderation von Arbeitskreisen. Am besten geschieht das in einem Führungskräftetraining; alternativ könnte eine eigene Trainingseinheit für diese Personen mit dieser Aufgabenstellung durchgeführt werden.

4. Schritt:

Abhaltung der Arbeitskreissitzungen, wobei die bei der Erstveranstaltung behandelten Punkte (Probleme, Aufgaben, Ziele, Lösungsvorschläge) als Grundlage dienen und nun Folgendes erarbeitet wird:

- Werbewirksamer Titel für den Arbeitskreis
- Detaillierte Aufgabenstellung
- Aufgabenverteilung
- Wer macht was bis wann mit wem mit welchen Mitteln?
- Zeitplan bis zum fertigen Lösungsvorschlag

5. Schritt:

Sämtliche Lösungsvorschläge aus den Arbeitskreisen werden im Zukunftsprogramm für die jeweilige Gemeinde zusammengefasst (siehe Kapitel 15).

6. Schritt:

Zukunftsprogramm Waidmannsfeld/Neusiedl, NÖ

Nach der Gemeinderatswahl wird eine Lenkungsgruppe gebildet, bestehend aus dem Gemeindevorstand, den Arbeitskreisleitern und den zukünftigen Projektgruppenleitern. Diese Lenkungsgruppe führt die notwendigen Entscheidungen herbei, die für die Maßnahmen und Lösungswege der Arbeitskreisergebnisse notwendig sind.

Jene Arbeitskreise, die mit den Lösungsvorschlägen fertig sind und ihre Arbeit damit beendet haben, werden von der Lenkungsgruppe aufgelöst, und die Maßnahmen werden in einer Projektgruppe durchgeführt. Die Projektgruppe kann aus denselben Personen bestehen wie der Arbeitskreis, kann sich aber auch neu zusammensetzen.

In einem Arbeitskreis sind vor allem kreative Menschen wichtig. In einer Projektgruppe sind Menschen notwendig, die Erfahrungen im Durchführen bzw. Durchsetzen von Aufgaben haben.

Die Projektgruppe bekommt vom Leiter der Lenkungsgruppe, der die notwendigen Entscheidungen im entsprechenden Gremium herbeigeführt hat, schriftlich die konkreten Aufgabenstellungen. Diese beinhalten in der Regel folgende Punkte:

- Ziel der Projektgruppe
- Planungstermine
- Mittel (Geld, Freiflächen, Räumlichkeiten etc.)
- Personelle Unterstützungsmöglichkeit

Dazu siehe auch Kapitel 5.4

Führungskräftetraining in Ysper, NÖ: Rechts Projektleiterin Johanna Glatz

14. Inhalte der Zukunftsprogramme Eine Zusammenfassung

Die Inhalte der Zukunftsprogramme sollten keine großen Zielvorstellungen sein, sondern die Wünsche der Bürger an die Zukunft in einfachen Worten wiedergeben. Nur dann wird das Zukunftsprogramm auch angenommen und eventuell von Zeit zu Zeit auch überprüft: Was haben wir verwirklicht und was nicht.

Der Erarbeitungsvorgang hat den dem Menschen gerechten Visionen, Strukturen und Verhaltensweisen zu entsprechen – „Der Weg ist bereits Teil des Ziels".

Das bedeutet für die Gemeindemandatare, dass sie den Projektmitarbeitern die Rahmenbedingungen und die Hilfestellung auf dem Weg zur Verfügung stellen und nicht die Inhalte vorschreiben. Ferner sollen sie Hilfestellungen leisten, um im Team optimal zusammenzuarbeiten, ein positives Gesprächsklima zu schaffen und Konflikte aufarbeiten zu helfen. Die Freude an der Zusammenarbeit, das Geborgenfühlen und die Vorgangsweise zur Zielerreichung bewirken höchste Motivation. Dies ist unser Weg.

Themenüberblick aus den Zukunftsprogrammen von mehreren Gemeinden

1. Gemeinde als Gemeinschaft
2. Unsere Kinder
3. Unsere Jugend
4. Unsere Frauen
5. Unsere Männer
6. Junge Familien/Alleinerzieher
7. Unsere Senioren
8. Unsere Vereine
9. Kultur/Religion

10. Sport/Freizeit
11. Gesundheit/Soziales
12. Sicherheit und Zivilschutz
13. Einheimische/Zugezogene
14. Landwirtschaft/Landschaft
15. Wirtschaft/Arbeitsplätze
16. Tourismus/Freizeitwirtschaft
17. Infrastruktur/Raumordnung/Bauland
18. Wohnen/öffentliche Gebäude/Realitätenmanagement
19. Bevölkerungsentwicklung
20. Dorferneuerung/Ortskernbelebung
21. Umwelt/Mensch/Natur
22. Versorgung und Entsorgung
23. Verkehrsberuhigung/Kurze Wege
24. Öffentliche Verkehrsmittel
25. Effiziente Verwaltung und bürgernahe Dienstleistungen
26. Aus- und Weiterbildungstraining
27. Strategische Planung
28. Regionale Vernetzung

Anschließend werden die einzelnen Themen mit Definitionen und Beispielen kurz beschrieben.

Gemeinde als Gemeinschaft

„Gelebte Demokratie durch Bürgerbeteiligung"
als Denk- und Handlungsrichtlinie

Die Entwicklung unserer Gemeinde zur Gemeinschaft, verbunden mit einer gelebten Demokratie durch vermehrte Bürgereinbindung ist der wichtigste Punkt des Zukunftsprogramms. Er hat Auswirkungen auf alle Themenbereiche und ist der Schlüssel für die erfolgreiche Zukunftsgestaltung unserer Gemeinde.

Wir wollen ...

... das partnerschaftliche Miteinander aller Interessensgruppen und Parteien aktiv fördern.

Wir werden ...

... alle an einem Strang ziehen und gegenseitige Vorurteile überwinden.

Oberndorf/Melk, NÖ: Bürgerbeteiligung unter Bgm. Franz Sturmlechner

Wir wollen vermeiden, dass ...

... Parteipolitik statt Bürgerbeteiligung eine Rolle spielt.

... Gegeneinander anstelle des Miteinanders dominiert.

... Bei uns sollen Politiker als Diener der Bürgerinnen und Bürger für unsere Gemeinde erfolgreich wirken und für ihren Einsatz zum Wohl der Gemeinschaft geschätzt und anerkannt werden.

Unsere Kinder – „unsere Zukunftschancen“

Kindergeburtstag in Bad Vöslau, NÖ

Wir wollen ...

... Initiativen unterstützen, die eine Plattform für Eltern zum Ziel haben, um gemeinsam die Bedürfnisse und Vorstellungen zu besprechen und zu lösen.

... die Jugend dazu animieren, für unsere Kinder

- Kinderolympiaden
- Spielefeste
- Geschicklichkeitsparcours usw. zu organisieren.

Unsere Jugend – „die Entscheidungsträger von morgen“

Jugend-Führungskräftetraining ProYouth Auland Carnuntum; NÖ

Wir wollen ...

... Aktivitäten setzen, dass sich unsere Jugend mit ihrer Heimat verbunden fühlt, dass sie gerne hier bleiben und wenn sie wollen dazu auch die Möglichkeit haben.

... vermehrt die Jugendlichen bei Zukunftsthemen einbinden.

... von der Spaßgemeinschaft zur sinnstiftenden Lebensfreude.

Unsere Männer – „die Männer entsprechend ihrer Fähigkeiten in die Gemeindearbeit einbinden"

Litschau, NÖ

Wir wollen ...

... auf die beruflichen und familiären Bedingungen und Bedürfnisse unserer Männer bei deren Einbindung in Gemeindeaktivitäten Rücksicht nehmen.

... Benachteiligungen unserer Männer durch den „gender mainstream" in Grenzen halten.

Unsere Frauen – „ihre Fähigkeiten vermehrt aufwerten in der Gemeinschaft"

Trainerinnen von links:
Dipl.-Päd. Kerstin Kaus, Dr. Brigitte Wögenstein, Mag. Monika Mittermayr, Dipl.-Ing. Ina Voigt

Wir wollen ...

... die Frauen verstärkt in die Gestaltung unserer Gemeinde einbinden.

... Aktivitäten unterstützen, die aus den verschiedenen Ortsteilen gemeinsame Initiativen für unsere Frauen entstehen lassen.

Junge Familien/Alleinerzieher – „die Keimzellen unseres Staates"

Familienausflug Merkenstein, Bad Vöslau, NÖ

Wir wollen ...

... für junge Familien, aber auch für Elternteile, die von ihren Partnern getrennt leben, unsere Gemeinde attraktiver gestalten, damit sie bleiben und nicht abwandern.

... eine Familienplattform initiieren, wo die jungen Familien selbst ihre Wünsche und Probleme formulieren und sie in Arbeits- und Projektgruppen mit Unterstützung der Gemeinde lösen können.

Unsere Senioren – „ein Potenzial von Erfahrung und Lebensweisheit“

Abends, auf der Hausbank

Wir wollen ...

... unsere ältere Generation ansprechen, um ihre Interessen besser berücksichtigen zu können.

... das umfangreiche Wissen und die Erfahrungen von Senioren schätzen und vermehrt für Aktivitäten in unserer Gemeinde nützen.

Unsere Vereine – „gemeinsam die Freizeit gestalten und genießen“

Wanderung in Gruppen, Schlierbach, OÖ

Wir wollen ...

... jene Vereine verstärkt fördern, die eine gute und breite Nachwuchs-Kinder- und Jugendarbeit leisten.

... jene Vereine verstärkt unterstützen, die eine besonders große Anzahl von Bürgerinnen und Bürgern bei ihren Aktivitäten einbinden und deren Aktivitäten Interesse und Gefallen finden.

Kultur/Religion – „eine Quelle für Seele und Geist“

Leiserberge, Weinviertel, NÖ

Wir wollen ...

... jene Kulturaktivitäten besonders fördern, die durch die Bürgerinnen und Bürger unseres Heimatortes selbst entstehen und das Selbstverständnis unserer Menschen zum Ausdruck bringen.

... Räume und Freiflächen zur Verfügung stellen, um kulturelle Aktivitäten sowohl im kleinen Rahmen (Spieleabende, Literatur-Lesungen, Gesang- und Musikgruppen ...) als auch in größerem Rahmen (Theater, Konzerte ...) durchführen zu können.

Sport/Freizeit – „Sport bringt Freude und Lebenslust“

Radwanderung in NÖ

Wir wollen …

… die vorhandenen Sport- und Freizeitaktivitäten ausbauen und verstärkt unterstützen.

… zu neuen Sportarten anregen

Gesundheit und Soziales – „Gesundheit ist unser höchstes Gut“

Gymnastik in Schlierbach, OÖ

Wir wollen …

… Aktivitäten bewusst unterstützen, die gesundheitsfördernde Maßnahmen zum Ziel haben (wie gesunde Ernährung, Bewegung usw.).

… Vorbeugungsmaßnahmen gegen Wohlstandskrankheiten und Programme zur Gesunderhaltung unserer Bürgerinnen und Bürger unterstützen und entsprechend bewerben (Impfaktionen, Vorträge, Gymnastik, gesunde Schuljause …).

Sicherheit und Zivilschutz – „wichtiger denn je“

Feuerwehrübung in Neusiedl, NÖ

Wir wollen …

… Stärkung des Sicherheitsbewusstseins durch Aufklärung.

… die Feuerwehren bei ihren notwendigen Investitionen im Interesse der Sicherheit der Gemeindebevölkerung unterstützen.

Einheimische/Zugezogene – „Integration, eine menschliche Investition in die Zukunft“

Hochzeit mit Gästen aus 12 Nationen, Steiermark

Wir wollen ...

... unseren zugezogenen Bewohnern bei der Integration in das Gemeindeleben helfen.

Unser Bemühen stößt an Grenzen, wenn sich ausländische Bewohner nicht an unsere Gesetze halten und unsere Lebensform, die sich über Jahrhunderte entwickelt hat, ablehnen oder sogar bekämpfen.

Landwirtschaft/Landschaft – „unverzichtbar zur Herstellung gesunder Lebensmittel und Erhaltung unserer Kulturlandschaft“

Rohr am Gebirge, NÖ

Wir wollen ...

... vor allem unsere jungen Landwirte dazu ermutigen und dabei unterstützen, dass sie Ideen entwickeln, wie sie die über Generationen gewachsenen Traditionen fortführen und auch wirtschaftlich nutzen können.

... die Regionalvermarktung und die überregionale Vermarktung von Produkten unserer Landwirte fördern.

Wirtschaft/Arbeitsplätze – „florierende Betriebe sichern Arbeitsplätze“

Fa. Rosensteiner, Steinbach an der Steyr, OÖ

Wir wollen ...

... Rahmenbedingungen durch die Gemeinde mit Unterstützung der Region und des Landes schaffen, damit unsere vorhandenen Gewerbetreibenden und Unternehmer mehr Mut für den Ausbau und die Entwicklung ihrer Betriebe schöpfen (zusätzliche Angebote, zusätzliche Dienstleistungen, zusätzliche Produkte).

... unserer Jugend durch Anreize und Bildungsmaßnahmen Mut zum Unternehmertum geben.

Wir werden ...

... die Chancen erkennen und wahrnehmen und vor allem ein Klima des Aufbruchs und einer neuen „Gründerzeit" schaffen.

Tourismus/Freizeitwirtschaft – „eine Belebung der Wirtschaft und Bereicherung für unsere Gemeinde"

Podersdorf am See, Bgld

Wir wollen ...

... unseren Internetauftritt zu einer Kommunikationsplattform für Gäste und Bürger weiterentwickeln und dabei die Vorzüge und Einzigartigkeiten unserer Gemeinde hervorheben.

... gemeinsam mit unseren Gastbetrieben Nischenprodukte für zusätzliche Kundengruppen anbieten.

- Erlebniswochenenden
- Geschichte und Vergangenheit erleben
- Mystik der Region in der Natur erleben lassen
- Forcieren regionaler Besonderheiten

Infrastruktur/Raumordnung/Bauland – „die Grundlage einer funktionierenden Gemeinde"

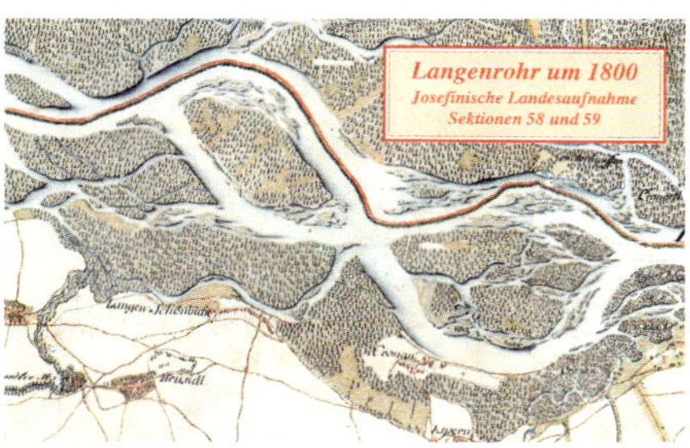

Donauarm bei Langenrohr, NÖ

Wir wollen ...

... die Raumordnung mit dem Flächenwidmungsplan den derzeitigen und künftigen Anforderungen und geplanten Zukunftsentwicklungen anpassen.

... die Umwidmungen von Grundflächen, vor allem im Sinne der Gesamtbevölkerung und nicht zu Spekulationszwecken.

Wohnen/öffentliche Gebäude/ Realitätenmanagement – „die Voraussetzung für eine geordnete Entwicklung“

Rohr am Gebirge, NÖ

Wir wollen …

… Startwohnungen für unsere jungen Familien und Jugendlichen zu günstigeren Preisen initiieren.

… günstige Baugründe für unsere jungen Menschen bereithalten.

… leerstehende Häuser oder Bauernhöfe adaptieren und sie zu leistbaren Preisen an Wohnungssuchende oder Betriebe, die hier leben oder arbeiten wollen, weitervermitteln.

Bevölkerungsentwicklung – „die Zukunftschancen gemeinsam nutzen“

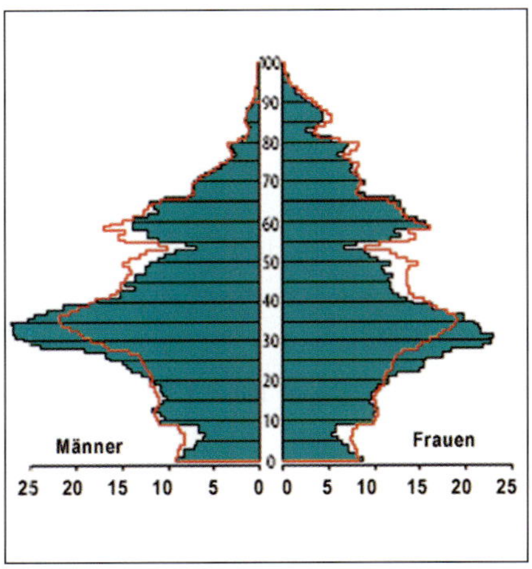

(Quelle: Statistisches Zentralamt Berlin, 2001)

Grafik Verteilung Altersstruktur

Wir wollen …

… dem Abwanderungstrend entgegenwirken durch

- verstärkte Einbindung von jungen Menschen in das Gemeindegeschehen
- Wirtschaftsimpulse, die auch junge Menschen zum Unternehmertum anregen
- Arbeitsplätze durch die Initiierung von Klein- und Mittelbetrieben als Ergänzung zu unseren vorhanden Unternehmen schaffen

… Familien mit Kindern verstärkt fördern

Dorferneuerung und Ortsbelebung – „vom Lebensraum zum Lebenstraum“

Dorfbelebungsprojekt – neuer Kinderspielplatz in Muggendorf, NÖ

Wir wollen …

… unser Ortsbild gemeinsam gestalten und erhalten.

… eine geistige Dorferneuerung initiieren, damit unser Gemeinschaftssinn wächst.

Umwelt/Mensch/Natur – „unser Lebensraum ist unsere Heimat“

Neusiedlersee bei Podersdorf am See, Bgld.

Wir wollen …

… den Wert unsere Fluren und Gewässer durch Initiativen zur Sauberhaltung schon bei Kindern und Jugendlichen bewusst machen.

… ein Gefühl des Wohlfühlens durch das Erscheinungsbild und die Belebung unserer Orte erreichen.

Versorgung und Entsorgung – „Umweltschäden in der Zukunft vermeiden“

Waidmannsfeld/Neusiedl, NÖ

Wir wollen …

… unsere Gewässer, unsere Luft und unsere Nahrungsmittel vor Verunreinigung schützen.

… unseren Abfall naturschonend entsorgen.

Verkehrsberuhigung/kurze Wege – „eine Frage der Lebensqualität“

Verkehrsberuhigung, Ortseinfahrt Gainfarn, Bad Vöslau, NÖ

Wir wollen …

… für die Sicherheit aller Verkehrsteilnehmer (Kinder, Senioren, Radfahrer usw.) sorgen.

… Gefahrenzonen im Straßenverkehr erkennen und absichern.

Öffentliche Verkehrsmittel – „Mobil sein, ohne anderen zu schaden“

Großrußbach, NÖ

Wir wollen …

… ein Verkehrsmittelkonzept (öffentliche und private Unternehmen) gemeinsam mit den Nachbargemeinden erstellen.

… Frequenz und die Fahrzeiten öffentlicher Verkehrsmittel an die Bedürfnisse unserer Bürger anpassen.

Effiziente Verwaltung und bürgernahe Dienstleistungen – „Effizienz sichert die Lebensqualität“

Verwaltungsoptimierung, Grünburg, OÖ

Wir wollen …

… die Dienstleistungen der Gemeinde laufend an die Wünsche und Vorstellungen unserer Bürger anpassen.

… die „Verwaltungsgemeinde“ zur „Gestaltungsgemeinde“ gemeinsam mit unseren Bediensteten und Bürgern entwickeln.

… die Finanzen der Gemeinde für die Bürger und Bürgerinnen verständlich offenlegen, behutsam mit den Mitteln umgehen und neben dem jährlichen Budget und der Finanzvorschau auch eine langfristige Finanzplanung unter Berücksichtigung der eingegangenen Verpflichtungen darstellen.

Aus- und Weiterbildungstraining – „lebensbegleitendes Lernen“

Wir wollen …

… ein offenes und kommunikationsfreundliches Klima und ein partnerschaftliches Miteinander aller Interes-

Nachhaltigkeitsschmiede
Steinbach an der Steyr, OÖ

sensgruppen und Parteien schaffen mit dem Ziel, den Interessen, Bedürfnissen und Vorstellungen unserer Bürgerinnen und Bürger immer besser gerecht zu werden.

... unsere Ziele und Vorstellungen möglichst effizient, wirtschaftlich und oftmals in kleinen Schritten, entsprechend unseren Möglichkeiten, erreichen.

... Einrichtungen wie z. B. das Heimat- und Bildungswerk, kirchliche Bildungseinrichtungen, Musikschule und Volkshochschulen bekannt machen und fördern.

Wir werden ...

... unsere Chancen selbst in die Hand nehmen und vor allem schon heute mit der Realisierung beginnen.

Wir wollen ...

... Budgetmittel für Bildungs- und Trainingsprozesse ausgeben, da jeder Euro der Gemeinde wieder um ein Vielfaches zugute kommt.

Strategische Planung – „sichert nachhaltige Entwicklungen“

Gemeinschaft der Bürgervertreter;
Katholisches Bildungszentrum,
Großnußbach, NÖ

Wir wollen ...

... einen Initialprozess (ein Jahr).

... einen mittelfristigen Planungs- und Umsetzungsprozess (drei Jahre).

... eine langfristige Entwicklungsplanung (zehn Jahre).

Wir werden ...

... unser Zukunftsprogramm mit den interessierten Bürgern und Bürgerinnen, Interessensgruppen und allen politischen Fraktionen stetig weiterentwickeln und Lust auf Zukunft wecken.

Regionale Vernetzung – „gemeinsam können wir viel bewegen“

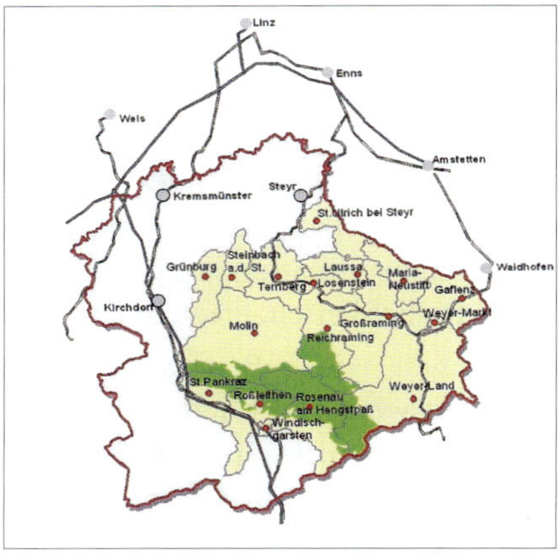

Bezirk Kirchdorf und Steyr, OÖ

Wir wollen …

… gemeinsam mit den Gemeinden unserer Region Projekte entwickeln und umsetzen.

… den Menschen der Region ein neues „Heimatgefühl“ vermitteln.

14.1 Die Weiterentwicklung des Zukunftsprogramms – eine europaweite Bürgerbewegung

Das vorhandene Zukunftsprogramm ist ein langfristig angelegtes Konzept und soll die Gemeinden über Jahre hinweg begleiten, um die Nachhaltigkeit ihres Wirkens abzusichern.

Die wahlwerbenden Gruppen, die dieses Zukunftsprogramm initiiert haben, verpflichten sich, dieses nach den Wahlen entsprechend den Möglichkeiten im Gemeinderat umzusetzen.

Ing. Karl Sieghartsleitner (Dritter von links) mit den internationalen Teilnehmern eines Führungskräftetrainings in Steinbach an der Steyr, OÖ

Alle Bürgerinnen und Bürger, aber auch alle Interessensgruppen und Parteienvertreter werden eingeladen, bei der Weiterentwicklung und Umsetzung des Zukunftsprogramms für die jeweilige Gemeinde mitzuwirken.

Manche werden sagen, dass einige dieser Zukunftsideen nicht durchführbar sind und aus diesem oder jenem Grund nicht funktionieren werden. Wir sollten aber nicht

agenda 21
NETZWERK OBERÖSTERREICH

lange überlegen wie es nicht geht, sondern unseren Teil dazu beitragen, damit es funktioniert und damit unsere Zukunft sichern! Unsere Kinder und Enkelkinder werden dies begrüßen!

Die Gemeinden wissen, dass sie mit diesem Zukunftsprogramm neue Wege beschreiten. Sie werden damit auch dem EU-weiten Entwicklungsprogramm – der „lokalen Agenda 21“ – gerecht.

Die Gemeinden sind überzeugt, dass diese engagierte Vorgangsweise ihre Aktivitäten absichert.

Das bedeutet Nachhaltigkeit leben!

Sie werden damit die Wettbewerbsfähigkeit ihrer Gemeinde und auch ihrer Bürgerinnen und Bürger im neuen, europaweiten Lebensraum erhöhen.

15. Veranstaltungen und was sie bringen können

Wenn wir nun das Zukunftsprogramm erarbeitet haben und damit die Tätigkeiten für die nächsten Jahre festgelegt sind, müssen wir das auch kommunizieren. Neben den üblichen Medien wie Flugblättern, Plakaten, Wahlbroschüren, Zeitungen, ev. Rundfunk und Fernsehen sind Veranstaltungen ortsteilbezogen eine gute Möglichkeit, um mit den Bürgern wieder direkt in Kontakt zu treten.

Wahlveranstaltungen, bei denen eine Partei ihre Kandidaten und Programme vorstellt, werden in der Regel nur von den eigenen Parteifreunden und Sympathisanten besucht. Zusätzliche Wählerschichten werden vielfach nicht angesprochen.

Besser ist es, Bürgergespräche mit konkreten, ortsbezogenen Themen in den Ortsteilen zu führen. Hier kommen auch jene Bürger, die an der Lösung von Problemen und Aufgabenstellungen in ihren Ortsteilen interessiert sind. Sehr wirkungsvoll ist es, wenn in Bürgerbeteiligungsprozessen schon konkrete Ergebnisse erzielt wurden und diese Erfolge von den Arbeitskreisen der Öffentlichkeit präsentiert werden.

Zukunftstagung in Grünburg, OÖ

Je mehr Menschen von der wahlwerbenden Gruppe Mitwirkende bzw. auch Arbeitskreisleiter und Projektgruppenleiter sind, umso mehr Anerkennung findet das auch in der Bevölkerung und damit einen Niederschlag bei den Wahlen. Dies ist aber nur dann wirksam, wenn während der gesamten Legislaturperiode Arbeitskreis- und Projektgruppenergebnisse der Bevölkerung präsentiert wurden und nicht – für den Bürger durchschaubar – knapp vor den Wahlen als Wahlwerbeveranstaltung. Dies wird vom Wähler eher als Missbrauch von Bürgerbeteiligungsaktivitäten registriert.

Generell ist es sinnvoll, den Bewohnern der Ortsteile die Dienstleistungen der Gemeinde unter der Moderation des Bürgermeisters oder eines Bediensteten präsentieren zu lassen. Sehr oft wird dabei von den Bürgern mit Erstaunen zur Kenntnis genommen, wie viel an Dienstleistungen die Bürger von der Gemeinde abrufen können.

Bei all diesen Veranstaltungen ist es wichtig, darauf zu achten, dass sie im Rahmen eines langfristigen Prozesses während der gesamten Legislaturperiode passieren und nicht als „Eintagsfliege“ wenige Tage vor der Wahl.

16. Angriffe und Reaktionen

Ideal ist es, wenn in einer Gemeinde kein „Wahlkampf" geführt wird, in dem sich die einzelnen Gruppen bekämpfen, sondern eine Wahlwerbung, die zum Ziel hat, der Bevölkerung die eigenen Vorstellungen zu präsentieren und die anderen wahlwerbenden Gruppen in den Bereichen, die sie positiv betreiben, durchaus auch anzuerkennen. Leider kommt es immer wieder vor, dass Angriffe, Verleumdungen und Unterstellungen von Kandidaten anderer wahlwerbender Gruppen betrieben werden.

Folgende Verhaltensweisen sind des öfteren vor der Wahl in den Gemeinden zu beobachten:

Eine Partei regiert, die anderen werden zu Statisten degradiert:

- Die Mehrheitspartei ignoriert die andere Partei oder Gruppierung.
- Die Mehrheitspartei versucht die anderen schlecht zu machen oder umgekehrt.
- Das Ziel der Mehrheitspartei ist es, den Gegner zu schwächen und einzelne Personen für sich zu gewinnen.

Oder aber:

- Die Mehrheitspartei sieht die Chance, die eigene Gruppe zu erneuern.

Die letzte Möglichkeit stellt sicherlich die beste Variante für eine Gemeinde dar, wobei dabei aber nie die eigene Geschichte oder Identität aufgegeben werden darf. In einer Gemeinde ist aber immer wieder zu beobachten, dass bestehende Parteien oder Fraktionen sich zu wenig erneuern und dadurch andere Bürger nicht die Möglichkeit haben, mitzugestalten.

Für die neuen Gruppierungen oder für die Opposition ergeben sich in der Wahlwerbung ebenfalls verschiedene Verhaltensstrategien:

- ignorieren
- den anderen schlecht machen

- die Konkurrenz aufspalten
- die Konkurrenz oder Mitwirkende abwerben oder in die eigene Gruppe aufnehmen

Oder aber:

Mit den anderen auch in der Wahlwerbung positiv zusammenarbeiten

Folgende Vorgangsweisen haben sich in der Wahlwerbung bewährt: Nicht in derselben Art zurückzuschlagen, nämlich ebenfalls anzugreifen, sondern einen aggressiven Wahlkampfstil der anderen zu bedauern, auf die eigenen Leistungen hinzuweisen und zu fragen, warum das sein muss, dass Menschen, die für die Gemeinde viel geleistet haben oder bereit sind, etwas zu leisten, verunglimpft werden mit der Absicht, sie bei den Bürgern der Gemeinde schlecht zu machen.

Unwahrheiten, Unterstellungen und Intrigen müssen aufgeklärt werden, sonst bleibt der Verdacht beim Bürger hängen, dass irgendetwas davon stimmen könnte. Diese Aufgabe übernehmen am besten nicht der oder die Angegriffenen, sondern Bürger oder Freunde aus der wahlwerbenden Gruppe, die mit dieser Vorgangsweise nicht einverstanden sind.

Plakate, NÖ *)

Negativbeispiele in einem Gemeinderatswahl„kampf“

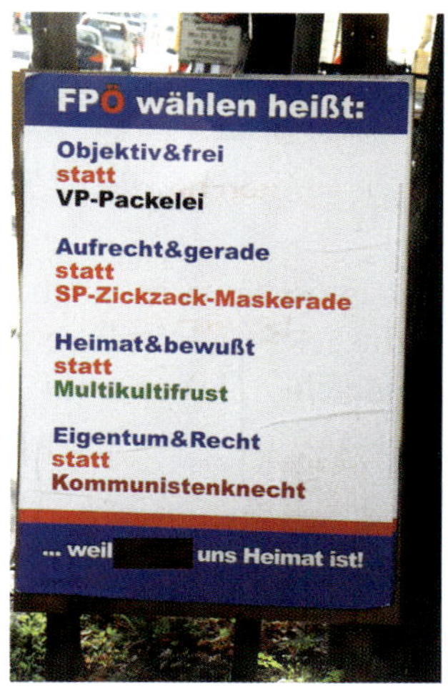

*) Name der Gemeinde ist bekannt

In jenen Gemeinden, in denen Bürgerbeteiligungsprozesse den Menschen gerecht gelebt werden, ist die Motivation sehr groß und es gibt in der Regel auch sehr wenige Angriffe. Dort leben die Bürgermeister auch oft folgende Verhaltensweisen:

Bürger-Meister-Verhalten

1. Keine Angst vor Journalisten! Sie schreiben über Informationen, die sie bekommen!
2. Immer bei der Wahrheit bleiben!
3. Nicht immer auf alles eine Antwort geben!
4. Andere und nicht sich selbst loben und anerkennen, auch wenn es der politische Mitbewerber ist!
5. Sich immer Zeit für Mitarbeiter und Bürger nehmen!
6. Verantwortung und Entscheidungen an Bedienstete, Stadt- und Gemeinderäte delegieren und hinter Mitwirkenden stehen, auch wenn sie Fehler machen!
7. Auch andere Ideen anerkennen, fördern, umsetzen und die Beiträge entsprechend darstellen!
8. Entscheidungen herbeiführen, so rasch wie möglich und sowohl bei der Entscheidungsfindung, als auch bei der Umsetzung möglichst alle Betroffenen einbinden!
9. Nach getroffenen Entscheidungen auf rasche Durchsetzung achten und begleitendes Controlling veranlassen!
10. Der Bürgermeister ist Meister
    - aller Bürger
    - aller Gemeinderäte und auch
    - aller Andersdenkenden

    in der Gemeinde!

Es ist auch möglich, in Gemeinden, in denen obiges Bürgermeisterverhalten nicht gelebt wird, diese zehn Punkte bekannt zu machen und mit der Realität zu vergleichen. Der darauf folgende Diskussionsprozess bewirkt oft Verhaltensänderungen.

17. Umfragen drei Wochen vor der Wahl Impulse für die letzten Tage

In Gesprächen mit den Bürgern und bei Veranstaltungen kann die Stimmung in der Gemeinde für oder gegen eine wahlwerbende Gruppe bemerkt werden. Dies ist aber nur feststellbar, wenn mehrere Veranstaltungen, sowohl von der wahlwerbenden Gruppe, als auch von den Mitbewerbern, verglichen werden. Um ein sehr genaues Stimmungsbild in der letzten Phase vor der Wahl zu erhalten, sind Umfragen drei Wochen vor der Wahl die beste Möglichkeit. Innerhalb von drei Wochen ist noch genügend Zeit zum Reagieren. Wir können damit vor allem jene Bürger erreichen, die noch unentschlossen sind und sie durch entsprechende Aktivitäten gewinnen.

Ein wichtiges Element der Feinsteuerung in der Wahlwerbung ist die genaue Information über das Empfinden und die Sichten der Bürger drei Wochen vor der Wahl. Hierbei ist zu beachten, dass so eine Umfrage von einem neutralen Institut durchgeführt werden muss und je nach Gemeindegröße zwischen 300 und 600 Personen befragt werden. Es sollen dabei folgende Fragen gestellt werden:

1. Wenn am Sonntag gewählt werden würde, welche Partei würde gewinnen und warum?

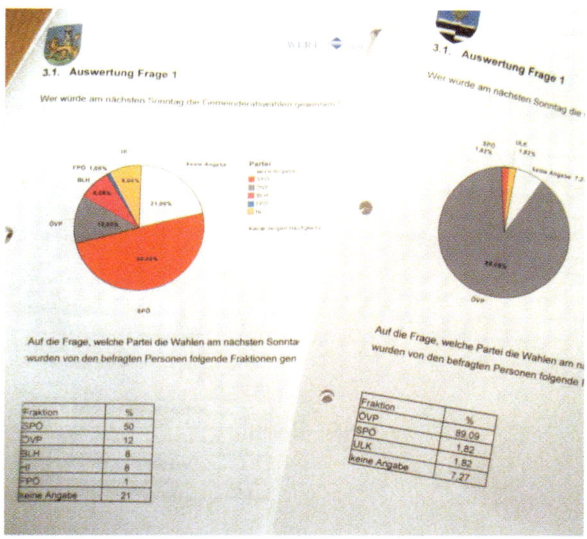

Umfrageergebnisse

2. Wenn am Sonntag gewählt werden würde, welcher Partei oder wahlwerbenden Gruppe würden Sie Ihre Stimme geben und warum?
3. Wenn am Sonntag gewählt werden würde, welcher Partei oder wahlwerbenden Gruppe würden Sie Ihre Stimme *nicht* geben und warum?

Meist wird den größeren wahlwerbenden Gruppen das Gewinnen der Wahl zugestanden. Bei der zweiten Frage nach dem konkreten Wahlverhalten zeigt sich in der Regel, dass mehr als die Hälfte der Befragten noch unentschlossen ist. Sollte dies der Fall sein, so entscheiden in den letzten drei Wochen die Aktivitäten der wahlwerbenden Gruppen den Wahlausgang. Dabei sind jene Maßnahmen am sinnvollsten, die einen persönlichen Kontakt mit den Wählern herstellen. Schriftliche Informationen sind nur dann wirkungsvoll, wenn sie die Emotionen der Wähler treffen. Eine Kombination aus emotionalen Briefen mit einer hohen Frequenz von persönlichen Gesprächen mit den Bürgern sichert den Wahlerfolg für die wahlwerbende Gruppe.

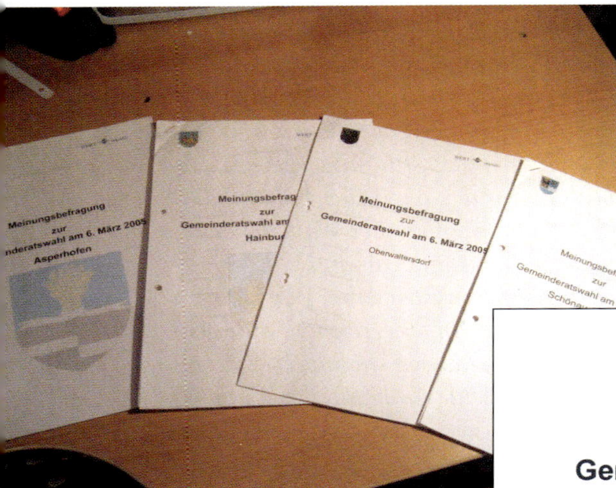

Umfrageergebnisse

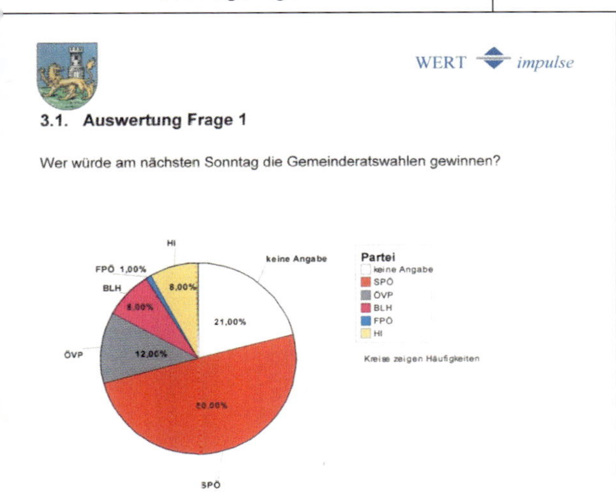

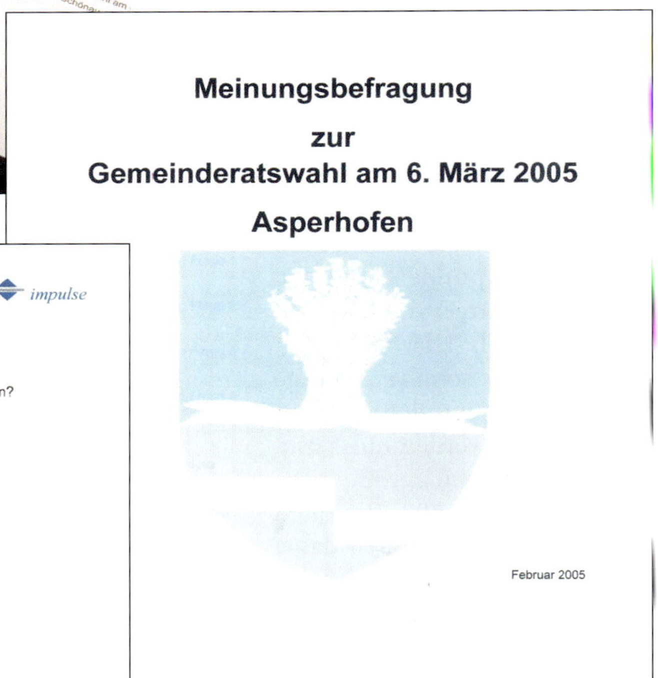

Meinungsbefragung

18. Zielgruppenbriefe
Die konkrete Ansprache der Interessensgruppen

Zielgruppenbriefe sind ein weiteres Mittel, den Bürger direkt zu erreichen.

Die Wirkung basiert vor allem darauf, dass wahlwerbende Gruppen oder Personen, die ein Anliegen haben, ihrem Bekanntenkreis, ihren Freunden oder auch ihren Familienangehörigen ihre persönliche Motivation schreiben, warum sie in den Gemeinderat einziehen wollen bzw. warum sie bestimmte Personen wählen werden.

Der Bürgermeister oder der Spitzenkandidat einer wahlwerbenden Gruppe sollte jedenfalls einen persönlichen Brief an alle Bürger ausschicken, dem er auch einen persönlichen Stimmzettel beifügt. In Niederösterreich kann jede wahlwerbende Gruppe eigene genormte Stimmzettel herstellen, die die Wähler bei der GR-Wahl verwenden können. In diesem Brief sollten die Leistungen, aber, viel wichtiger noch, die Zukunftsabsichten nicht nur für die nächste Legislaturperiode, sondern auch darüber hinaus dargestellt werden.

Es soll dabei nicht nur die Sachebene eine Rolle spielen, sondern auch die menschlich-emotionale Ebene angesprochen werden. Angriffe von anderen wahlwerbenden Gruppen sollen dabei nicht beachtet werden, ja andere wahlwerbende Gruppierungen sollen nur positiv erwähnt werden.

Angriffe auf den Bürgermeister, den Spitzenkandidaten oder die wahlwerbende Gruppe sollen nie vom Spitzenkandidaten beantwortet werden, sondern von anderen Mitgliedern der wahlwerbenden Gruppe oder von einem Bürger, der keiner Gruppe zuzuordnen ist.

Zielgruppenbriefe sind dann am wirksamsten, wenn diese Briefe von Personen geschrieben werden, die dieser Zielgruppe angehören. Sollte der Absender kandidieren, ist darauf zu achten, dass er sich zu den Inhalten des Schreibens bekennt und seine Stimme im Gemeinderat für die Umsetzung dieser Inhalte wirkungsvoll einsetzt. Aber auch persönliche Empfehlungsbriefe von Nichtkandidaten zeigen Wirkung.

Üblicherweise sind folgende Zielgruppenbriefe sinnvoll:

- Jugendliche an Jugendliche
- Frauen an Frauen
- Senioren an Senioren
- Wirtschaftstreibende an Selbstständige
- Landwirte an Landwirte
- Vereinsobmänner und Vereinsobfrauen an ihre Mitglieder
- Initiatoren von Bürgerinitiativen an die entsprechende Zielgruppe
- Neue Bürger (Zugezogene) usw.

Ein Beispiel:

Dr. Johann Muster	Anneliese Huber	Wolfgang Förster
MedR. Gerlinde Musterfrau	Andreas Lehner	Bettina Sommer
Hugo Maier	Ing. Otto Hofer	Barbara Winter

Persönliche Information

Familie Mustermann

Musterweg 1
1234 Ort

Ort, 28. Februar 2007

Sehr geehrte Familie Mustermann!

Wir sind Teil einer Gruppe von Mitbürgern, die einen Wechsel im Gemeinderat herbeiführen wollen.

Wir wollen keine autoritäre Parteipolitik, sondern partnerschaftliche Bürgerbeteiligung!

Wir wurden von Bürgerinnen und Bürgern vorgeschlagen, für ein Mandat im künftigen Gemeinderat zu kandidieren. Wir danken herzlich für das Vertrauen.

Gemeinsam haben wir aus vielen Anregungen, Wünschen und Vorschlägen

das Zukunftsprogramm

für unseren Ort entwickelt. Wir wollen es auch umsetzen. Wir möchten es mit Ihnen in den nächsten Jahren weiterentwickeln und es in Arbeitskreisen sowie Projektgruppen mit allen interessierten Bürgerinnen und Bürgern verwirklichen. Wir verpflichten uns dazu, entsprechend unserer Möglichkeiten im Gemeinderat.

Wir bedanken uns bei dieser Gelegenheit bei Herrn Ing. Muster.

Er war und ist der Initiator für diesen neuen Weg in der Gemeindepolitik in unserem Ort. Er hat sich nicht beirren lassen, trotz Anschuldigungen, Unterstellungen und „verdrehter Mundpropaganda“ gegen seine Person und Integrität.

Es wir ihm vorgeworfen:

- er ist gegen alles
- er ist ein Besserwisser
- er arbeitet nicht konstruktiv mit
- usw.

Richtig ist, dass er als Oppositionspolitiker mit einem Mandat

- Inhalte, Vorgangsweisen etc. aufzeigen muss,
- die Öffentlichkeit informieren muss
- warnen muß bei Gefahr im Verzug
- Vorschläge und Anträge bewerten und Zusatzanträge einbringen soll
- die demokratischen Möglichkeiten zu Wohle der BürgerInnen ausschöpfen muss

All das hat er getan. Viele Stunden und Tage, ja Wochen hat er ehrenamtlich und sehr engagiert für die Heimatgemeinde gewirkt.

Zum Dank dafür wird er von Susanne Musterfrau/Hans Mustermann und einigen ihrer/seiner Mitstreiter wo es nur geht mündlich oder schriftlich „runtergemacht“. Wir haben dies leider alle in den letzten Jahren erlebt, so dass wir uns jetzt die Deteils sparen können.

Wir lehnen eine solche Vorgangsweise ab, weil diese die Menschen total missachtet und Unfrieden stiftet, was oft über Jahre hinweg negative Auswirkungen hat.

Wir stehen zu Herrn Ing. Muster, weil er sehr engagiert und selbstlos für uns als Ortspolitiker gewirkt hat und bereits Vieles positiv bewegt hat.

Wir wollen gemeinsam mit ihm im neuen Gemeinderat Verantwortung übernehmen und zur gestalterischen Kraft für unseren Ort werden.

Wir werden im neuen Gemeinderat unseren Beitrag leisten, um von einer Kultur des „Gegeneinanders“ zu einer Kultur des „Miteinanders“ zu kommen. Wir wollen uns gemeinsam über Erfolge freuen, mit allen Bürgerinnen und Bürgern.

Wir werden alle künftigen Gemeinderäte einladen, miteinander das Zukunftsprogramm für unsere Gemeinde weiterzuentwickeln und es auch mit der Bevölkerung umzusetzen. Dazu ist es aber notwendig,

„die absolute Macht der Musterfrau/des Mustermann im Gemeinderat zu verhindern“.

Und dies ist mit Ihrer Hilfe möglich.

Wenn sie/er nur **ein Mandat** im Gemeinderat verliert,
dann hat sie/er auch die absolute Mehrheit verloren.

Dann muss sie/er mit anderen Gruppen im Gemeinderat zusammenarbeiten.

Der Wechsel kann gelingen.

Es wird ganz knapp.

Es kommt auf jede einzelne Stimme an.

Wenn Sie den Wechsel wollen, dann müssen Sie ihn auch wählen.

Von unserer Seite verpflichten wir uns, das Zukunftsprogramm zu verwirklichen und auch die neue Kultur des Zusammenwirkens in der Gemeinde zu leben.

Wir freuen uns auf die Zusammenarbeit in den nächsten Jahren, Ihre Kandidaten

Dr. med. Johann Muster	Anneliese Huber	Wolfgang Förster
MedR. Gerlinde Musterfrau	Andreas Lehner	Bettina Sommer
GR Hugo Maier	Ing. Otto Hofer	Barbara Winter.

P. S.: Sollten Sie mit unseren Gedanken übereinstimmen, so bitten wir Sie, beiliegenden Stimmzettel aufzuheben, am Wahltag mitzunehmen und in der Wahlzelle in das Wahlkuvert zu stecken. Wir danken Ihnen für das Vertrauen.

19. Namensstimmzettel – ein Motivationsfaktor

Den Bürgern einen persönlichen Stimmzettel zu überreichen, ist besonders bei den Hausbesuchen sinnvoll. Der Bürger wählt dann nur indirekt eine Partei, vorrangig aber den Kandidaten, der, wenn er gewählt wird, verantwortlich sein wird für die Umsetzung von Wünschen und Anliegen.

Neben den amtlichen Stimmzetteln gibt es in Niederösterreich die Namensstimmzettel. Jeder Kandidat, der auf der Liste einer wahlwerbenden Gruppe steht, kann einen solchen Stimmzettel verwenden. Der Stimmzettel muss nur den Vorschriften der Gemeinderatswahlordnung entsprechen (Größe usw.).

Dieser Stimmzettel zählt für die Person und auch für die wahlwerbende Gruppe.

Die persönlichen Stimmzettel haben den Vorteil, dass jeder Kandidat seine persönliche Wahlwerbung durchführen kann. Außerdem hat jeder Wähler die Möglichkeit, jene Person zu wählen, die er am geeignetsten für den Gemeinderat hält. Persönliche Stimmzettel verbunden mit Überzeugungsgesprächen bei Hausbesuchen haben in den letzten Wochen vor der Wahl in vielen Gemeinden große Wirkung gezeigt.

Da die Bürgermeister in Niederösterreich nicht direkt gewählt werden, sondern aus der Mitte der kandidierenden Gemeinderäte, ist der persönliche Stimmzettel des amtierenden Bürgermeisters eine große Hilfe für seine wahlwerbende Gruppierung.

Viele Bürger sind heute politikverdrossen, wollen vom Parteiengezänk nichts wissen, sind aber bereit, Persönlichkeiten, die sie schätzen, mit einem Namensstimmzettel zu wählen. Die Möglichkeit, bei der niederösterreichischen Gemeinderatswahl einen Namensstimmzettel zu verwenden, ist ein sehr positives Element der direkten Demokratie.

Neue wahlwerbende Gruppen haben auch die Möglichkeit, keine persönlichen Stimmzettel zu verwenden, sondern nur als Team aufzutreten. Diese Vorgangsweise empfiehlt sich dann, wenn die Gruppenmitglieder eher unbekannt sind und der Spitzenkandidat sehr im Vordergrund steht.

20. Hausbesuche – aktiv gelebte Bürgernähe

Hausbesuche werden oft nicht gerne gemacht. Viele haben eine gewisse Scheu davor. Sie meinen, sie kommen ungelegen oder stören gerade und werden vielleicht gar nicht hereingelassen. Wie die Praxis zeigt, passiert das nur ganz selten.

Sie sollten sich vorher überlegen, wann Sie den Besuch machen, worüber Sie sprechen werden, ob Sie vielleicht zu zweit gehen, dann werden Sie erleben, wie gerne Sie gesehen sind und wie viel Sie bei Hausbesuchen erfahren können.

Hausbesuche und Bürgergespräche sollen vor Inangriffnahme aller Projekte oder Aktivitäten durchgeführt werden, nicht nur vor der Wahl. Hausbesuche und persönliche Kontakte zu Bürgern sind das wirkungsvollste Instrument einer wahlwerbenden Gruppe. Je höher die Frequenz der Hausbesuche, umso größer ist in der Regel der Erfolg. Es sind dabei nicht nur jene zu besuchen, von denen man annimmt, dass sie die wahlwerbende Gruppe ohnehin wählen werden, sondern alle Bürgerinnen und Bürger. Der Sohn, die Tochter, die Frau bzw. der Mann eines Kandidaten einer anderen wahlwerbenden Gruppe kann durchaus auch in vielen Fällen als Wähler gewonnen werden.

Gespräch mit Bürgerinnen

Bei größeren Gemeinden ist es sinnvoll, eine organisatorische Gliederung in Ortsteile

Hausbesuch

mit maximal 2000 Einwohnern vorzunehmen. Um die Anzahl der Hausbesuche zu bewältigen, sind die Haushalte auf die Mitwirkenden aufzuteilen. Bei 20 Mitwirkenden bedeutet dies pro Person ca. 30 bis 50 Hausbesuche.

Die Hausbesuche sollen so organisiert werden, dass von den Kandidaten der wahlwerbenden Gruppe jeder Bürger zumindest einmal besucht wird. Am besten erfolgt die Aufteilung der Hausbesuche ganz konkret anhand des Wählerverzeichnisses, das ja alle Wähler beinhaltet. Am wirkungsvollsten sind Hausbesuche in den letzten vier Wochen vor der Wahl, vor allem dann, wenn auch während der Legislaturperiode die Bürger zu konkreten Sachthemen, Vorhaben und Projekten von der wahlwerbenden Gruppe befragt wurden.

Vor allem die Arbeit zwischen den Wahlen zeigt, ob eine wahlwerbende Gruppe Bürgerbeteiligung und den Bürgerwillen ernst nimmt oder nur knapp vor den Wahlen auf Stimmenfang aus ist. Von Erfolg gekrönt ist in der Regel eine kontinuierliche, langfristige Kommunikationsarbeit mit dem Bürger.

Hausbesuche können auch zu zweit durchgeführt werden, wobei sich folgende Wochentage besonders gut eignen:

- Donnerstag (18 bis 20 Uhr)
- Freitag (16 bis 20 Uhr)
- Samstag (10 bis 20 Uhr)

Bei Hausbesuchen sollen schriftliche Informationen mitgenommen bzw. übergeben werden (Stimmzettel, Flyer, Broschüre ...). Auch können durch konkrete Fragen aktuelle Themen hinterfragt werden.

Am wirksamsten sind Hausbesuche, wenn diese von Freunden, Bekannten oder von in der Bevölkerung anerkannten Personen durchgeführt werden.

Weiters ist es zur besseren Bekanntwerdung und Optimierung der Kommunikation sinnvoll, dass bei der Einteilung der Hausbesuche das regionale Umfeld, sowohl des Besuchten als auch des Besuchers, berücksichtigt wird.

21. Werbemittel und deren Wirkung

Die Möglichkeiten des Einsatzes von Werbemitteln umfassen klassische, moderne und kreative Varianten. Je nach Anlass, Zeitpunkt und gewünschter Wirkung muss überlegt werden, welche Werbemittel den besten Erfolg bringen. Werden sie zum falschen Zeitpunkt eingesetzt, dann verpufft die Wirkung und den Kosten steht keine Wirkung gegenüber.

In den folgenden Unterkapiteln finden Sie zu den einzelnen Werbemitteln einfache Hinweise, die Sie berücksichtigen sollten. Bei der Gestaltung der Werbemittel ist zu beachten, dass der Empfänger die Formulierung der Botschaft bestimmt:

Zukunftsprogramme in einigen Modellgemeinden

- KISS – Keep It Simple and Stupid (halte es schlicht und einfach).
- Der Einsatz von schriftlichen Werbemitteln soll weder über- noch unterschätzt werden.
- Schriftliche Botschaften ersetzen nicht den persönlichen Kontakt.

Versetzen Sie sich in die Position der Bürger, und hinterfragen Sie, ob die Werbebotschaft

- ansprechend und
- verständlich ist und ob sie
- leicht und rasch aufgenommen werden kann.

Geben Sie Werbemittel unbefangenen Testpersonen zur Begutachtung. Die Testpersonen sollen aus der Zielgruppe kommen, die Sie ansprechen wollen. Berücksichtigen Sie das Urteil der Testpersonen.

21.1 Broschüren und Flugblätter

Der inhaltlichen und optischen Gestaltung kommt besondere Bedeutung zu. Die Verwendung von Fotos belebt die Broschüren und Flugblätter. Gestalten Sie auch in den Broschüren und Flugblättern einen Dialog. Regen Sie die Leser mit Fragen zum Nachdenken an. Das Ziel ist, dass sich die Bürger mit den angesprochenen Themen auseinandersetzen.

Ein Falter (A4 gedrittelt) ist besser als ein Flugblatt. Durch das Aufklappen einer Broschüre setzen sich die Personen der Zielgruppe mehr mit den Inhalten auseinander.

Flugblätter sind ein preiswertes Mittel, um inhaltliche Fragen aufzunehmen und die eigene Position zu verdeutlichen. Sie sind an eine Zielgruppe gerichtet und können flächendeckend verteilt werden.[18]

21.2 Plakate

Stimmen Sie die Größe der Plakate auf die gewünschte Wirkung ab und überladen Sie sie nicht mit Text. Werden Plakate auch am Straßenrand aufgestellt, dann muss der Kern der Botschaft innerhalb weniger Sekunden wahrgenommen werden können. Mehr Zeit bleibt nicht, wenn Menschen mit dem Auto vorbeifahren.

Sehen Sie Felder vor, durch die Sie Plakat-Botschaften nachträglich ergänzen können. Dadurch gestalten Sie Plakate lebhafter. Tauschen Sie in den letzten Wochen vor der Wahl Plakate aus, damit die Plakatlandschaft „lebt“.

[18] Vgl. Becker, Michael; Dick, Rudi: „Urwahlen – Ein Handbuch für Ihren Erfolg“, 1. Auflage, Kommunalverlag Recklinghausen.

Plakat, Podersdorf am See, Bgld.

Plakat, Oberwaltersdorf, NÖ

Ein ausdrucksstarkes Foto bildet die Grundlage, um ein erfolgreiches Plakat gestalten zu können. Da Plakate innerhalb eines Sekundenbruchteils wirken müssen, können maximal vier Informationen darauf verbreitet werden. Einfache und klar angebotene Informationen stechen besser ins Auge. Für die Gestaltung der Farben, des Slogans, der Papierqualität usw. ziehen Sie am besten einen Profi (z. B. Werbeagentur) zu Rate.

Telefonbuch, Podersdorf am See, Bgld.

21.3 Aufmerksamkeiten vor der Wahl

Besonders wirksam sind die Aufmerksamkeiten am Tag vor der Wahl oder noch besser am Morgen der Wahl. Vermeiden Sie Massenartikel mit geringer Qualität, wie z. B. minderwertige Kugelschreiber. Bevor Sie Billigware zur Verteilung bringen überlegen Sie, ob Sie das Geld nicht in ein anderes Werbemittel sinnvoller investieren können. Als werbewirksam wurden zum Beispiel schon verwendet:

- Frühstückssackerl
- Obstsackerl
- Nussknacker („Wir knacken auch härteste Nüsse!“)

- Telefonbuch
- Schreibblock

Bei Kleinwerbemitteln ist entscheidend, dass sie ihren Werbezweck effektiv, einprägsam und lang anhaltend erfüllen. Je brauchbarer und wertvoller ein Geschenk ist, desto positiver und anhaltender ist der gute Eindruck beim Beschenkten. Ausschlaggebend ist die Zielgruppe – wollen Sie jedermann ansprechen, nur Erwachsene oder nur Jugendliche? Die Empfänger sollen mit Werbemitteln nicht überschüttet werden. Werbemittel sollen nur ein Medium sein, um ein angenehmes Gesprächsklima herzustellen.[19]

Schreibblocks, Podersdorf am See, Bgld.

21.4 Homepage

Die Homepage gehört zu effizienten Werbemitteln und hat in den letzten Jahren immer mehr an Bedeutung gewonnen. Sie muss auch auf anderen Werbeträgern kommuniziert werden, damit sie von Internet-Benutzern „angeklickt“ wird. Eine Homepage soll

- ansprechend in der Gestaltung
- einfach und übersichtlich in der Handhabung
- informativ und interessant sein und
- einmal pro Woche um Aktuelles ergänzt werden.

Internet und E-Mails signalisieren Offenheit gegenüber neuen Techniken. Chat-Sprechstunden sind mittlerweile ein fester Bestandteil politischer Kommunikation. Die beste Zeit für den Chat ist der Abend und die Nacht. Hier lassen sich die

[19] Vgl. ebenda, S. 211 ff.

Menschen am besten erreichen. Die Einrichtung einer PR-Box, die aktuelle Fotos bzw. verschiedene Dokumente zum Herunterladen beinhaltet, ist für die Presse empfehlenswert.[20]

21.5 E-Mail

E-Mail gehört zu den modernen Kontakt- und Werbemitteln und hat in den letzten Jahren immer mehr an Bedeutung gewonnen. Zu berücksichtigen ist auch, dass Internet-Benützer mit vielen Spam-E-Mails und komplexen, schwer abwehrbaren Verteilmethoden belästigt werden. Dadurch kann die gewünschte Wirkung fast verloren gehen. Sichern Sie sich deshalb die Akzeptanz der Informationsverteilung.

21.6 SMS

Besonders von den jüngeren Menschen wird mit großer Vorliebe die Handy-Funktionalität SMS verwendet.

[20] Vgl. ebenda, S. 211 ff.

22. Mitbewerb
Worauf wir achten müssen

Aus der Umfrage drei Wochen vor der Wahl ist zu ersehen, wie die wahlwerbende Gruppe im Verhältnis zum Mitbewerb liegt und welche Gründe maßgeblich sind. Wenn wir den partnerschaftlichen Grundgedanken der Bürgerbeteiligung akzeptieren, dann hat auch der Mitbewerb bei den letzten Aktivitäten vor der Wahl fair behandelt zu werden.

Generell sollte mit dem Mitbewerber bzw. den anderen wahlwerbenden Gruppen eine ehrliche Zusammenarbeit während der gesamten Legislaturperiode und darüber hinaus angestrebt werden.

Der Bürger verachtet parteipolitisches Hickhack und möchte, dass die Gemeinderäte zum Wohle aller in der Gemeindestube zusammenarbeiten. Auch die Minderheitsfraktionen und ihre Zielgruppen, von denen sie vorwiegend ihre Stimmen bekamen, sollen konkret bei der Gemeindearbeit miteinbezogen werden. Ein diktatorisches Vorgehen von 51% gegenüber 49% sollte tunlichst vermieden werden, da dies nur Streit, Konflikte und öffentliche Auseinandersetzungen auslöst.

Ideen oder Vorschläge sollten nicht danach bewertet werden, von wem oder von welcher Gruppierung sie kommen, sondern ausschließlich nach der Qualität der Idee oder des Vorschlages Anerkennung finden.

Die Unsitte, dass ein positiver Vorschlag von der Opposition vorerst einmal von der Mehrheit abzulehnen ist, nach einer bestimmten Zeit aber von der Mehrheitsfraktion beschlossen und als deren Idee verkauft wird, ist unredlich und daher abzulehnen.

Sehr bewährt hat sich, wenn der Gemeinderat den „Patentschutz der Ideen" einführt. Der Vorstand des Gemeinderates verpflichtet sich dabei, dass alle Ideen immer jenen zugeordnet werden, die sie als erste eingebracht haben, damit sie auch die entsprechende Unterstützung und Anerkennung finden.

Durch ein positives Zusammenwirken aller entsteht in der Gemeinde ein tragfähiges Miteinander, ein Wir-Gefühl, ein Vertrauen zueinander und die Gemeinde wird als Gemeinschaft erlebbar.

Grundsätzlich sollte jede Gruppierung ihren eigenen Weg gehen und eigenständig Themen bearbeiten, die für den Bürger wichtig sind und ihnen auch etwas bringen.

Werden im Rahmen der Gemeindearbeit Unwahrheiten von einer anderen Gruppierung behauptet, ist es wichtig, angemessen zu reagieren.

23. Presse und Medien
Präsenz ist wichtig

Die Darstellung der wahlwerbenden Gruppen in den Medien ist ein nicht zu unterschätzender Faktor. Wie man mit den Vertretern der Medien, den Journalisten, umgeht, spielt dabei die wichtigste Rolle. Günstig ist es, einen über die Jahre hindurch positiven Kontakt mit den Journalisten aufzubauen.

Journalisten schreiben über Informationen, die sie erhalten haben. Im Umgang mit ihnen sollten folgende Regeln beachtet werden:

1. Einen offenen Umgang pflegen, das heißt, die Informationen so zu geben, dass sie der Wahrheit entsprechen, auch Hintergründe aufzeigen und mögliche Gegenpositionen.
2. Vertrauliche Informationen bzw. solche, die nicht in der Zeitung stehen dürfen, auch klar und deutlich als solche den Journalisten vermitteln. Ein Vertrauensbruch ist in der Praxis in diesem Fall eher unwahrscheinlich.
3. Sollte ein Journalist, aus welchen Gründen auch immer, einen Vertrauensbruch begehen oder offensichtlich gegen eine wahlwerbende Gruppe schreiben, und zwar auch dann noch, wenn er auf Auffor-

Einige Kandidaten der IAO (von links): Ing. Manfred Schärfinger, Linda Schärfinger, Dr. Peter Scherer, Diplom-Krankenschwester Marija Scherer, Mag. Helga Walcher, Dr. Peter Walcher und Ing. Ronald Solarovszky.

Initiative stellte ihr neues Zukunftsprogramm vor

Aus der Bürgerliste wurde „Initiative aktives Oberwaltersdorf - IAO"

Bisher war die Bürgerliste im Oberwaltersdorfer Gemeinderat durch Ing. Manfred Schärfinger mit einem Mandat vertreten. Schärfinger wurde von den anderen Parteien vorgeworfen, nur Kritik zu üben ohne selber Vorschläge zu machen. Das soll jetzt anders werden.

OBERWALTERSDORF - Unter Mitwirkung von vielen Bürgerinnen und Bürgern der Marktgemeinde wurde von der „Initiative aktives Oberwaltersdorf - IAO" ein Zukunftsprogramm für Oberwaltersdorf entwickelt. In verschiedenen Arbeitskreisen wurden die Ideen, Vorstellungen und Wünsche für die Zukunft der Marktgemeinde abgegeben und in einem „Zukunftsprogramm" zusammengefasst. Die IAO sieht die Gemeinde als Gemeinschaft und will gelebte Demokratie durch Bürgerbeteiligung. Und das in allen Bereichen des Zusammenlebens: Kinder, Jugend und junge Familien, Senioren, Gesundheit, Vereine, Freizeit und Sport. Weiters behandelt die IAO auch die Zukunft der Umwelt, des Verkehrs und der öffentlichen Verkehrsmittel. Der Wirtschaft und der Nahversorgung wird genau so eine wichtige Rolle zugeteilt wie dem Ortsbild, der Zufriedenheit der Bürger und der Aus- und Weiterbildung für Verantwortungsträger.

Koordinator

Bei einer großen Versammlung am vergangenen Sonntag wurde Manfred Schärfinger zum Obmann und Listenführer gewählt. Er sieht sich aber eher als Koordinator und zuständig für die strategische Planung, um die Nachhaltigkeit in der Umsetzung zu sichern. „Von einer kleinen, kritischen Einmannsopposition wollen wir zu einer aktiven Mitgestaltung der Gemeinde über die Parteigrenzen hinweg beitragen!", so Schärfinger. Mit 30 Kandidaten, darunter etliche Akademiker, geht die IAO in den Wahlkampf. Das Wahlziel? „Für mich sind drei bis fünf Mandate realistisch!", so der Medizinalrat in Ruhestand Dr. Peter Walcher. „Wir werden mehr als fünf Mandate erreichen!", unterbricht ihn sein Arztkollege Dr. Peter Scherer, Facharzt für Diabetes.

Mehrheit brechen...

„Unser erstes Ziel ist es, die Mehrheit der SPÖ im Gemeinderat zu brechen!", bringt es „Koordinator" Manfred Schärfinger auf den Punkt. Natürlich durfte auch die von Schärfinger bekämpfte Bettfedernfabrik nicht fehlen: „Wir wollen die Aktivierung eines geeigneten Kontroll-Beirates zur Überwachung der Entwicklung der Bettfedernfabrik. Dieser Kontroll-Beirat soll monatlich mit einem Soll-Ist Vergleich über die Auslastung und Wirtschaftlichkeit berichten. Weiters soll ein Risikomanagement für die Entwicklung von Alternativstrategien forciert werden!", so Schärfinger.

Alle Themen der IAO werden demnächst mittels einer Broschüre in alle Haushalte flattern, der Schluss-Satz: „Überlegen wir nicht lange, wie es nicht geht, sondern tragen wir unseren Teil dazu bei, damit es funktioniert und sichern wir damit unsere Zukunft!"

NÖ-Nachrichten, 27. Jänner 2005

derung zur Richtigstellung nicht reagiert, so sollte jede Kommunikation zu solch einem Medienvertreter unterlassen werden.

BÜRGERINITIATIVE / Die Initiative Aktives Oberwaltersdorf (IAO) stellt in ihrem Programm gelebte Demokratie durch aktive Bürgerbeteiligung in den Vordergrund

„Gemeinde als Gemeinschaft"

OBERWALTERSDORF / „Unter unserem Motto: „Gemeinde als Gemeinschaft", verstehen wir die aktive Einbindung der Bürgerinnen in die Zukunftsgestaltung unserer Gemeinde, gelebte Demokratie durch Bürgerbeteiligung und langfristige Zukunftsplanung", erklärte der Chef der Initiative Aktives Oberwaltersdorf, Ing. Manfred Schärfinger.

Für Junge und Ältere soll es mehr Mitgestaltungsmöglichkeiten im Gemeinderat geben. Besonderes Augenmerk gilt den Senioren, die ihre Lebenserfahrung und Weisheit optimal zum Wohl der Gemeinde bei der Initiative einbringen können. Schwerpunkte im Programm der IAO: Verkehrsberuhigung, optimale ärztliche Versorgung der Bevölkerung und die Altenbetreuung sowie eine florierende Wirtschaft und Arbeitsplatzsicherung. Die ersten 18 der Liste: Manfred Schärfinger, Tanja Kraus, Peter

GEMEINDERATS-WAHL 2005

Scherer, Helga Walcher, Michael Zamba, Renate Wilfing, Christian Hochmayer, Nina Gailer, Ronald Solarovszky, Marija Scheed, Andreas Charwat, Linda Schleifinger, Heinz Jiracek, Birgit Charwat, Johann Siebert und Manuela Hochmayer.

Gemeinsam aktiv: Ing. Manfred Schärfinger (unten links) und sein Team der Initiative Aktives Oberwaltersdorf

Bezirksblatt, 16. April 2005

4. Sollte einem Journalisten ein Fehler unterlaufen, sollte direkt mit ihm Kontakt aufgenommen und er gebeten werden, diesen Fehler in der nächsten Ausgabe richtig zu stellen. In der Regel geschieht das problemlos. Auf keinen Fall soll aber der Chefredakteur eingesetzt oder sonstiger Druck durch Vorgesetzte auf den Journalisten ausgeübt werden. Eine solche Verhaltensweise würde sich langfristig nachteilig für die wahlwerbende Gruppe auswirken.
5. Journalisten sind zur Wahrheitsfindung verpflichtet. Die journalistische Ethik verlangt das Einholen möglichst aller Standpunkte, also auch der gegnerischen Ansichten, und diese unterschiedlichen Ansichten in ihrem Bericht korrekt und klar darzustellen. Diese journalistische Ethik ist bei der Weitergabe von Informationen zu berücksichtigen. Es nützt nichts, wenn dem Journalisten Vorwürfe gemacht werden, weil er seine Arbeit korrekt macht und auch die entsprechenden Gegenpositionen miteinbezieht. In einer solchen Berichterstattung geht es nicht um die Meinung der Journalisten, sondern es werden die einzelnen Positionen zu bestehenden Themen dargestellt.
6. In einem journalistischen Bericht wird also die Meinung der betroffenen Parteien recherchiert und veröffentlicht. Anders ist es bei einem Kommentar. Ein Kommentar gibt die Meinung und Bewertung des Journalisten über bestimmte Sachverhalte wieder. Kommentare werden in der Regel auch als solche gekennzeichnet.
7. Um bei Kommentaren ein positives Bild für die wahlwerbende Gruppe oder deren Kandidaten zu erreichen, gilt es, folgende Punkte zu beachten:
   - Immer bei der Wahrheit bleiben.
   - Mögliche Gegenpositionen andeuten.
   - Gegenpositionen nicht verurteilen oder als schlecht hinstellen, sondern im Gegenteil den Journalisten darauf aufmerksam machen, bei wem er die Gegenposition am besten erfahren kann.

BVZ Woche 12/2008 SEEWINKEL 25

WEITERBILDUNG / Die Campingplatz-Crew und des Seebades in Podersdorf wurden fortgebildet.

Mannschaft geschult

Weitergebildet. Podersdorfs Campingplatz- und Seebadmannschaften wurden auf aktuelle Problembereiche eingestellt. FOTO: FRANZ BECK

PODERSDORF AM SEE / Vom 12. bis 14. März fand im Zuge der bereits seit einem Jahr laufenden Weiterbildungsaktion der Gemeinde Podersdorf ein Seminar zum Thema Umgang mit Gästen statt. Im konkret auf Podersdorf bezogen Training wurden Angestellte und Aufsichtsorgane des Campingplatzes und Strandbades auf den Saisonbeginn mit Ostern vorbereitet. Der Geschäftsführer der Firma Gemeindeimpulse Ingenieur Robert Moser schulte die Teilnehmer unter anderem mit Hilfe von Rollenspielen in Beschwerde-, Sorgen- und Konfliktmanagement. Lokale Ressourcen wie Sport, Badeurlaub, Kultur, Wein und kulinarische Aktivitäten wurden aufgearbeitet und mit einbezogen. Bürgermeister Andreas Steiner zeigt sich stolz: „Ich freue mich über die Kreativität und die Einsatzbereitschaft meiner Mitarbeiter. Besonders begeistert bin ich von den Präsentationen."

BVZ-Woche, 28. März 2008: Mannschaft geschult

8. Vom Journalisten sollte nie ein Vorabzug oder die Möglichkeit einer Korrektur des Artikels vor dem Erscheinen verlangt werden. Jene, die das tun, verletzen einen Vertrauensgrundsatz zwischen Informanten und Journalist, da dem Journalisten offensichtlich misstraut wird. Etwas anderes ist es, wenn der Journalist selbst um eine Korrekturlesung ersucht. Das kann bei komplexen Themen, wo Fachwissen eine Rolle spielt, vorkommen.
9. Oft wird von Journalisten als Interviewort ein Kaffeehaus, wo man ein gemeinsames Frühstück einnehmen kann, oder eine sonstige angenehme Atmosphäre bevorzugt.
10. Nach Erscheinen des Artikels ist es sinnvoll, den Journalisten anzurufen und ihm Wertschätzung entgegenzubringen. Er wird sich freuen, und eine positive Kommunikation baut sich langfristig zum Vorteil beider auf.

Bezirksblatt Nr. 16, 16. April 2008

„Die Stimme des Volkes"

Podersdorfs Bürgermeister möchte mehr Mitsprache seiner Bürger

Bgm. Andreas Steiner ist interessiert daran, was die Podersdorfer und Podersdorferinnen wollen. Deshalb gab es eine Befragung und eine Bürgerversammlung.

Befragt! - In der Saison sollen 3000 Gäste befragt werden. Fotos: Titz

PODERSDORF (cht). Begonnen wurde mit einer Personal-Optimierung, um heraus zu finden, was jeder Mitarbeiter am besten kann und wofür jeder zuständig sein sollte. Anschließend wurden 75 Bürger jeden Alters befragt, was sie in Podersdorf verändern möchten, was ihnen gefällt, wie sie die Gemeinde sehen. „Ich möchte als neuer Bürgermeister einfach wissen, was die Leute denken", so Bgm. Andreas Steiner. Ich möchte nicht sagen, ich bin der Bürgermeister, ich kann und weiß alles. Deshalb ist mir ein Mitspracherecht wichtig." Vier Tage lang gab es Arbeitsgruppen, die die wirtschaftliche und touristische Situation von Podersdorf in allen Details beleuchteten. „Geplant waren drei Tage, wir haben dann für die Gewerbetreibenden noch einen Tag mehr eingeschoben", so Steiner.

Gruppenarbeit

„Im Mai wird weiter gearbeitet", weiß das Gemeindeoberhaupt. „Wir haben verschiedene Gruppen zusammen gestellt. In jeder Gruppe gibt es vier bis fünf Verantwortliche, die dann mit interessierten Gemeindebürgern zusammen kommen und ein Konzept ausarbeiten. So können wir schauen, was schnell umsetzbar ist, was dauert länger und was vielleicht gar nicht geht."

Gäste-Befragung

Doch nicht nur die Podersdorfer dürfen ihre Meinung abgeben. Auch die Gäste werden in dieser Saison befragt. „Wir werden in der Saison 3000 Gäste befragen, und zwar aufgeteilt in Vor-, Haupt- und Nachsaison", so Steiner. „Denn es ist auch wichtig zu wissen, wie unsere Urlaubsgäste Podersdorf sehen."

BVZ-Woche, April 2008: Die Stimme des Volkes

Am besten übermittelt man Journalisten gut aufbereitete Informationen, nachdem man sich überzeugt hat, dass diese Informationen auch korrekt sind.

Es hat sich auch bewährt, mit wenigen Journalisten ein nachhaltiges Vertrauensverhältnis aufzubauen, dafür aber auch intensive Kommunikation zu pflegen. Damit sichert sich die wahlwerbende Gruppe eine positive Berichterstattung.

Die Homepage bietet die Möglichkeit, relativ rasch und aktuell ein bestimmtes Publikum in der Gemeinde anzusprechen. Dabei sollte die Gestaltung übersichtlich und inhaltsreich sein! Mit aktuellen Fotos erfolgt außerdem eine Motivierung für einen häufigeren Besuch der Homepage. Zusätzlich sollten die Bürger auch durch Newsletter oder Aussendungen informiert werden.

24. Die statistischen Vergleiche

Nach einer Wahl ist es wichtig, die Ursachen für Erfolg oder weniger Erfolg zu ergründen. Je genauer die Analyse ist, umso besser ist die Startposition für die nächste Wahlwerbung. Daher sind bei der Analyse neben den statistischen Vergleichen auch die Persönlichkeiten, der Mitbewerb, die Wahlwerbung, die Einbeziehung der Bürger und die Glaubwürdigkeit der eigenen Aussagen und jener des Mitbewerbs zu betrachten.

ZUSAMMENFASSUNG
der Ergebnisse der nö. Gemeinderatswahlen
Vergleich Gemeinderatswahl 2000/2005

Über 20 Gemeinden bzw. wahlwerbende Gruppen wurden von GEMEINDE-*impulse* beraten.

Auszug aus	**4**	**wahlwerbenden Gruppen, die beraten wurden (ÖVP, SPÖ und Listen waren Kunden)**
Ergebnis:	*+7429*	*gültige Stimmen wurden 2005 in diesen Gemeinden abgegeben*
Ergebnis der durch GI betreuten Gruppen:	*+736*	***Stimmen im Vergleich zu 2000***
	+10,59%	***im Vergleich zu 2000***
	+8	***Mandate im Vergleich zu 2000***
Zum Vergleich:		
	+0,50%	*ÖVP*
	+3,60%	*SPÖ*
	–4,60%	*FPÖ*
	+1,30%	*Grüne*
	–0,80%	*Sonstige*
	+10,59%	***Wahlwerbende Gruppen durch** GEMEINDE-**impulse** **unterstützt***

Detailauswertung

Auszug aus den nö. Gemeinderatswahlen von vier Gemeinden, die den Weg der Bürgerbeteiligung gegangen bzw. teilweise gegangen sind.

Ergebnisse nö. Gemeinderatswahl im Detail
vier wahlwerbende Gruppen, die durch GEMEINDE-*impulse* unterstützt wurden

	2005				2000				Differenz			
	gül-tig	ST	%	M	gül-tig	ST	%	M	gül-tig	ST	%	M
ASPERHOFEN Lückenlose Durchführung des Modells	1277				1234				+43			
ÖVP		839	65,7	13		638	51,7	10		+201	+14	+3
HAINBURG Teilweise Durchführung des Modells	3095				3413				–318			
HI		314	10,14	3		0	0	0		+314	+10,14	+3
OBERWALTERS-DORF Teilweise Durchführung des Modells	1916				1945				–29			
IAO		324	17,85	4		99	5,09	1		+243	+12,76	+3
SCHÖNAU/TRIESTING*) Teilweise Durchführung des Modells	1141				1115				+26			
SPÖ		651	57,06	11		673	60,36	12		–22	–3,3	–1
	7429				**7007**				**–720**			
		2146	**28,89**	**31**		**1410**	**18,30**	**23**		**+736**	**+10,59**	**+8**

*) Durch eine neu formierte Bürgerliste wurde befürchtet, die absolute Mehrheit zu verlieren. Das Ziel, die absolute Mehrheit zu erhalten, wurde erreicht.

Mariensäule, Kirche, Hainburg, NÖ

Wienertor, Hainburg, NÖ

Schloss Schönau a.d. Triesting, NÖ

Gemeindeamt, Oberwaltersdorf, NÖ

Blaskapelle spielt in Asperhofen, NÖ

25. Erfolge/Misserfolge und die Ursachen

Links oben Johanna Glatz, Projektleiterin Waidmannsfeld/Neusiedl

Die statistischen Vergleiche und andere Analysen zeigen den Erfolg.

Sie können auch in eine Gemeinde gehen, in der dieses neue Modell des Miteinanders gelebt wird und fragen Sie die Bürger. Es ist dieses ganz normale menschengerechte Verhalten, das gut ankommt und das in der Zusammenarbeit Freude macht und Erfolg bringt.

25.1 Erfolgsfaktoren für Wahlen

Wenn Personen schon zu anderen Themen in der Öffentlichkeit wahrgenommen wurden (z. B. Musikverein, Ortsentwicklung, Feuerwehr ...).

Wenn alle Möglichkeiten der Werbung konsequent genützt wurden (persönlich auf Personen zugehen, Einsatz aller Werbemittel, Zielgruppen direkt ansprechen).

Wenn Bürgereinbindung bei der Erstellung des Zukunftsprogramms erfolgte.

Wenn politische Mitbewerber auch gelobt wurden.

Wenn konstruktive Kritik am Mitbewerber geübt wurde.

Wenn ein positives und gestalterisches Klima vermittelt wurde.

Wenn die Zukunftsperspektiven im Vordergrund standen.

25.2 Misserfolge

Wenn viel Aggressivität in den Werbebotschaften und in den Verhaltensweisen der Personen vorhanden war.

Wenn die handelnden Personen nicht auf die Menschen zugingen.

Wenn die Parteipolitik in den Vordergrund gestellt wurde.

Wenn politische Mitbewerber überwiegend schlecht gemacht und ausgegrenzt wurden.

Wenn die handelnden Personen im Kontakt mit den Bürgern unsicher gewirkt haben.

Wenn in Werbebotschaften Vorwürfe an Bürger eingebaut wurden.

Wenn überwiegend die Erfolge in der Vergangenheit in den Botschaften an die Bürger im Vordergrund standen.

25.3 Motivierend wirkt

Motivierend wirkt:	Misserfolge entstehen durch:
• Vertrauen in Personen: im Anderen das Gute sehen, nicht das Negative suchen • keine Verurteilung anderer • persönliche Kommunikation mit Bürgern • andere Ideen anerkennen • Patentschutz der Ideen • Konflikte bearbeiten • Entwicklung des Gemeinschaftsklimas zum Positiven • vertrauenswürdige Kandidaten suchen • Personen, die in der Gemeinschaft mitwirken • Probleme, die aktiv aufgegriffen und zügig behandelt werden • konkretes, unmittelbares Tun • loben derer, die etwas getan haben • konsequente Weiterarbeit auch bei Rückschlägen • je mehr Bürger eingebunden werden, umso mehr Hilfestellungen für Projekte gibt es • wenn Zukunftshoffnung geweckt wird und Visionen entwickelt werden	• Personen, die in der Öffentlichkeit einen schlechten Ruf haben • aggressive Wahlkampfführung • andere Personen und Ideen schlechtmachen • wenig bis keine Kommunikation zu Bürgern • Konflikte nicht oder nur oberflächlich bearbeiten • keine Bürgereinbindung • autoritäres, despotisches Verhalten der Verantwortungsträger • Hinweise fast nur auf die Leistungen der Vergangenheit • wenig Zukunftsperspektiven • Einschüchterung • kein Beachten von Bürgerwünschen

Je länger und nachhaltiger ein Bürgerbeteiligungsprozess durchgeführt wird, desto größer sind Wirkung und Erfolg.

Freude über Erfolge

Beispiele von Bürgerbeteiligungsprozessen in Österreich und Deutschland

Gemeinsames Adventkranzflechten mit Trainerin Dr. Brigitte Wögenstein (links)

26. Weitere praktische Beispiele aus Österreich und Deutschland

Alle noch so guten, fundierten Überlegungen bleiben graue Theorie. Erst die praktischen Beispiele können die Umsetzung aufzeigen.

Und es ist interessant, Beispiele aus Österreich und Deutschland nachzulesen und somit die Anwendung in unterschiedlichen Kulturen zu verfolgen.

Langenrohr geht einen neuen Weg

Mitgestaltung der Bevölkerung

Weiterbildung der Führungskräfte der Gemeinde

Einführung eines Qualitätsmanagement-Systems nach ISO 9001 als erste Gemeinde in Europa

26.1 Langenrohr im Tullnerfeld (Österreich) [21]

Der lange im Amt befindliche Bürgermeister Eduard Stadler hatte noch 1990, gegen Ende seiner Amtszeit, den Anstoß zu einem neuen, beispielhaften Weg der Gemeindeentwicklung gegeben, der auch heute noch weitergegangen wird. Die Gemeinde Langenrohr hat diesen Weg in der Broschüre „Langenrohr geht ein neuen Weg“ dokumentiert.

Ausgangslage

Die Marktgemeinde Langenrohr liegt im Tullnerfeld, südlich der Donau und 36 km nordwestlich von Wien. Langenrohr zählt heute 1900 Einwohner und besteht aus den Katastralgemeinden: Asparn, Kronau,

[21] Gemeindeamt Langenrohr: „Langenrohr geht einen neuen Weg“, 1996

Langenrohr, Langenschönbichl und Neusiedl. Die gesamte Gemeinde erstreckt sich über eine Gesamtfläche von 22,57 km^2.

Bgm. Eduard Stadler, 1996

Aufgrund der hohen Lebensqualität und der Nähe zum Großraum Wien ist in den letzten Jahren ein starker Zuzug zu verzeichnen. Hallenbad, Sportanlagen, Radwege und Aulandschaften stellen einen unschätzbaren Erholungsraum mit Möglichkeiten zur Freizeitgestaltung dar.

Um sicherzustellen, dass die Gemeindearbeit entsprechend den Wünschen und Vorstellungen der Bürger geschieht, werden die Gemeindebürger in Form von Arbeitskreisen direkt in die Entscheidungsfindung und Problemlösung eingebunden. Derzeit arbeiten in der Marktgemeinde Langenrohr über 200 Gemeindebürger freiwillig, unentgeltlich und unpolitisch in den Arbeitskreisen an der Gestaltung ihres Lebensraumes mit.

Durch die erste Impulstagung für Organisations- und Personalentwicklung, die Ing. Robert Moser geleitet hat –, es waren alle Bewohner, egal welcher Fraktion eingeladen – ist es gelungen, viele Bürger von Langenrohr zur Mitarbeit zu bewegen. Im Anschluss an diese Tagung wurde unser Gemeindeleitbild entwickelt. 1990 ist unsere Leitbildbroschüre herausgekommen. Ziel war es, mehr Identifikation unserer Langenrohrer mit ihrer Gemeinde zu erreichen.

Und dies war der Beginn unseres neuen Weges, der im Folgenden noch genauer beschrieben wird. Der Weg aber muss weitergegangen werden. Er hört nie auf.

Langenrohr geht einen neuen Weg

Viele Bürgermeister und Gemeinderäte beklagen sich über das geringe Interesse der Bürger, bei Gemeindeaktivitäten mitzumachen. Manche haben sogar Probleme damit, überhaupt Kandidaten für den Gemeinderat zu nominieren. Vor allem junge Menschen lehnen Politik und die Mitwirkung dabei ab. In vielen Gemeinden gibt es neben Zufriedenheit auch Unbehagen, Frust und Ablehnung der Gemeindepolitik. Diese Erscheinungsformen können nicht nur in Gemeinden beobachtet werden, sondern treten auch in Betrieben, Vereinen und anderen Organisationen auf. Es fehlt das Verständnis dafür, positiv miteinander zu kommunizieren, die Meinung und Leistung des anderen zu akzeptieren, Ideen weiterzuentwickeln und miteinander etwas Sinnvolles zu tun.

Aus allen diesen Gründen gehen wir jetzt bewusst einen neuen Weg.

Wir haben in den letzten Jahren einen **Organisationsentwicklungsprozess** gestartet. Am Beginn so eines Prozesses, der über mehrere Jahre läuft, stand eine gemeinsame **Impulstagung**, zu der alle Gemeindebürger eingeladen wurden. Ing. Robert Moser war der Tagungsleiter. Dabei haben wir zunächst unsere Ist-Situation analysiert. Aufgetretene Mängel und Probleme wurden in einem Themenkatalog zusammengefasst und nach Wichtigkeit gereiht.

Anschließend beschäftigten wir uns mit idealen Modellen der Zusammenarbeit, Grundwissen über Struktur und Organisation, Führungsgrundsätzen und Führungsmethoden sowie mit der Entwicklung von Visionen und einem Leitbild.

Wir haben verstanden, wie wichtig es ist, die persönlichen Vorstellungen der Bürger als Grundlage für gemeinsam zu entwickelnde Ziele zu nehmen, die es dann umzusetzen gilt. Bei diesem Arbeitsprozess wurden zusammenwirkende Kräfte frei, die aus dem Grundsatz „Das Ganze ist mehr als die Summe seiner Teile" resultieren.

Mit diesem Hintergrundwissen gingen wir dann an die Bearbeitung unseres Themenkataloges. Da es aber unmöglich ist, in drei Tagen alles zu lösen, wurden die nächsten Aktivitäten – wer macht mit wem was, bis wann – vereinbart. Das war „die Geburtsstunde" unserer Arbeitskreise.

Als nächster Schritt waren Seminare zur **Persönlichkeitsentwicklung** notwendig, sowohl für die Mitarbeiter, als auch für die Führungskräfte der Gemeinde. Folgende Fähigkeiten wurden dabei geweckt bzw. trainiert:

- aktives Zuhören
- Gesprächsführung
- Kommunikationsführung
- Gruppenfähigkeit
- Umgehen mit Spannungen
- Hemmschwellen, Angst
- Aggressivität und Fehlverhalten

Wir haben die Wechselwirkung zwischen Einzelpersönlichkeiten, der Gruppe und der Gemeinschaft erlebt, und es wurden uns folgende Überlegungen bewusst Es geht nicht nur darum, Aktivitäten zu setzen, es müssen positive Beziehungen aufgebaut und gemeinsame Ziele und Visionen gefunden und beachtet werden.

Die Organisationsformen sind den menschlichen Fähigkeiten anzupassen, die dem Menschen gerechten Strukturen wie Partner, Gruppe und Gemeinschaft spielen dabei eine große Rolle. Es gilt, diese Strukturen, wo es sie noch gibt, zu erhalten bzw. neu zu schaffen. Sie sind die Voraussetzung dafür, dass jeder aktiv mitarbeiten kann, dass Partnerschaft auch in einem großen Bereich gelebt werden kann. Interessierte können eingebunden werden, und gemeinsam soll man dann auch den Erfolg genießen! Hilfe soll nicht zur Bevormundung ausarten, sondern nur zur Selbsthilfe angeboten werden. Diese Verhaltensweisen lösen eine Kultur des Zusammenlebens aus, in der größtmögliche Freiheit, Ordnung, Gerechtigkeit und Ehrlichkeit erlebt werden können.

Anneliese Federmann, (damalige Gemeindesekretärin, jetzige Bürgermeisterin)

Ob nun so ein Veränderungsprozess gelingt oder nicht gelingt, hängt zum Großteil vom Bewusstsein der Führungskräfte ab. Es ist daher notwendig, dass die Gemeinderäte, Vereinsobmänner, Ortsvorsteher etc. in einem entsprechenden Bildungsprozess vorbereitet und trainiert werden. Dafür wurde ein Trainingsprogramm ausgearbeitet, das Führungskräfte für eine wertorientierte, ganzheitliche Gemeindeentwicklung befähigt.

Ein weiterer großer Schritt war der Entschluss, das **Qualitätsmanagement-System** nach der europäischen Norm ISO 9001 einzuführen. Und wir sind tatsächlich die erste Gemeinde in ganz Europa, die mit der Auditierung am 11. und 12. Juli 1996 das Zertifikat erreicht hat!

Es ist nicht möglich, diesen ganzen Prozess alleine durchzuführen. Man braucht immer wieder neue Anstöße und eine gute Beratung. Wir werden von den „Impulse Partnern" betreut. Das ist eine Gruppe von selbstständigen Unternehmen (WERT-*impulse*, GEMEINDE-*impulse*, FINANZ-*impulse*), die gemeinsam ganzheitliche Unternehmens- bzw. Gemeindeentwicklung anbieten, wobei jedes Unternehmen ein anderes Spezialgebiet wahrnimmt (Organisationsentwicklung, Persönlichkeitsentwicklung, Führungskräftetraining, Referenten-, Trainer-, Managerausbildung, Qualitätsmanagement, Finanzmanagement, Controlling, Umweltmanagement etc.).

Noch einmal zu den Arbeitskreisen, die nun seit zwei Jahren engagierte Arbeit leisten. Ein Arbeitskreis besteht aus unterschiedlich vielen Mitarbeitern. Die Arbeitskreisleiter werden von den Teilnehmern des jeweiligen Arbeitskreises selbst ernannt, ohne dass es dabei auf eine bestimmte Parteizugehörigkeit ankommt. Entscheidend dafür ist die fachliche und menschliche Qualifikation. In jedem dieser Arbeitskreise sind auch Gemeinderäte vertreten. Bis auf den gesetzlich vorgeschriebenen Prüfungsausschuss gibt es im Gemeinderat keine Ausschüsse mehr. Die Entscheidungsvorschläge der Arbeitskreise werden in den Gemeinderat eingebracht. Der Gemeinderat hat bisher alle Vorschläge auch bestätigt und die entsprechenden Beschlüsse dafür gefasst. Durch diese direkte Bürgerbeteiligung (Entscheidungsfindung und Problemlösung) wird sichergestellt, dass die Gemeindearbeit entsprechend den Wünschen und Vorstellungen der Bürger geschieht, ja, dass sämtliche Aufgabenstellungen der Gemeinde als Dienstleistung für unsere Mitbürger durchgeführt werden. Erfreulicherweise arbeiten derzeit über 200 Gemeindebürger und -bürgerinnen freiwillig, unentgeltlich und unpolitisch in den Arbeitskreisen mit.

Da wir unser Gemeindeleben selbst gestalten wollten, haben wir in verschiedenen Arbeitskreisen mit der Bearbeitung unterschiedlicher Bereiche begonnen. Nachfolgend einige Auszüge aus den Arbeitskreisberichten aus dem Jahre 1996. Die positiven Ergebnisse waren ausschlaggebend für die weitere Entwicklung unserer Gemeinde.

Arbeitskreis: Lebensraum Straße und Ortsbildpflege

12 Mitarbeiter

Dieses Thema lag bei der Bearbeitung des Themenkataloges in der Reihung nach Wichtigkeit ganz vorne. Auch bisher wurden immer wieder da und dort Straßen saniert, nach Möglichkeit des Gemeindebudgets. Verständlich aber, dass jeder Bewohner eine ordentliche Straße zu seinem Haus möchte.

Am Beginn der Tätigkeit unseres Arbeitskreises haben wir in allen Katastralgemeinden einen Lokalaugenschein vorgenommen und ein genaues Ergebnis präsentiert. Daraufhin erklärte unser Bürgermeister dieses Vorhaben als vorrangiges Projekt. Alle betroffenen Gemeindebürger wurden mit einbezogen. Sie konnten ihre Gestaltungswünsche äußern, die auch Berücksichtigung bei der Durchführung finden. Ein Zeitplan wurde erstellt, der sich von 1995 bis 1997 erstreckt. Bis jetzt wurden schon einige Asphaltierungsarbeiten, Baumpflanzungen, Aufstellung von Radartafeln, Zebrastreifen in Asparn und einiges mehr verwirklicht.

Im Verlauf unserer Sitzungen kam der Arbeitskreis zu dem Entschluss, dass es sinnvoll wäre, sämtliche Gemeindestraßen auf einmal zu sanieren. Mit der Zustimmung des Gemeinderates begannen die Verhandlungen mit der NÖ Straßenbauabteilung Tulln. Hier wurde uns die Unterstützung bei der Ausschreibung, Anbotsprüfung und Bauaufsicht zugesagt.

Bestandteil der Ausschreibung war, dass die Anbotfirma eine längerfristige Finanzierung gewährleistet. Es ist uns dann gelungen, diesen umfangreichen Auftrag im Zeitraum von fünf Jahren ausfinanzieren zu können.

Der Arbeitskreis „Lebensraum Straße" richtet nun sein Augenmerk verstärkt auf die Ortsbildpflege und Sicherheit.

Leopold Leinfellner

Arbeitskreis: Landwirtschaft und Wirtschaft

16 Mitarbeiter

In der Wirtschaft und besonders in der Landwirtschaft befinden wir uns heute in einer Umbruchsituation. Neue Märkte und neue Gewohnheiten der Menschen zwingen uns, selbst auch neue Ideen zu haben.

Wir haben uns folgende Ziele gesetzt:

- Absicherung der Nahversorgung
- Die Vielfalt der angebotenen Produkte und Dienstleistungen der Bevölkerung näherbringen
- Förderung und Bewerbung landwirtschaftlicher Produkte (Direktvermarktung, Bauernmarkt)

Die folgenden Aktivitäten wurden bisher durchgeführt:

- vier Mal pro Jahr Bauernmarkt
- Broschüre für landwirtschaftliche Direktvermarkter (Ab-Hof-Verkauf)
- Vorstellung der Wirtschaftstreibenden in der Bürgermeister-Zeitung
- Forderungskatalog an die HL-AG (über unser Gemeindegebiet soll die neue Hochleistungsstrecke [HL] der ÖBB im Zuge des Ausbaues der Westbahn führen)

Weiters hält das Kaufhaus Blahuschek auf Anregung des Arbeitskreises sein Geschäft jetzt auch Donnerstag nachmittags offen.

Was gilt es noch zu verwirklichen:

- Bauernmarkt monatlich zunächst im Haus der Freiwilligen Feuerwehr
- Hinweistafel, die Informationen über Gasthäuser, Heurige, Privathäuser mit Übernachtungsmöglichkeit, Geschäfte und Betriebe am Donauradweg und am Radweg entlang der Großen Tulln enthält. *Leopoldine Lang*

Arbeitskreis: Gesunde Gemeinde

19 Mitarbeiter

Vorbeugen ist besser als Heilen. Gesundheit bedeutet Lebensqualität.

Seit Februar 1995 gibt es unseren Arbeitskreis, wo sich Frauen und Männer in ihrer Freizeit engagieren, um das Gesundheitsbewusstsein in unserer Gemeinde zu fördern. Wir arbeiten mit dem Gesundheitsforum für Niederösterreich zusammen.

Durch Vorträge, Kurse und Veranstaltungen sollen sich Gemeindebürger und -bürgerinnen aktiv mit den Themen Bewegung, Ernährung, Vorsorgemedizin und Nachbarschaftshilfe auseinandersetzen.

Bisherige Aktivitäten:

- Kindergartenbesuch in der Ordination von Dr. Magerl
- Mutter-Kind-Gruppe
- Kurs „Feldenkrais-Methode" – Bewusstheit durch Bewegung mit Frau Mag. Bettina Talsky
- Kurs „Hauskrankenpflege"
- Wirbelsäulengymnastik, zwei Gruppen mit Dipl.-Physiotherapeutin Doris Kimmeswenger
- Vortrag „Suchtkrankheiten – eine Gefahr für unsere Gesellschaft" mit Dr. Werner Spitzer
- Gespräch mit Frau Dir. Neubauer über „Bewegte Klasse", „Gesunde Jause" und andere Aktivitäten an der Schule, weiterhin enger Kontakt zwischen Schule und Arbeitskreis
- Fragebogenaktion (über die Gemeindezeitung) „Was soll der Arbeitskreis noch anbieten?"

Ein besonders schöner Erfolg war unsere „Gesundheitsstraße", die wir am 16. Juni 1996 mit verschiedenen Stationen aufgebaut haben: Lungenfunktionstest, Blutdruckmessungen, Cholesterinmessungen, Blutzuckermessungen, Sehtest, Körpergröße, Körpergewicht, Diätassistentin, Zahnvorsorge, Medikamentenentsorgung und einiges mehr.

Darüber hinaus schmückten viele Zeichnungen von unseren Volksschulkindern zum Thema „Gesundheit" die Straße, und es wurde eine gesunde Jause mit verschiedenen Säften angeboten. Am Schluss gab es die Eintragung im Gesundheitspass und ein kleines Geschenk der Gemeinde vom Biobauern.

Ein bewusster Umgang mit seinem Körper und eine positive Lebenseinstellung sind die wichtigsten Voraussetzungen, um sich wohl zu fühlen.

Veronika Mayerhofer

Arbeitskreis: Jugend

19 Mitarbeiter

Bereits im Juni 1995 fand ein erstes Treffen von Jugendlichen im Gemeindeamt statt, dem dann regelmäßige Zusammenkünfte folgten. Die dabei vorgebrachten Wünsche und Anliegen wurden ausführlich diskutiert und mit Unterstützung der Gemeinde ausgearbeitet. Einige davon konnten bereits im Vorjahr verwirklicht werden, wie die Einrichtung eines Spielplatzes für Basketball, Volleyball und Roller-skates, die Abhaltung eines Jugendfestes im Sommer, ein Ausflug in den Wiener Prater, ein Selbstverteidigungskurs für Mädchen und ein Karatekurs.

Heuer war unser größtes Anliegen, einen Jugendraum zu finden, in dem wir regelmäßig zusammenkommen können. Weiters die Durchführung von Ausflügen und ein passendes Grundstück für eine Motocrossbahn. Auch eine Hütte hätten wir gerne und eine Damenfußballmannschaft.

„Jugendtag" Langenrohr/NÖ

Unsere Ideen wurden in der „Mitteilung des Bürgermeisters" an die Öffentlichkeit gebracht. Dadurch konnte schon ein geeigneter Jugendraum gefunden werden. Eine Stereoanlage hat uns die Gemeinde zur Verfügung gestellt, und es haben mittlerweile bereits mehrere Partys stattgefunden. Das Erfreuliche daran ist, dass der Kreis der interessierten Jugendlichen immer größer wird. Auch Skiausflüge nach Lackenhof haben wir organisiert, die auf jeden Fall wiederholt werden sollen.

Für die Damenfußballmannschaft gibt es schon genug Interessierte, es fehlt nur noch der Trainer. Geplant ist auch die Einrichtung einer Kinderdisco mit nahtlosem Übergang zur Jugenddisco in unserem Jugendraum. Wir werden weiterhin im Arbeitskreis aktiv sein, und wir sind sicher, dass es uns an Ideen und Anregungen nicht mangelt.

Patricia Leipold

Arbeitskreis: Kirche, Kultur und Senioren

14 Mitarbeiter

Seit 1971 haben wir leider keinen eigenen Pfarrer mehr in Langenrohr. Für die notwendigsten kirchlichen Abläufe werden wir von Judenau aus betreut. Es ist uns aber ein Anliegen, das alte kirchliche Brauchtum zu pflegen. Wie früher finden nun – von unserem Arbeitskreis organisiert – Rosenkranzabende und Maiandachten statt. Auch die Verteilung des Friedenslichtes zu Weihnachten darf nicht fehlen.

Senioren zu helfen, ihren Lebensabend interessant und aktiv zu gestalten, ist eine schöne Aufgabe. Sie erhalten von uns Informationen über mögliche Urlaubsaktionen und Vorträge. Weiters wurde die Seniorenmesse in St. Pölten besucht. Gelegentliche Ausflugsfahrten und Seniorennachmittage werden angeboten. Für Juli wurde eine Autobusfahrt in den Churpfalz-Park nach Loifling/Deutschland organisiert. Ob jung oder alt, für jeden hat dieser Park Sehens- und Erlebenswertes zu bieten.

Kultur wollen wir einerseits im Ort selbst leben, andererseits gibt es auch Fahrten zu Operetten und Konzerten, Besuche von Adventmärkten usw. Im Oktober ist ein „Sing mit – Hör zu"-Nachmittag geplant. Dabei werden mit unseren GemeindebürgerInnen alte Lieder gesungen und alte Begebenheiten erzählt.

Unser erstes größeres Vorhaben wird noch in diesem Jahr realisiert. Der Gemeinderat stimmte unserem Vorschlag zu, eine Gemeindebibliothek zu gründen. Erfreulicherweise übernimmt eine Gemeindebürgerin die Betreuung und besuchte bereits den ersten Kurs für Bibliothekarinnen. Seit März 1996 sind wir auch Mitglied des Niederösterreichischen Bildungs- und Heimatwerkes.

Bei unseren laufenden Treffen wird immer ein Rückblick auf die bereits stattgefundenen Veranstaltungen gehalten und eine Vorschau auf die kommenden und die damit zu bewältigenden Aufgaben. Es ist uns wichtig, bürgerbezogen zusammenzuarbeiten. Gerne nehmen wir jede Anregung auf. *Anneliese Federmann*

Arbeitskreis: Kinder

9 Mitarbeiter

Einerseits wollen wir speziell auf die Wünsche der Kinder eingehen und ihnen bei unseren Aktionen den nötigen Freiraum lassen, damit sie „ganz Kind sein können". Andererseits wollen wir durch unsere Veranstaltungen die Eltern einander näher bringen. Wir sind hier ein eher zurückgezogen lebender „Menschenschlag", und viele Bewohner, die in den letzten Jahren erst zugezogen sind, haben noch nicht wirklich Kontakt zu den „Alt-Langenrohrern" gefunden.

Die einfachste, aber von Müttern und Kindern am besten angenommene Aktion ist unser Spielplatztreffen. Solange das Wetter es zulässt, findet es in 14-tägigem Rhythmus statt. Dabei lernen sich die Mütter besser kennen, und die Kinder können sich frei und ohne Zwang bewegen. Im Herbst des Vorjahres gab es zum Abschluss ein kleines Grillfest, bei dem sich die Kinder die selbst gegrillten Würstchen schmecken ließen.

Als Ersatz für die Spielplatztreffen gehen wir im Winter unter dem Motto „Gemeinsam macht es mehr Spaß" Eis laufen.

Am 16. Juni fand unser Spielefest für Kinder, Jugendliche und Eltern statt. Bei den Vorbereitungen dafür haben auch viele Eltern, die nicht in unserem Arbeitskreis sind, mitgearbeitet. Für kommenden Herbst planen wir einmal pro Woche ein Kinderturnen mit Müttern, das nicht auf Leistungszwang aufgebaut ist, sondern Freude an Bewegung und Spiel fördern soll.

Gemeinsam mit anderen Arbeitskreisen werden wir Ausflüge unternehmen, bei denen auch auf die Interessen der Kinder Rücksicht genommen wird, z. B. Besuch der Märchenwelt auf dem Pöstlingberg. *Elisabeth Liebl*

Arbeitkreis: Kinderspielplatz Neusiedl

21 Mitarbeiter

Angeregt durch die Aktivitäten des Arbeitskreises Kinder wurde uns erst so recht das Manko bewusst, dass es in Neusiedl keinen Kinderspielplatz gibt. Dem war leicht abzuhelfen. Wir gründeten – nach bewährtem Vorbild in unserer Gemeinde – einen Arbeitskreis. Das erste Treffen fand am 23. März 1996 statt. Wir diskutierten dabei über die Größe und die Gestaltung des neuen Spielplatzes. Das Grundstück wurde uns von der Gemeinde zur Verfügung gestellt.

Ein zweites Treffen war notwendig, um die konkreten Aktivitäten zu besprechen. Beim dritten Treffen ging's schon los. Wir reinigten den Platz von Steinen, pflanzten Bäume und Sträucher und brachten den Grassamen ein.

Mehrere Spielgerätehersteller wurden schon kontaktiert. Jetzt möchten wir mit Kindern und Eltern einige Spielplätze in Niederösterreich besuchen, um uns Anregungen für unsere Spielplatzgestaltung zu holen.

Sicher werden wir dann noch ein schönes Eröffnungsfest organisieren.

Johann Simetzberger

Arbeitskreis: Kapelle Neusiedl

21 Mitarbeiter

Schon länger war die Renovierung unsere Kapelle in Neusiedl im Gespräch. Herr Bürgermeister Stadler hat mit mir die Kapelle besichtigt. Aufgrund der vorgefundenen Mängel war klar, dass diese Arbeiten ein größeres Projekt darstellen, und es wurde ein Arbeitskreis ins Leben gerufen.

Kapelle Neusiedl, Gemeinde Langenrohr/NÖ

Als erstes ersuchten wir die niederösterreichische Landesregierung, Abteilung „Niederösterreich schön erhalten, schön gestalten“, um Beratung und Planung bzw. das Bundesdenkmalamt um finanzielle Unterstützung. Am 18. April kamen Herr Architekt Dipl.-Ing. Stockreiter und Frau Dipl.-Ing. Sackmauer zur Besichtigung der Kapelle. Wenige Tage später erhielten wir schon einen Plan mit drei Ausführungsvarianten.

Als nächstes kam es zu einer Besprechung des Arbeitskreises über die Vergabe der Bauarbeiten. Im Rahmen des Möglichen wollen wir auch selbst bei den Arbeiten mithelfen.

Leopold Leinfellner

Arbeitskreis: Gas- und Wasserleitungsausbau, alternative Energie und Umwelt

10 Mitarbeiter

Dieser Arbeitskreis umfasst einen großen Themenbereich, der den Gemeindebürgern sehr wichtig ist, wie die vielen Wortmeldungen bei einer Gemeindeversammlung gezeigt haben. Zu Beginn stand eine Analyse des Ist-Zustands in unserer Gemeinde: Bei der Wasserversorgung wurde akuter Handlungsbedarf festgestellt, vor allem für Alt-Langenrohr und die Katastralgemeinden. In Neu-Langenrohr stellt die Wasserversorgung durch die Wassergenossenschaft kein Problem dar.

Da aus Kostengründen die Gas- und Wasserleitungen gemeinsam verlegt werden sollen, musste der Ausbau mit der EVN abgestimmt werden. Es wurde ein Ausbauplan ausgearbeitet, der sich auf Umfrageergebnisse der Gemeinde aus dem Herbst 1994 stützte und der die Fertigstellung bis ca. 1998 vorsah. Interessante Förderungen des Landes Niederösterreich machen die Anschlusskosten erschwinglich.

Unser zweiter Schwerpunkt ist die alternative Energienutzung, wo noch Pionierarbeit zu leisten war. Da uns die Förderung von Solaranlagen sehr am Herz lag und auch immer wieder Anfragen beim Gemeindeamt einlangten, wurde uns die Ausarbeitung einer entsprechenden Richtlinie übertragen. Diese wurde dann in einer Gemein-

Alternative Energie, Langenrohr NÖ

deratssitzung beschlossen. Inzwischen wurden schon Förderungen nach diesen Richtlinien ausbezahlt, weitere Ansuchen werden geprüft.

Als nächste Möglichkeit interessiert uns die Windenergie. Zu diesem Zweck haben wir uns bereits das beeindruckende neue Windkraftprojekt in Michlbach angeschaut. Die wirtschaftlichen Möglichkeiten und der Nutzungsgrad sind enorm. Leider gibt es bei uns Probleme durch die Nähe des Flughafens Langenlebarn. Wir sind aber weiterhin daran interessiert.

Ebenso wollen wir für den Selbstbau von Sonnenkollektoranlagen grundlegende Informationen beschaffen.

In letzter Zeit wurde auch der Gedanke laut, generelle Umweltanliegen in unserem Arbeitskreis zu behandeln und den Arbeitskreis entsprechend zu erweitern. Dies ist als unsere Aufgabe für die nächste Zeit vorgesehen. *Franz Hofstätter*

Die Weiterentwicklung der Bürgerbeteiligung in Langenrohr

Im Jahre 2005 ist die Marktgemeinde Langenrohr dem Gemeinde 21-Prozess des Landes NÖ beigetreten. Die einzelnen Arbeitskreise wurden neu strukturiert und G21-Teams gegründet, denen bestehende Projekte ebenso wie neue Vorhaben zugeordnet werden.

Arbeitskreise, die ihre Aufgaben bereits abgeschlossen haben, wie z. B. Kinderspielplatz Neusiedl, Gas- und Wasserleitungsausbau, wurden aufgelöst.

Aus den Arbeitskreisen wurden folgende Gemeinde 21-Teams geschaffen:

- Dorferneuerung
- Generationen
- Gesunde Gemeinde
- Kultur und Bildung
- Landwirtschaft
- Wirtschaft und Tourismus

Die einzelnen G21-Teams haben bei ihren Zielsetzungen die Stärkung des Wir-Gefühls und der Heimatverbundenheit in den Vordergrund gestellt. So wurde z. B. ein regelmäßiger Seniorentreff eingerichtet, eine Blasmusikkapelle gegründet, Straßenfeste veranstaltet, Oldie-Abende organisiert sowie Wein- und Kulturtage abgehalten.

Neu restauriertes Marterl in Neusiedl, Gemeinde Langenrohr/NÖ

Großes Augenmerk wird der Jugend geschenkt. 2007 wurden mehrere Workshops abgehalten, dabei zeigt die Jugend ihre Wünsche und Bedürfnisse auf. Aufgrund dessen werden nun gemeinsame Aktivitäten durchgeführt und ein Jugendtreff mit Betreuung aufgebaut.

Unsere Anerkennung

Über 15 Jahre lang lebt nun der Bürgerbeteiligungsprozess in Langenrohr. Durch immer neue Impulse wird das Klima für gegenseitige Achtung und Zusammenarbeit aufrechterhalten. „Wer rastet, der rostet" – dies gilt auch für diese nachhaltig wirkenden Entwicklungen.

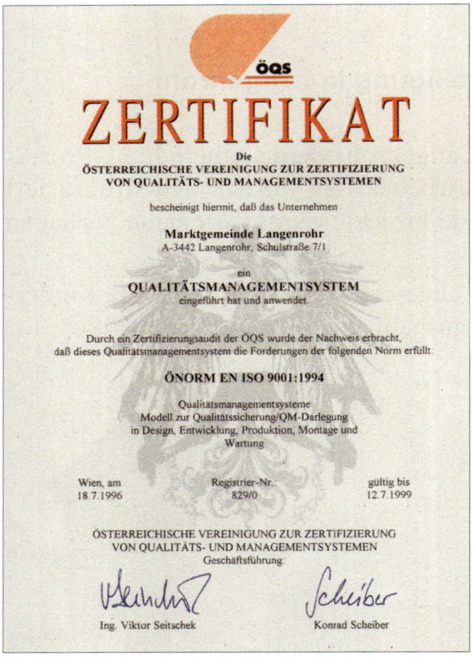

ÖQS

ZERTIFIKAT

Die
ÖSTERREICHISCHE VEREINIGUNG ZUR ZERTIFIZIERUNG
VON QUALITÄTS- UND MANAGEMENTSYSTEMEN

bescheinigt hiermit, daß das Unternehmen

Marktgemeinde Langenrohr
A-3442 Langenrohr, Schulstraße 7/1

ein
QUALITÄTSMANAGEMENTSYSTEM
eingeführt hat und anwendet.

Durch ein Zertifizierungsaudit der ÖQS wurde der Nachweis erbracht,
daß dieses Qualitätsmanagementsystem die Forderungen der folgenden Norm erfüllt:

ÖNORM EN ISO 9001:1994

Qualitätsmanagementsysteme
Modell zur Qualitätssicherung/QM-Darlegung
in Design, Entwicklung, Produktion, Montage und
Wartung

Wien, am 18.7.1996 — Registrier-Nr. 829/0 — gültig bis 12.7.1999

ÖSTERREICHISCHE VEREINIGUNG ZUR ZERTIFIZIERUNG
VON QUALITÄTS- UND MANAGEMENTSYSTEMEN
Geschäftsführung

Ing. Viktor Seitschek — Konrad Scheiber

URKUNDE

DIE HOCHSCHULE FÜR VERWALTUNGSWISSENSCHAFTEN
SPEYER

würdigt anläßlich des 3. Speyerer Qualitätswettbewerbs 1996
die herausragenden Leistungen der
Marktgemeinde Langenrohr
bei der Modernisierung ihrer Verwaltung

mit dem
Speyer - Preis 1996.

Speyer, den 12. Dezember 1996

Für den Beirat

Univ.-Prof. Dr. Hermann Hill — Univ.-Prof. Dr. Helmut Klages

Univ.-Prof. Dr. Klaus Lüder
Der Rektor

26.2 Kirschentheuer, Gemeinde Ferlach (Österreich)

Kirschentheuer Gemeindeprogramm

Die Ausgangssituation war 1989 nicht gerade rosig. Die Dorfgemeinschaft war bezüglich des Baues einer Umfahrungsstraße gespalten. Es gab Unterschriftenaktionen für und gegen das Projekt. Viele Menschen in Kirschentheuer waren wegen der unterschiedlichen Standpunkte zerstritten. Gemeinsame Aktivitäten hinsichtlich einer zukunftsorientierten Ortsentwicklung waren kaum oder überhaupt nicht vorhanden. Jeder kümmerte sich gewissermaßen um seinen eigenen Kram. Nach einer zweitägigen „Wertorientierten Dorfentwicklungstagung" begann eine kleine Gruppe erste Schritte zu setzen, die in eine völlig neue Richtung führten. Mit verschiedenen Aktionen und Projekten, wie z. B. Osterputzaktionen, Ortsentwicklungskonzept, Chronik, Dorfgestaltung usw. wurden viele Bewohner begeistert und zur Mitarbeit gewonnen.

26.3 Orth an der Donau (Österreich)

Orth an der Donau

Im Jahr 2001 wurde in Orth an der Donau eine Standortanalyse in der Gemeinde durchgeführt. Insgesamt wurden 49 Personen befragt: Gemeinderäte, Gemeindebedienstete und Bürger. Die Personen wurden mittels eines vorbereiteten Fragebogens (28 Fragen) persönlich interviewt. Anschließend wurden die Antworten zusammengefasst und die Ergebnisse anhand der einzelnen Fragen ausgewertet. Die Auswertung wurde unterteilt in: Gemeinderäte-, Gemeindebedienstete-, Bürger- und Gesamt-Ergebnis. Sowohl eine Zusammenfassung als auch die Detailantworten wurden in einer Broschüre dargestellt. Bei der Impulstagung wurden die Ergebnisse präsentiert, Arbeitsgruppen gebildet und Maßnahmen zur Verbesserung der Lebensqualität abgeleitet. In mehr als zehn Arbeitsgruppen wurden von den Bürgern konkrete Projekte vorbereitet und umgesetzt.

26.4 Waidmannsfeld/Neusiedl (Österreich)

Bürgerbeteiligung in Waidmannsfeld/Neusiedl – Bez. Wr. Neustadt/NÖ

Im Jahre 2005 fanden in Waidmannsfeld die Gemeinderatswahlen statt. Hier erreichte die Bürgerliste WIR für Waidmannsfeld/Neusiedl ein beachtliches Ergebnis. Nach der Wahl nahmen drei Mitglieder bei einem Führungskräftetraining teil. Bei dieser Ausbildung lernten sie die Technik der Bürgerbeteiligung kennen. Anhand von praktischen Beispielen wurde in der eigenen Ortschaft gleich mit der Umsetzung begonnen.

Im Jahre 2007 wurde daher in Waidmannsfeld eine Bürgerbefragung durchgeführt. 66 Bürger und Bürgerinnen wurden mittels mündlicher Befragung über die Gemeinde Waidmannsfeld interviewt. Die Ergebnisse wurden ausgewertet und bei einer Bürgertagung weiterbearbeitet. Die Bürgertagung dauerte drei Tage, es nahmen insgesamt 50 Personen teil.

Die wichtigsten Themen, die die Bürger und Bürgerinnen bei der Bürgerbefragung und Bürgertagung im März 2007 ausgewählt haben:

1. **Wasser/Kanal/Müll**
   Wasserqualität/Quellen in Waidmannsfeld erschließen
   Gebührenerhöhung/Kanal/Wasser/Müll = Effizienz
   Müllentsorgung (Konzept)/Altpapieralternativen
2. **Dorferneuerung**
   Ortsbildpflege/Dorfverschönerung, schöne Plätze hervorheben, Dorfplatz-Sauberkeit
3. **Umwelt**
   Dorfreinhaltung, Hundeauslaufwiesen, erneuerbare Energie ausbauen
4. **Jugend**
   Drogenprävention/Jugendprojekte – Jugendaktivitäten
   Jugendräume in Waidmannsfeld und Neusiedl
   Startwohnungen für Jugendliche
5. **Wirtschaft**
   Nahversorgung/Gewerbetreibende und Wirtschaft, Gastronomie
   Infrastruktur/Tourismus fördern
6. **Gute Nachbarschaft**/Gassenfeste/Straßenfeste
7. **Gesundheit**/Medizinische Betreuung

8. **Zusammenarbeit mit Pernitz, Miesenbach** (Nachbargemeinden), Veranstaltungskalender
9. **Zusammenarbeit Waidmannsfeld und Neusiedl**
   Parteidenken abbauen/Politkultur verbessern
   Zusammenarbeit der Gemeinderäte (ohne Fraktionszwang)
10. **Freizeit**
    Schwimmbad, Schilift, Eislaufplatz
11. **Qualität**
    Kostenrechnung – verschiedene Ausgaben überdenken
12. **Bauhof** – Erhebung der Kosten
13. **Kinder**
    Unterstützung des Projektes Kinderparadies Quellenwiese
14. **Zukunftsperspektiven/Leitbild**

Von diesen Themen wurden drei Bereiche ausgewählt und gleich begonnen umzusetzen:

9. Zusammenarbeit mit Nachbargemeinden/Veranstaltungskalender
13. Kinder/Unterstützung des Projektes Kinderparadies Quellenwiese
14. Zukunftsperspektiven/Leitbild

Um den Prozess der Bürgerbeteiligung erklären zu können, eignet sich besonders das Projekt: **13. Kinder/Unterstützung des Kinderparadies Quellenwiese.**

Bewertung der Themen, Bürgertagung, Waidmannsfeld, Neusiedl, NÖ

Schiliftprojekt Quellenwiese, Waidmannsfeld, NÖ

Folgende Ausgangssituation war vorzufinden: Die Quellenwiese mit ihrem Lift und mit der gemütlichen Hütte ist ein beliebter Ort für Kinder, Jugendliche und Erwachsene. Auch Michaela Dorfmeister, die Ski-Weltcupsiegerin, startete dort ihre ersten Schiversuche. Wie sich zeigte: Der Beginn einer großen Schikarriere!

Die Bewilligung für den alten Schilift wurde nicht mehr verlängert, deshalb wurde ein neuer Komfort-Tellerlift angeschafft. Im Rahmen eines Projektes soll die Quellenwiese als Kinderparadies für den Winter und auch für den Sommer ausgebaut werden.

Insgesamt kostet das Schiliftprojekt 60.000 Euro. Die Gemeinde Waidmannsfeld und das Land NÖ bringen ca. ein Drittel der Kosten auf. Der Rest muss vom Fremdenverkehrsverein Neusiedl selbst getragen werden. Ein Teil der Kosten wird derzeit auch durch die Bewirtung (jeden Sonntag ab 14 Uhr) und durch die Vermietung der Hütte finanziert.

Um den Verein zu unterstützen, wurde als erstes eine finanzielle Bürgerbeteiligung ins Leben gerufen.

Konzept: Bürgerinitiative Wiederherstellung Schilift Quellenwiese

Für den neuen Schilift wurden noch 40.000 Euro benötigt! Um das Problem mit der Haftung zu reduzieren, wurden noch andere Finanzierungsmöglichkeiten gesucht. Im Gespräch waren Eventveranstaltungen usw. Eine Möglichkeit war auch, die Bevölkerung von Neusiedl und Umgebung direkt anzusprechen, um die Bereitschaft auch in Geld umzuwandeln!

Folgende Alternativen werden der Bevölkerung angeboten:

Alternativen für die Bevölkerung	Gegenleistung
Freie Spende	Pickerl: Förderer vom Schilift Quellenwiese
50 Euro	Pickerl + Saisonkarte für eine Person (nicht übertragbar – auf eine Person ausgestellt)
100 Euro	Pickerl + Familiensaisonkarte 2007/08 (zwei Erwachsene + eigene Kinder der Familie)
500 Euro	Pickerl + Familiensaisonkarte für fünf Saisonen 2007/08 bis 2011/12 (zwei Erwachsene + eigene Kinder der Familie) + Eintragung auf Tafel vor dem neuen Schilift

Alle Spender wurden schriftlich auf einer Liste eingetragen!

Die Durchführung erfolgte durch ein Personenkomitee, dessen Mitglieder nicht dem Fremdenverkehrsverein Neusiedl angehörten, sondern sich aus Bürgern aus Waidmannsfeld/Neusiedl und Umgebung zusammensetzten!

Folgendes Ergebnis kam zustande: Insgesamt gingen 25 Personen von Haus zu Haus und sammelten Geld für den neuen Schilift. Es kam ein Betrag von insgesamt 10.000 Euro zustande. Dieser Betrag war sehr wichtig, da der Verein auch merkte, dass die Bevölkerung hinter dem Projekt steht, da zwei Drittel der Haushalte spendeten.

Nach der Eröffnung wurde auch ein Kinderschikurs organisiert.

Projekt: Kinderparadies auf der Quellenwiese
Erweiterung des Projektes: Quelli und ihre Freunde

Jetzt geht es darum, das Kinderparadies zu erweitern und für die Kinder zum Erlebnis zu machen – für Winter und Sommer! Der nächste Schritt ist daher: Quelli und ihre Freunde.

Spendenübergabe, Waidmannsfeld, NÖ

Hier wird die ganze Quellenwiese mit Tierfiguren „Quelli und ihre Freunde“ (Hunde, Katzen, Hasen usw.) ausgestattet. Diese Figuren sind ungefähr einen halben Meter groß und können flexibel versetzt werden. Damit können verschiedene Veranstaltungen auch kindergerecht gestaltet werden.

Die Firmen haben jetzt die Möglichkeit, mit Spenden ab 100 Euro ihr Logo auf einer Figur und auch auf der Sponsorenübersicht zu platzieren! Ein weiterer Schritt war auch, die Kinder im Ort zu beteiligen. Sie gaben den Figuren Namen.

Weiters wurden mehrere Veranstaltungen durchgeführt (Tanzfestival, Bandfestival), in deren Rahmen der Verein die Möglichkeit hatte, das Projekt vorzustellen und weitere Einnahmen zu erzielen.

Wie dieses Projekt zeigt, war die Bürgerbefragung der Ausgangspunkt für dieses Projekt. Neben dem Land NÖ und der Gemeinde waren die Bürgerinnen und Bürger für den Erfolg des Projekts mitentscheidend.

26.5 Gemeinde als Gemeinschaft (Deutschland und Österreich)

Projekt „Gemeinden mit Göttweig" (Furth bei Göttweig, Paudorf und Stift Göttweig, siehe auch Kapitel 26.6)

Stift Göttweig, NÖ

Das Stift ist Ort der Begegnung und wird verstärkt in das Umfeld integriert und zieht nicht nur Gäste aus der Ferne an (Integration in die Kleinregion). Für Gemeinden und das Stift wird die partnerschaftliche Kooperation zur Selbstverständlichkeit – z. B. gemeinsames Marketing, terminlich koordinierte und/oder gemeinsame Feste und Aktivitäten.

Bürgerbeteiligungsprozess in Ostritz/Sachsen

St. Marienthal, Ostritz/Sachsen

Das Ziel dieser Gemeinde war, möglichst viele Bürger für Aktivitäten und mehr Gemeinschaftssinn in der Gemeinde zu gewinnen, die Zusammenarbeit zwischen den Bürgern und allen Organisationsbereichen der Gemeindepolitik, der Gemeindebediensteten, der örtlichen Wirtschaft und des Vereinslebens zu optimieren, um aus den Synergien einen Mehrwert für alle zu erreichen. Die Gewerbetreibenden übernehmen die Initiative und gründen den Verein „Ostritzer Leben", welcher die Aktivitäten für die Bevölkerung in vielen Lebensbereichen fördert.

Zusammenarbeit und Organisationsentwicklung in den Gemeinden Grünburg in Oberösterreich und Hirschfelde in Sachsen

Dies war die Vorbereitung für die neuen Aufgaben und Dienstleistungen der Gemeindeverwaltung. Nach der Durchführung eines Bürgerbeteiligungsprozesses mit entsprechender Motivation und Aktivierung der Bürger bei der Gestaltung ihrer

Zittau, Ortsteil Hirschfelde, Sachsen

Grünburg, OÖ

Gemeinde sahen die Bediensteten und auch die Gemeinderäte ihre Aufgaben und Verantwortung vielfach neu. Die Bediensteten und Gemeinderäte wurden im Rahmen der Umsetzung immer mehr von Verwaltern zu Gestaltern ihrer Gemeinde. Der Bürgerbeteiligungsprozess konnte nach erfolgreicher Organisationsoptimierung der Gemeindeverwaltung sehr wirkungsvoll durchgeführt werden.

Die drei oben genannten Projekte in Gemeinden und Regionen sind aus zwei Führungskräftetrainings hervorgegangen und im Rahmen des Wir-Wettbewerbs als Sieger ausgezeichnet worden. Für die erfolgreiche Begleitung der Projekte wurde die Arge SPES – GEMEINDE-*impulse* Landessieger beim WIR-Wettbewerb OÖ 2004.

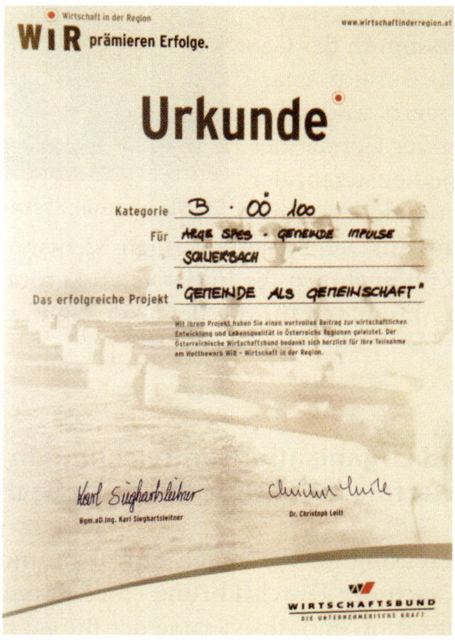

Wirtschaft in der Region

WIR prämieren Erfolge.

www.wirtschaftinderregion.at

Urkunde

Kategorie B · OÖ 100

Für ARGE SPES - GEMEINDE IMPULSE SCHLIERBACH

Das erfolgreiche Projekt "GEMEINDE ALS GEMEINSCHAFT"

Mit Ihrem Projekt haben Sie einen wertvollen Beitrag zur wirtschaftlichen Entwicklung und Lebensqualität in Österreichs Regionen geleistet. Der Österreichische Wirtschaftsbund bedankt sich herzlich für Ihre Teilnahme am Wettbewerb WIR - Wirtschaft in der Region.

Bgm.a.D.Ing. Karl Sieghartsleitner

Dr. Christoph Leitl

WIRTSCHAFTSBUND

DIE UNTERNEHMERISCHE KRAFT

26.6 Die Entwicklung von Impulsen im Landkreis Löbau/Zittau in Sachsen von 1999 bis 2008 auf Grund der Projekte „Gemeinde als Gemeinschaft“ (siehe Kapitel 26.5)

Mitwirkende Gemeinden:

Gemeinde Hirschfelde, Sachsen
Stadt Ostritz, Sachsen
Stadt Ebersbach, Sachsen
Große Kreisstadt Zittau, Sachsen
Gemeinde Grünburg, Oberösterreich

Von 13. bis 14. März 1999 besuchte Frau Bgm. Ursula Guder ein Seminar in der Tagungsstätte „Hohe Röhn“ in der Gemeinde Bischofsheim in Bayern. Als Vortragenden erlebte sie damals den Bürgermeister von Steinbach an der Steyr, Herrn Ing. Karl Sieghartsleitner.

Gemeindeamt Hirschfelde mit Bürgermeisterin Ursula Guder

Umgebindehäuser in Hirschfelde

Nachfolgende Gespräche in Steinbach an der Steyr zwischen Bgm. Guder, Bgm. Sieghartsleitner, Vbgm. Karl Grassegger und Ing. Robert Moser führten zu einer Reise von Bgm. Sieghartsleitner und Herrn Ing. Moser in den Landkreis Löbau/Zittau.

Landrat Günter Valentin

Bei den Gesprächen in der Gemeinde Hirschfelde und den Gesprächen mit Landrat Günter Valentin in Zittau wurde vereinbart, dass das Landratsamt Löbau/Zittau, die Gemeinde Hirschfelde und die Stadt Ostritz Teilnehmer zu Führungskräftetrainings nach Österreich entsenden. Die Überlegung war, dass nachhaltige Entwicklungen nur im Zusammenhang mit der Qualifizierung von Führungskräften zu bewältigen sind.

Die folgenden Punkte wurden damals konkret besprochen:

A. Grundsätzliches

- Die Teilnehmer werden nicht mit kompliziertem, theoretischem Wissen konfrontiert, sondern erleben, wie mit dem „gesunden Hausverstand" komplexe Zusammenhänge erklärt werden, Problemlösungen gefunden werden und die Anwendbarkeit von Erkenntnissen in der Praxis gesichert wird.

- Die permanente Verknüpfung von
  - Theorie
  - Lerninhalten
  - Praxisprojekten
  - Training
  - Konditionierung

  während der dreitägigen Module und in den konkreten Projekten zwischen den Modulen.

Die gleichzeitige und gleichwertige Bearbeitung von

- funktionalen Bereichen (Organisation, Aufgabenverteilung, Controlling)
- sozialen Bereichen (Gesprächsführung, Beziehungen, Teamwork, Hausbesuchen, Konfliktbearbeitungen usw.)
- ideellen Bereichen (Zielen, Werten, Grundsätzen, Ethik, Leitbild, Philosophie usw.)

sowohl im Training als auch in den Projekten.

- Die Qualifikation und Auswahl der Trainer und Impulsgeber.
  - Generell begleiteten ein Mann und eine Frau das gesamte Training. Das Einbringen und Bewusstmachen von weiblichen und männlichen Fähigkeiten vor allem betreffend sozialer Kompetenz und Führungskompetenz ist eine große Bereicherung.

B. Trainingsvorgang

- Das Training umfasst zehn Module.
- Es sind fünf Module pro Jahr vorgesehen.
- Zusätzlich sind bis zu zehn Projekte vorgesehen, die schrittweise zwischen den Modulen durchgeführt werden.
- Das gesamte Training dauert in der Regel zwei Jahre.
- Ein Modul dauert drei Tage, wobei auch an den Abenden gearbeitet wird.

C. Vorgesehene Trainingsinhalte

- Modul 1 Persönlichkeit/Wertorientierung/Präsentation
- Modul 2 Beziehungen/Kommunikation/Gesprächsführung
- Modul 3 Gruppenfähigkeit/Moderation/Teamwork
- Modul 4 Konfliktbearbeitung/Mediation/Mobbing
- Modul 5 Führen/Koordinieren/Organisieren
- Modul 6 Strukturen/Organisation/Organisationsentwicklung
- Modul 7 Führungsinstrumente/Controlling/Qualitätsmanagement bei Projekten
- Modul 8 kaufmännische Verwaltung/Personalmanagement bei Projekten
- Modul 9 Öffentlichkeitsarbeit/interne und externe Information/Gesundheit/Innovation
- Modul 10 Nachhaltigkeit/Zukunftsperspektiven/Lernerfolge

D. Vorgangsweise bei Projekten und Praxisschritten

- Als Praxisschritte werden konkrete Projekte im Wirkungsfeld der Teilnehmer durchgeführt.
- Die Praxisschritte werden von den Teilnehmern nicht im eigenen Organisationsbereich, sondern in anderen Organisationseinheiten durchgeführt. Dies fördert den unbefangenen Lernerfolg.
- Die Praxisschritte werden in den Trainingsmodulen vorbereitet und von den Trainings-Teilnehmern unter subsidiärer Mithilfe von externen Trainern vor Ort durchgeführt.
- Die Verantwortung für die professionelle Durchführung der Praxisschritte liegt bei den externen Trainern.

E. Zusatznutzen für die Teilnehmer und deren Wirkungsfeld

Nach Abschluss des Trainings der Projektarbeit und der Zukunftsvision sind jene Teilnehmer, die ein entsprechendes Persönlichkeitspotenzial haben, in der Lage, selbstständig Projekte durchzuführen, nämlich:

SPES-Bildungshaus, Schlierbach/OÖ

Kloster St. Marienthal in Ostritz, Internationales Begegnungszentrum

Gasthof „Grüner Baum", Ysper/NÖ

Stift Göttweig, NÖ

- optimales Zusammenwirken in größeren und kleineren Organisationseinheiten
- Teamentwicklungsprozesse zur Steigerung der Effizienz in der Organisation und der Lebensqualität der betroffenen Mitwirkenden
- Spannungs- und Konfliktbearbeitungen
- Messungen der „Jugend-, Bürger- und Mitarbeiterzufriedenheit" sowie Befragungen über Projekte
- Messung der Unternehmenskultur
- Entwicklung einer Zukunftsvision und deren Umsetzung im Alltag

Externe Trainer- und Beratungsleistungen werden dadurch auf ein Minimum reduziert. Die Kompetenzen im eigenen Bereich werden größer und die Abwicklungen können dadurch besser an die Bedürfnisse und Notwendigkeiten der einzelnen Projekte und der mitwirkenden Personen angepasst werden.

F. Die Umsetzung

In der Folge nahmen 14 Personen auf Einladung der WERT-*impulse* GmbH an Führungskräftetrainings mit zehn Modulen zu je drei Tagen teil:

- Neun Personen im SPES-Haus in Schlierbach/Oberösterreich vom 7. Oktober 2003 bis 2. April 2006
- Eine Person im Stift Göttweig/Niederösterreich vom 13. Oktober 2003 bis 9. Juli 2006
- Vier Personen in Ysper/Niederösterreich vom 7. Juli 2005 bis 1. Juli 2007

Einzelne Module fanden auch in Deutschland statt.

Der Besuch von unterschiedlichen Lehrgängen brachte viele positive Beziehungen, intensiven Erfahrungsaustausch und auch gegenseitige Unterstützung bei den Projekten sowohl in Österreich als auch in Deutschland. Die Teilnehmer erinnern sich auch gern an die Trainingsmodule zurück, die in Deutschland durchgeführt wurden. So bekamen die österreichischen Teilnehmer die Gelegenheit, die wunderschöne Oberlausitz und die Situation der Menschen in dieser Region kennenzulernen. Es haben sich Freundschaften entwickelt, die bis heute halten.

Beim letzten Modul im SPES-Haus am 4. Februar 2006 wurden den Trainern Ing. Robert Moser, Sonja Thalinger, Mag. Hannes Brandl, Mag. Silvia Baumgartner und Dipl. Ing. Hans Bungenstab, dem Initiator Bgm. Ing. Karl Sieghartsleitner und dem Obmann des SPES-Vereines, Ing. Alois Tragler, die Lernerfolge und Projekte vorgestellt.

Präsentation der Ergebnisse

Die IST-Situation im Überblick

Die Ergebnisse im Überblick

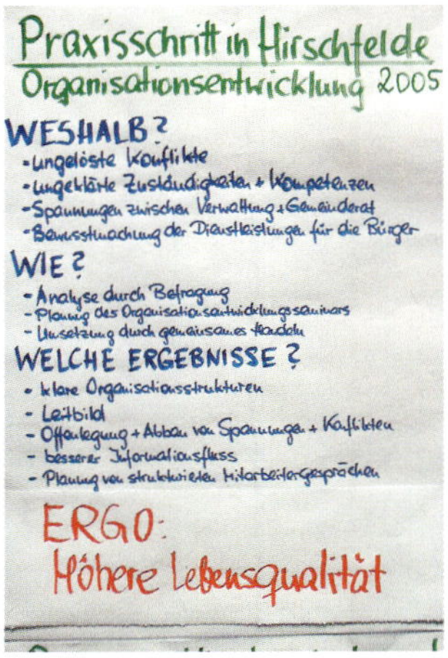

Die Ergebnisse aus dem Training für Führungskräfte und aus den Praxisschritten bis zum Zeitpunkt der Präsentation

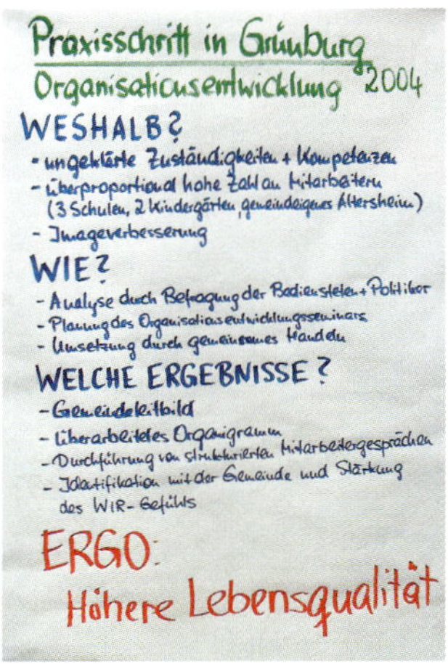

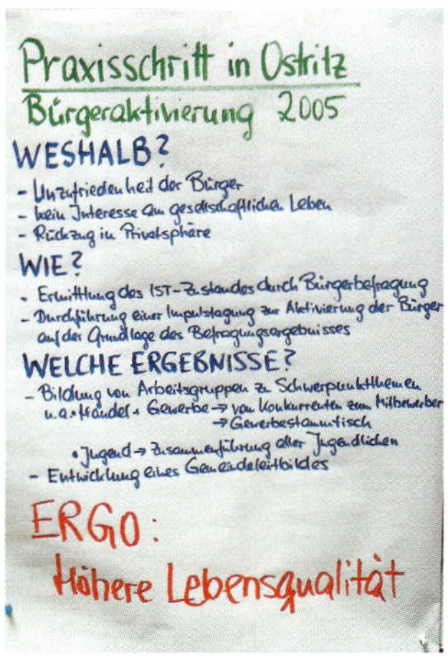

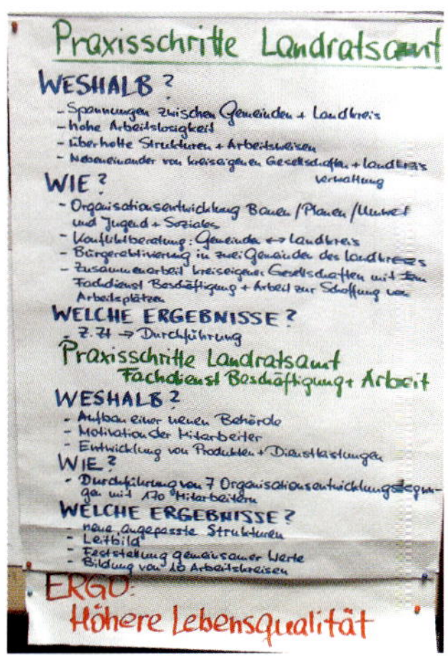

Nach der Präsentation wurde die Nachhaltigkeitsschmiede in Steinbach an der Steyr besucht und ein gemeinsames Fest der Absolventen des Führungskräftetrainings organisiert.

Das Fest mit den Absolventen des Führungskräftetrainings in Schlierbach (unten)

Blick vom SPES-Haus auf das Alpenpanorama

Besuch der Nachhaltigkeitsschmiede in Steinbach an der Steyr/OÖ

Dank dem Initiator Bgm. Sieghartsleitner (links)

Die Projekte im Detail

Führungskräftetraining und Organisationsaufbau beim Fachdienst für Beschäftigung und Arbeit im Landkreis Löbau/Zittau

Der Fachdienstleiter Gernot Kaus wurde im Jahre 2003 von Landrat Günter Valentin mit dem Aufbau und der Führung des Fachdienstes für Beschäftigung und Arbeit beauftragt.

- Neue Aufgaben
- Neue Gesetzeslage

- Neue Mitarbeiter
- Neue Führungskräfte
- Neue Organisation
- Neue Büros

Fachdienstleiter Gernot Kaus

Es war eine große Herausforderung, dies mit über 200 Mitarbeitern auf die Beine zu stellten Die Zeit drängte, da es zu diesem Zeitpunkt etwa 30% Menschen ohne Beschäftigung im Landkreis gab.

- In einem Führungskräftetraining (zehn Module zu je drei Tagen), welches vom 1. Mai 2004 bis 2. Juli 2007 durchgeführt wurde, wurden die Führungskräfte in ihrer Führungskompetenz trainiert.
- In Organisationsentwicklungstrainings in allen Organisationseinheiten wurden die Mitarbeiter in ihrer sozialen Kompetenz gestärkt und die Organisation gemeinsam mit den Betroffenen weiterentwickelt.

In der Sendung „Fakt" im ersten deutschen Fernsehen vom 21. August 2006 wurde berichtet, dass:

- das Personal im Fachdienst Löbau/Zittau genau das tut, was am meisten bringt
- die Mitarbeiter qualifizierter und motivierter
- die Eigeninitiative der Mitarbeiter größer
- die Strukturen einfach und flexibel
- die Verwaltung innovativer und
- die Verwaltungskosten um 30% niedriger sind als in vergleichbaren Strukturen.

Trainingssituation mit dem FDL Gernot Kaus und Ing. Robert Moser

- Die ausgebildeten Führungskräfte führen die Trainings nun selbst durch.
- Seit 7. November 2007 findet die zweite Staffel des Führungskräftetrainings statt. Das Besondere dabei ist, dass keine Trainer von außen, sondern Absolventen der ersten Staffel die Trainingsarbeit übernommen haben.

Nun einige Aussagen von Teilnehmern an den ersten beiden Modulen:

„Auszugsweise nenne ich hier Gesprächsführung und Konfliktbearbeitung, Gruppenfähigkeit und Moderation als Hauptinhalte. Wir setzen uns mit Methoden des Managements auseinander. Dieses Training dient dazu, eine gemeinsame Führungsphilosophie weiter zu entwickeln und umzusetzen."

„In den bisherigen zwei Modulen waren viele Inhalte dabei, welche mich sowohl persönlich als auch in meiner Aufgabe als stellvertretende Sachgebietsleiterin voran gebracht haben. Ich bin sehr gespannt auf die noch kommenden Module und hoffe, dass ich auch weiterhin viel dazulernen kann."

„Ich denke, wir sind eine aktive und auch kritische Gruppe, die sich aus vielen verschiedenen Charakteren zusammensetzt. Die Teilnehmer sind aus unterschiedlichen Abteilungen und kommen ausbildungstechnisch aus verschiedensten Fachrichtungen. Die Themen werden aus ganz unterschiedlicher Sicht betrachtet und diskutiert. Es entstehen ein reger fachlicher Austausch und manchmal lange Diskussionsrunden. Aus den ersten beiden Modulen habe ich mir außerdem Anregungen und Grundsätze für die Gesprächsführung als Vorgesetzter mit Kollegen mitgenommen. Darüber hinaus halte ich das Üben von Vorträgen und Präsentationen für mich selbst immer wieder für äußerst wichtig, da ich dort ganz sicher noch Verbesserungspotenziale habe."

Das Führungskräftetraining im Landratsamt

Im Landkreis Löbau/Zittau initiierte der Landrat Günter Valentin und der 1. Beigeordnete Thomas Gampe ein Führungskräftetraining für folgende Zielgruppen:

- Landrat und Beigeordnete
- Fachdienstleiter des Landratsamtes
- Geschäftsführer von Betrieben des Landkreises und
- Bürgermeister von Gemeinden des Landkreises

Das Führungskräftetraining fand vom 10. November 2005 bis 20. Juni 2007 statt. Neben den zehn dreitägigen Modulen wurden auch die folgenden Praxisschritte, aufgrund der Analysen in den Fachdiensten Jugend und Soziales sowie Planung und Umwelt, durchgeführt:

- **Kundenzufriedenheitsmessungen**
- **Aktivierende Mitarbeiterbefragungen**
- **Unternehmenskulturmessungen und**
- **Organisationsoptimierungen**

- **Konfliktbearbeitungen** und Verbesserung der Zusammenarbeit zwischen Führungskräften im Landratsamt und dem Landratsamt und Bürgermeistern.

Gruppenfoto nach der Vereinbarung

Dabei wurden neben einem Rollentausch und einer genauen Auflistung der Handlungen, die Spannungen ausgelöst haben, auch ein Regel- und Maßnahmenkatalog gemeinsam entwickelt, der schriftlich fixiert und von den jeweils Betroffenen auch unterschrieben wurde. Nachfolgende Controllingprozesse zeigten, dass die Spannungsfelder reduziert und Verletzungen von allen Seiten vermieden wurden.

- Die strukturierte und konsequente Vorgangsweise bei der Konfliktbearbeitung hatte folgende nachhaltige Wirkungen:
  - Weniger gegeneinander und mehr miteinander
  - Weniger Stress bei den Betroffenen
  - Positivere Berichterstattung in den örtlichen Medien über den Landrat, das Landratsamt und die Bürgermeister

Einige Trainingsteilnehmer konnten berichten, dass sie sowohl in ihrem privaten Bereich als auch in ihrem beruflichen Umfeld danach selbstständig Konflikte erfolgreich bearbeitet haben.

- **Zusammenlegung der Landkreise NOL, Löbau/Zittau und der Stadt Görlitz:**

  Im Jahre 2008 kam es – durch den Freistaat Sachsen verordnet – zur Zusammenlegung der Landkreise NOL, Löbau/Zittau und der Stadt Görlitz. Die Vorbereitung der Zusammenführung der Abteilungen in den drei Organisationseinheiten zu einem neuen großen Landkreis „Görlitz" wurde von den Führungskräften des Landkreises Löbau/Zittau auch im Führungskräftetraining durchgeführt. Viele Teilnehmer bezeichneten es als glücklichen Umstand, dass sie persönlich, strategisch, methodisch und in Organisationsfragen gut vorbereitet die neuen Aufgaben mitgestalten konnten.

Präsentation der Ergebnisse

- **Stadtentwicklung Ebersbach-Neugersdorf als Modell einer Bürgerbeteiligung:**

Im Anschluss an eine aktivierende Bürgerbefragung und eine Unternehmenskulturmessung bei den Bediensteten der Stadt Ebersbach wurden aufgrund der Analysen folgende Themen bei der Bürgertagung zur Stadtentwicklung vom 13. bis 15. November 2006 bearbeitet:

Erster Arbeitsschritt:

1. Detaillierte Problemanalyse
2. Ziel
3. Lösungsvorschläge

Bearbeitungsthemen:

- Finanzen
- Wirtschaft
- Schaffung von Arbeitsplätzen
- Familienfreundlichkeit
- Stadtbild
- Sport, Kultur, Vereine
- Wir bauen einen Spielplatz
- Jugend
- Leitbild für die Zusammenarbeit

Zweiter Arbeitsschritt:

Bei den weiteren Arbeiten wurden folgende weitere Punkte für jedes Projekt abgeklärt:

4. Name des Projektes
5. Detaillierte Aufgabenstellung
6. Wer ist noch anzusprechen und einzubinden?
7. Wer ist Arbeitskreisleiter und wer ist Stellvertreter?

Bürgermeister Bernd Noack bei der Präsentation einer Gruppenarbeit

Die Feuerwehr sorgt für die Verpflegung der Teilnehmer an der Bürgertagung

8. Aufgaben- und Kompetenzverteilung
9. Wann findet die erste Arbeitskreissitzung statt? (Ort, Adresse, Datum, Uhrzeit)
10. Tagungsordnung für die erste Arbeitskreissitzung

Die Entwicklungen in der Gemeinde Hirschfelde

Hirschfelde ist der Ausgangspunkt für die Entwicklungen im Landkreis Löbau/Zittau.

März 1999	Bgm. Ursula Guder besucht einen Vortrag des Bürgermeisters von Steinbach an der Steyr, Ing. Karl Sieghartsleitner, in Bayern
2002	Gespräche Bgm. Guder, Bgm. Sieghartsleitner und Ing. Moser in Steinbach an der Steyr
2003	Besuch von Bgm. Sieghartsleitner und Ing. Moser in Hirschfelde und Termin bei Landrat Günter Valentin
3.– 5. 7. 2003	Erste Impulstagung in der Gemeinde Hirschfelde
27.–29. 4. 2005	Verwaltungsoptimierung in Hirschfelde

Folgende Ergebnisse wurden erarbeitet:

- Bürgeraktivitäten unterstützen
- Organigramm (Darstellung der Organisation, in der sich jeder Mitarbeiter wiederfindet)
- Unsere ideale Gemeindeverwaltung
- Aufgaben- und Kompetenzen für die Mitarbeiter
- Durchführung von Mitarbeitergesprächen
- Öffentlichkeitsarbeit
- Informationsfluss an Ratsmitglieder

Präsentation der Analysen

Folgende weitere Aktivitäten wurden in Hirschfelde initiiert:

- **„Hirsch“**: Nutzungskonzept für den historischen „Gasthof zum Hirschen“
- **Schulhof-Neugestaltung**: Aus Asphaltwüste wurde ein „grünes Klassenzimmer“
- **Arbeit in verschiedenen örtlichen Arbeitsgruppen**
- **Ortsbild-Wettbewerb „Unser Dorf wird schön“**:
  - Erhaltung des historischen Baubestandes
  - Besinnung auf regionale Pflanzen- und Kulturlandschaft
- **Schulförderverein**: Freunde der Grundschule
- **Geschichtsgruppe**: Suche nach und Darstellung von Wurzeln des Ortes
- **Vereinsgründung und Kultur**:
  - Hirschfelder Rathausklänge
  - Tag der Vereine
  - Kultur- und Festverein für Kirmes/Kirchweihfest
- **Regionale Neustrukturierung**:
  - Sicherung der Eigeninitiativen und Mitwirkungsmöglichkeiten der BürgerInnen in den einzelnen Ortsteilen (Verwirklichung des Subsidiaritätsprinzips)
- **Weitere BürgerInnen nehmen am Führungskräftetraining in Österreich teil**

28. 4. 2006 Vorbereitungstagung für die Zusammenlegung Hirschfelde und Zittau

Die Entwicklung eines Vorschlages für die Zusammenarbeit war vom Geiste der Partnerschaft und des gegenseitigen Verstehens getragen. Die folgenden Punkte wurden abgearbeitet:

- Organisation/Verwaltungsentwicklung
- Was wollen wir? Stadtphilosophie und Ortschaftsverfassung
- Argumente und Gegenargumente
- Bürgergespräche
- Zeitplan

Tagung in der Stadt Zittau: Bgm. Ursula Guder, Oberbgm. Arnd Voigt und Vertreter aus beiden Gemeinden

Entwurf

Unsere Stadt

Das Zusammenwirken in unserer Stadt erfolgt im Geist der Grundsatzerklärung.

Zukunftstagung der Großen Kreisstadt Zittau mit ihren Ortschaften und Stadtteilen

Wir tun dies zur Stärkung unserer gesamten Region.

1. Die Ortsteile der Stadt Zittau haben das Recht, eine Ortschaftsverfassung einzuführen.
2. Die Ortsteile mit Ortschaftsverfassung haben einen Ortschaftsrat, sowie einen Ortsvorsteher.
3. Die Ortsvorsteher der Großen Kreisstadt Zittau tragen die Bezeichnung ORTSBÜRGERMEISTER.
4. Die Ortsvorsteher haben Anspruch auf einen Dienstraum in ihrer Ortschaft.
5. Die Anzahl der Ortschaftsräte bestimmt sich nach Größe der einzelnen Ortschaft.

bis 500 Einwohner:	5
501 bis 1000 Einwohner:	6
1001 bis 1500 Einwohner:	7
über 1500 Einwohner:	8

6. Die Ortschaftsräte erhalten entsprechend der Einwohnerzahl ihrer Ortschaft im Rahmen des Haushaltsplans der Stadt Zittau Mittel zur eigenen Verfügbarkeit.
7. Zitat § 67 (1) SächsGemO (nur Zitat Ziffer 1 bis 6)
8. Entsprechend der Ortsspezifik können dem Ortschaftsrat weitere Aufgaben per Hauptsatzung übertragen werden.
   (Z. B. Schlegler Teiche)
9. Die Pflege des Brauchtums und der Traditionen in den Ortschaften genießen im Stadtrat der Stadt Zittau besondere Wertschätzung.
10. Übernahme § 67 (3, 4, 5) SächsGemO
    Formulierung: Dies entspricht § 67 (3, 4, 5) SächsGemO.

11. Innerhalb der Stadtverwaltung wird ein eigener Geschäftsbereich „Ortschaften“ gebildet, dem ein Beigeordneter des Oberbürgermeisters vorsteht.
12. Der Stadtanzeiger enthält einen amtlichen Teil und eine eigene Beilage des Geschäftsbereich „Ortschaften“, in der die Ortsbürgermeister für ihren Teil inhaltlich verantwortlich sind.

Die Zusammenlegung wurde nach den Bürgergesprächen in den Ortsteilen mit großer Mehrheit bei einer Bürgerbefragung begrüßt. Es konnte den Bürgern glaubhaft gemacht werden, dass ihr Einfluss auf die Entwicklung von Hirschfelde und seinen Ortsteilen auch in Zukunft weitgehend erhalten bleibt.

Die Impulse in der Stadt Ostritz

Nach einer aktivierenden Bürgerbefragung fand in der Stadt Ostritz vom 3. bis 6. März 2005 eine erste dreitägige Bürgertagung statt. Die folgenden Ergebnisse wurden erzielt:

- Leitbild für Ostritz (vorläufig)
- „Musical Elisabeth von Thüringen“ Aufführung unter Beteiligung von Bürgern als Schauspieler
- AG Jugend „Arsch hoch“
  Wer? Wenn nicht wir?
  Wo? Wenn nicht hier?
  Wann? Wenn nicht jetzt?
- Teilnahme des evangelischen **Pfarrers Peter Pertzsch** am Führungskräftetraining löste folgende Aktivitäten aus:

– Befragung der Gläubigen
– Tagung der Gläubigen zur Aufarbeitung der Analysen mit konkreten Ergebnissen vom 25. bis 28. Jänner 2007. Die Tagung stand unter demMotto „Sieben Kirchen“ (Zusammenarbeit der sieben Ortskirchen).

Bürgertagung in Ostritz

Tagung „Sieben Kirchen“ in Ostritz

Marion Prange – Bürgermeisterin der Stadt Ostritz

Training der Gewerbetreibenden, Trainerin Dipl.-Päd. Claudia Jörg

- **Arbeitskreis „Handel und Gewerbe" – vom Stammtisch zum Verein „Ostritzer Leben"**

  Viele Aktivitäten wie der Weihnachtsmarkt werden initiiert. Eine der wichtigsten Initiativen war ein Führungskräftetraining für Klein- und Mittelbetriebe zur Weiterentwicklung der Unternehmen und der gegenseitigen Ergänzung. Dieses Training wird in Zusammenarbeit mit der IHK (Industrie- und Handelskammer Deutschland) durchgeführt. Seit dem 2. Juli 2007 sind bereits sieben Module zu je drei Tagen durchgeführt worden. Viele Aktivitäten sind zurzeit in Bearbeitung.

  Eine Teilnehmerin hat bei der Ostritzer Bürgermeisterwahl am 8. Juni 2008 kandidiert. Frau Marion Prange wurde mit großer Mehrheit zur ersten Bürgermeisterin von Ostritz gewählt.

Sport und Spaß in der freien Natur an der Neisse

Jugend macht Politik

Ein Training für Jugendliche, die am politischen Leben Anteil haben wollen. Interessant ist, dass die Teilnehmer mit unterschiedlichen Weltanschauungen gemeinsam Projekte und Aktivitäten planen und diese auch durchführen. Das Training wird von der jungen CDU veranstaltet.

Entwicklungen in der Gemeinde Grünburg/OÖ

- Führungskräfte aus der Gemeinde Grünburg nehmen zusammen mit den Teilnehmern aus dem Landkreis Löbau/Zittau und anderen Teilnehmern aus Österreich am Führungskräftetraining im SPES-Haus im oberösterreichischen Schlierbach teil.
- Gemeinsam mit den Teilnehmern des Trainings „Gemeinden mit Göttweig“ und dem 5. Niederösterreichischen Führungskräftetraining werden die Praxisschritte durchgeführt.
- Nach einer genauen Analyse der Situation in der Gemeinde Grünburg findet vom 11. bis 13. November 2004 eine Tagung zur Verwaltungsoptimierung statt.

Übung zum Führungsverhalten

Das Trainerteam für das Projekt: Organisationsoptimierung der Verwaltung in Grünburg bestehend aus Teilnehmern an Führungskräftetrainings in Ober- und Niederösterreich

Bürgermeister Gerald Augustin (Mitte) und Bürgermeister a. D. Karl Grammer (links) aus der Gemeinde Grünburg bei der Gruppenarbeit

Die folgenden Ergebnisse wurden erzielt:

- Neues Organigramm der Gemeindedienststellen
- Aufgaben- und Kompetenzbeschreibungen für die Mitarbeiter
- Neue Regelungen für das Altenheim
- Arbeitsklima, Wertschätzung
- Weiterbildung
- Ein Vorschlag für die Präsentation der Tagungsergebnisse vor dem Gemeinderat
- Unser Leitbild

Das neue Organigramm

Unser Leitbild

- Unser Zusammenwirken ist getragen von Bürgernähe, Zielorientierung, Kostenbewusstsein und Wertschätzung.
- Dazu bedienen wir uns modernster Managementmethoden.
- Unser gemeinsames Wirken orientiert sich an den Bedürfnissen der BürgerInnen.
- Unsere GemeindebürgerInnen erleben unsere Service- und Dienstleistungen in höchster Qualität.
- Wir begegnen unseren MitarbeiterInnen und PartnerInnen wertschätzend, korrekt, freundlich, offen und tolerant.
- Das Subsidiaritätsprinzip ist die Leitlinie für Führung und Zusammenarbeit.
- Unsere Aufgaben und Ziele werden gemeinsam erarbeitet.
- Die Ergebnisse unserer Arbeit sind transparent und werden selbstkritisch hinterfragt.
- In unserer Organisation sind unsere Aufgaben, Kompetenzen und Abläufe klar nachvollziehbar definiert.
- Unsere Informations- und Kommunikationskultur ist verständlich, demokratisch, offen, ehrlich und geht über Parteigrenzen hinweg.
- Vereinbarte Ziele und Termine werden eingehalten.
- Konflikte werden lösungsorientiert als Chance für eine gemeinsame Weiterentwicklung genützt.
- Wir fördern die Weiterentwicklung von Mitarbeitern, Führungskräften und Politikern.
- Die Bildungsarbeit orientiert sich an den Aufgaben und Funktionen und wird von allen wahrgenommen.
- Unsere Motivation nährt sich durch selbstständiges und eigenverantwortliches Arbeiten zur Zufriedenheit unserer Partner und Bürger.
- Das Verhältnis zwischen Politik, Verwaltung und Bürger ist so, dass die bestmöglichen Ergebnisse zum Wohl unserer Gemeinde erzielt werden.
- Wir nehmen das, was die Generationen vor uns errichtet und aufgebaut haben, dankbar an, gehen sorgsam damit um und entwickeln es zum Wohl der kommenden Generationen weiter.
- Wir haben den Mut, durch konstruktives Miteinander für unsere Bürger eine einzigartige Gemeinde zu sein.

Bei der weiteren Arbeit wurden folgende Aufgabenstellungen erledigt beziehungsweise wurden die folgenden Maßnahmen gesetzt:

- Verbesserung der Zusammenarbeit zwischen der Führung des Altenheimes und der Gemeindeverwaltung.
- Zehn Mitarbeiter der Verwaltung, des Bauhofes und des Altenheimes nahmen an einem weiteren Führungskräftelehrgang teil.
- Das Projekt „Wir leben Gemeinde“ wird mit einer Bürgerbefragung von den Mitarbeitern der Verwaltung initiiert.
- Teilnehmer des Führungskräftetrainings aus Grünburg begleiten auch Projekte in anderen Gemeinden.

Die neue Leiterin des Gemeindeamtes Elisabeth Rohrauer beim Führungskräftetraining (links oben) mit Trainerin Andrea Stricker (rechts oben)

Die Projektgruppe „Wir leben Gemeinde“ bestehend aus Trainingsteilnehmern aus Oberösterreich und Niederösterreich)

Das Leben

Wer geboren wird, hat Talente.

Wer Talente entwickelt, beginnt zu leben.

Wer bewusst lebt, begreift die Welt.

Wer die Welt begreift, macht seine Erfahrungen.

Wer Erfahrungen macht, kommt an seine Grenzen.

Wer seine Grenzen erkennt, schafft Höchstleistungen.

Wer Höchstleistungen schafft, erfährt auch Unvermögen.

Wer im Unvermögen versinkt und sein Schicksal beklagt, der stirbt.

Wer im Unvermögen Chancen erkennt und sie nutzt, wird durch das Leben zum Menschen.

26.7 Die Entwicklung von Impulsen in Rheinland-Pfalz, sowie in der Kreisstadt Simmern und im Hunsrück

Der damalige Bürgermeister der Stadtgemeinde Simmern im Hunsrück, Dipl.-Ing. Hans Bungenstab, überzeugte sich mit einer Delegation in Österreich von erfolgreichen Bürgerbeteiligungsprozessen im Jahre 1998. Sie besuchten unter anderem Langenrohr in Niederösterreich und Steinbach an der Steyr in Oberösterreich. In beiden Gemeinden sprachen die Besucher mit Bürgern, die sie spontan aufsuchten, über die Wirkung der Bürgerbeteiligungsprozesse. In beiden Fällen konnten die Bürger detailliert über die Arbeitskreise, Projektgruppen und das Klima der partnerschaftlichen Zusammenarbeit erzählen.

Die besuchten Bürger überzeugten die Delegation aus Simmern vom Funktionieren der Bürgerbeteiligungsprozesse.

Analyse und Bürgertagung in der Stadt Simmern:

Nach dem Besuch in Österreich veranlasste Bgm. Bungenstab eine aktivierende Bürgerbefragung und eine Bürgertagung in Simmern. Die Bürgerbefragung wurde im Frühjahr 1999 durchgeführt. 145 Bürger wurden befragt. Das Ergebnis war eine Fülle von Informationen und Anregungen für die Weiterarbeit.

Bürgermeister a. D. Dipl.-Ing. Hans Bungenstab

Die erste Bürgertagung in der Stadt Simmern

Die folgenden Hauptthemen wurden in der Befragung genannt und bei der Bürgertagung vom 17. bis 20. Juni 1999 bearbeitet:

- Innenstadtbelebung
- Stadtentwicklung
- Zusammenarbeit/ Kommunikation
- Verkehr
- Wirtschaft
- Infrastruktur
- Tourismus/Freizeit
- WIR-Gefühl, Zusammenhalt
- Kinder

- Jugend
- Familie
- Konflikt Stadt-Umland
- Verwaltung
- Einbindung der Bürger
- Integrationsprobleme
- Arbeitsplätze
- Bildung
- Zukunftsperspektiven/Leitbild
- Politische Kultur

In der Folge wurden Arbeitskreise gebildet und viele Themen bearbeitet. Besonders bemerkenswert sind folgende Ergebnisse:

A. Verwaltungsoptimierung in der Verbandsgemeinde Simmern
B. Jugendaktivierung
C. Stärkung des Bürgerengagements durch den Verein „Engagierte Bürger e. V."
D. Bürgerbeteiligungsprozesse in Gemeinden im Hunsrück
E. Erstpräsentation des Buches „Miteinander Bürger gewinnen" in Rheinland-Pfalz

A. Verwaltungsoptimierung in der Verbandsgemeinde Simmern

mit Führungskräftetrainings, Organisationsentwicklung und der Einführung von Managementinstrumenten (Controlling, Qualitätsmanagement und Personalmanagement).

Das Führungskräftetraining

Engagierte Mitarbeiter und Bürger der Verbandsgemeinde absolvierten in dreitägigen Modulen ein Führungskräftetraining.

Die Umsetzung der Erkenntnisse

Parallel dazu wurden die trainierten Inhalte in die Praxis umgesetzt:

- Die Organisation wurde neu entwickelt und durch ein Organigramm dargestellt. Die Aufgaben und Kompetenzen der Mitarbeiter und Führungskräfte wurden definiert.

- Qualitätsmanagement, Controlling und Personalmanagement wurden eingeführt. Dafür wurden auch die entsprechenden Personalressourcen zur Verfügung gestellt.
- Das Verwaltungsgebäude wurde entsprechend den neuen Anforderungen umgebaut und bürgerfreundlicher gestaltet.
- In Buchform wurden die Erkenntnisse zusammengefasst, der Prozess beschrieben und die Ergebnisse dargestellt. Die Vorwörter des Bürgermeisters, des Verwaltungsleiters und des Projektbegleiters dokumentierten den erfolgreichen Weg.
- Eine deutlich spürbare Aufbruchsstimmung, eine verbesserte Zusammenarbeit und das große Engagement der beteiligten Führungskräfte zeichneten diese Entwicklungsphase aus.

Der Abbruch der Entwicklung:

Aus Gründen, die von den damals Betroffenen bis heute nicht verstanden werden, brach der Nachfolger von Bgm. Dipl. Ing. Hans Bungenstab den erfolgreichen Prozess plötzlich ab:

- Er revidierte getroffene Entscheidungen.
- Er veränderte teilweise ohne Rücksprache mit den Betroffenen deren Aufgaben und Kompetenzen.
- Es gab und gibt bis dato keine Erklärung der Beweggründe für die betroffenen Personen.
- Der Motor des Prozesses, der Verwaltungsleiter Oberamtsrat Manfred Scherer, resignierte nach einiger Zeit, kündigte und ist heute erfolgreicher Leiter einer anderen Verbandsgemeindeverwaltung in Rheinland-Pfalz.

B. Jugendaktivierung

Jugendtagung Simmern

Im Jänner 2000 fand die erste Jugendtagung „Jugend aktiv" als Ergänzung der Impulstagung, an der vor allem erwachsene Bürger teilgenommen hatten, in Simmern statt. Intensive Befragungen der Jugendlichen in der Verbandsgemeinde waren der Veranstaltung vorausgegangen. Vorbereitet durch Teilnehmer eines Führungskräftetrainings und den Arbeitskreis „Jugend" fand 2001 eine weitere Jugendtagung statt.

Seit dieser Zeit organisierte der Arbeitskreis „Jugend" immer wieder unterschiedliche Formen der Jugendtagungen, um aktive Beteiligungsmöglichkeiten zu bieten. Die Jugendlichen bildeten zahlreiche Arbeitskreise zu den unterschiedlichs-

Skaterplatz in der Stadt Simmern in Rheinland-Pfalz

ten Themen. Deutlich wurde dabei, dass sie nicht nur ihre Themen im Blick haben. Die Belebung der Innenstadt, das Zusammenleben und die Gemeinschaft sind für sie ebenso Themen wie für die Erwachsenen. Besonders erfolgreiche Projekte waren der Bau eines Skaterparks, eines Streetballplatzes und die Gestaltung eines Bolzplatzes (Hunsrücker Freiluftspiel).

Die Jugendlichen haben die Geräte teilweise selbst hergestellt, die Arbeiten durchgeführt und die notwendigen finanziellen Mittel durch Spenden organisiert. Die Gemeinde Simmern stellte lediglich die Plätze zur Verfügung.

Der Arbeitskreis „Jugend" arbeitet weiterhin mit der Zielsetzung, Kindern und Jugendlichen aktive, ihnen gerecht werdende Beteiligungsformen zu bieten.

C. Stärkung des Bürgerengagements durch den Verein „Engagierte Bürger e. V."

Aus den Teilnehmern der Führungskräftetrainings in der Verbandsgemeinde Simmern gründete sich der Verein „Engagierte Bürger e. V.". Sein Ziel war, die Beteiligungsprozesse zu fördern und anderen Gemeinden Unterstützung anzubieten. Der Verein verfolgte neben der Stärkung von Beteiligungsprozessen auch die Förderung des Ehrenamtes durch die Schaffung einer Freiwilligenagentur.

In den Diskussionen mit den kommunalpolitischen Vertretern zeigte sich, dass eine solche Stärkung auf sehr viele Ängste stieß. Trotz positiver, gelungener Beispiele in der Region wurden zum einen die ehrenamtlichen Kompetenzen nicht anerkannt und zum anderen die freiwerdenden Energien aus solchen Prozessen als zu wenig steuerbar angesehen. Der Förderung und Aktivierung des Ehrenamtes durch Ehrenamtliche im Sinne der Subsidiarität wurde Unterstützung verweigert.

Erfahrungsaustausch im Hunsrück und an der Mosel mit Absolventen eines Führungskräftetrainings aus Österreich

Der Verein existiert weiterhin und begleitet außerhalb der Region durch Moderationen unterschiedliche Prozesse. Zugleich war er aktiv in die Planung und Gestaltung der Jugendtagungen eingebunden.

D. Bürgerbeteiligungsprozesse in Gemeinden im Hunsrück

Die Bürgerbeteiligungsprozesse wurden von den Teilnehmern am Führungskräftetraining in den Gemeinden Biebern, Belgweiler, Sargenroth und Keidelheim, alle in Rheinland-Pfalz gelegen, durchgeführt.

Hier wird als Beispiel nur die Gemeinde Keidelheim beschrieben

Zur Gemeinde:

Keidelheim ist ein Dorf mit 350 Einwohnern im Hunsrück in Rheinland-Pfalz. Zum ersten Mal wurde es im Jahre 1330 als „Kudelnheim" urkundlich erwähnt.

Keidelheim geht einen neuen Weg
Von Ortsbürgermeister Friedhelm Kurz im Jahre 2001 geschrieben

Auszug aus der Gemeindezeitung

„Viele Bürgermeister und Gemeinderäte beklagen sich über das geringe Interesse der Bürger, bei Gemeindeaktivitäten mitzumachen. Vor allem junge Menschen lehnen Politik und die Mitwirkung dabei ab. In vielen Gemeinden gibt es nicht Zufriedenheit, sondern auch Unbehagen und Ablehnung der Gemeindepolitik. Diese Erscheinungsformen können nicht nur in Gemeinden beobachtet werden, sondern treten oft auch in Vereinen und anderen Organisationen auf. Es fehlt oftmals das Verständnis, die Meinung und Leistung des anderen zu akzeptieren, Ideen weiterzuentwickeln, miteinander etwas Sinnvolles zu tun und positiv miteinander zu kommunizieren. Aus all diesen Gründen gehen wir jetzt einen neuen Weg.

Am Beginn eines solchen Entwicklungsprozesses, der mehrere Jahre läuft, steht eine Impulstagung, die wir vom 1. bis 4. März 2001 durchgeführt haben. An diesen Tagen wurde zunächst die Ist-Situation analysiert. Aufgetretene Mängel und Probleme wurden in einem Themenkatalog zusammengefasst und nach Wichtigkeit gereiht.

Noch während dieser Impulstagung wurden sechs Arbeitskreise ins Leben gerufen, die sich nachfolgend noch vorstellen werden. Durch diese direkte Bürgerbeteiligung an der Entscheidungsfindung und Problemlösung wird sichergestellt, dass die Gemeindearbeit entsprechend den Wünschen und Vorstellungen der Bürger geschieht. Erfreulicherweise arbeiten derzeit schon über 40 Bürgerinnen und Bürger freiwillig und unentgeltlich in den Arbeitskreisen. Jeder ist in diesen Arbeitskreisen herzlich willkommen."

Der Arbeitskreis „Dorfentwicklung"

Am 16. März 2001 fand das erste Arbeitskreistreffen im Bürgerhaus, am 23. März 2001 das zweite statt.

Die erste Aufgabe unseres Arbeitskreises war das „Projekt Radweg". Die Attraktivität des Radweges im Bereich Keidelheim sollte gesteigert werden. Das erste Ergebnis wurde schon bald sichtbar. Die Hütte am Radweg wurde in Eigeninitiative durch den Arbeitskreis verlegt. Am neuen Standort waren die Erdarbeiten schon sehr bald abgeschlossen. Nach den Schalungsarbeiten hat die Firma Schwörer-Kastell aus Simmern dort unentgeltlich eine neue Bodenplatte gegossen. Der Arbeitskreis hat dann mit freiwilligen Helfern die komplette Hütte umgesetzt. Der Platz um die Hütte wurde befestigt, und es wurden Sitzbänke für die Radwegbenutzer aufgestellt. Der Arbeitskreis hat sich bemüht, Sponsoren für die Platzgestaltung zu finden. Des Weiteren wurden Hinweistafeln (Sehenswürdigkeiten in Keidelheim) im Bereich der Hütte aufgestellt.

Eine weitere Aktivität des Arbeitskreises war die Fertigstellung des naturnahen Spielplatzes.

Der neue Spielpatz befindet sich am Südrand von Keidelheim, am Wirtschaftsweg Richtung Bergschlösschen. Er steht allen Kindern der Region zur Verfügung. Erweiterungen sind geplant.

Der neue Spielplatz

Der „Schinderhannes-Radweg“: Der Radweg Simmern – Emmelshausen führt unmittelbar am Ortsrand von Keidelheim vorbei. Er befindet sich auf einer stillgelegten Gleisstrecke. Im Hintergrund sehen Sie Keidelheim aus Richtung Kastellaun.

Der neue „Schinderhannes-Radweg“

Der Arbeitskreis „Öffentlichkeitsarbeit“

Der Arbeitskreis Öffentlichkeitsarbeit widmet sich bis heute hauptsächlich der Gestaltung der Bürgerzeitung, die dreimal im Jahr erscheint. In der Vorbereitung finden jeweils drei Redaktionssitzungen statt. Bei konkreten Fragestellungen werden die Bürger einbezogen und Arbeitsgruppen gebildet.

Seniorentreffen

Der Arbeitskreis „Senioren“

Durch die Impulstage in Keidelheim wurde klar, dass sich auch die älteren Menschen in unserem Ort mehr Freizeitaktivitäten wünschen. Daraus entstand die Arbeitsgruppe „Senioren“. Ziele der Gruppe sollen sein, dass die Senioren mehr Kontakt zueinander haben und mehr Freizeit miteinander verbringen. Direkt nach den Impulstagen wurden hier Nägel mit Köpfen gemacht, und seitdem findet an jedem 3. Mittwoch im Monat ab 15 Uhr im Bürgerhaus ein Treffen für die Senioren statt. Gelungene Nachmittage waren u. a. ein Dia-Nachmittag im Mai, eine Besichtigungstour zur Marienburg an die Mosel oder auch ein Grillnachmittag an der Mühle.

Äthiopischer Abend, links Bgm. Friedhelm Kurz

Der Arbeitskreis „Dorfgemeinschaft“

Der Arbeitskreis Dorfgemeinschaft hat sich zum Ziel gesetzt, die Grundlage für eine gute Dorfgemeinschaft zu schaffen. Mit dem Angebot von Spieleabenden und anderen Aktivitäten (z. B. Äthiopischer

Der „Barfusspfad"

Abend, „Barfußpfad", „Vegetarisches Kochen") soll das „Wir-Gefühl" gefördert werden. Jeder soll sich in Keidelheim wohlfühlen.

Der Arbeitskreis „Kinder, Jugend und Familie"

Der Arbeitskreis Kinder, Jugend und Familie plant und organisiert im Laufe des Jahres verschiedene Aktivitäten, wie naturnahe Ausflüge, Bastelnachmittage

Plätzchen backen für die Adventszeit

Malen mit Kindern

oder ein Spielplatzfest. Nach Herbstwanderungen haben sie mit den Kindern am Spielplatz Stockbrot gebacken, wovon sowohl Kinder als auch Erwachsene jedes Mal begeistert sind. In der Adventszeit basteln sie z. B. auch für den Weihnachtsbasar, der 2003 zum ersten Mal stattfand. Sie malen mit den Kindern und Jugendlichen auch die Bilder für die Adventbäume, die in der Dorfmitte aufgebaut werden.

Das Ergebnis der Arbeitsgruppe „Leitbild"

Leitbild der Gemeinde Keidelheim

Unsere Gemeinde mit all ihren wunderschönen Besonderheiten in der Natur, in der Kultur und der Freizeit wollen wir lieben, schätzen und pflegen.

Den Einklang mit dem Gemeindewohl, die Rücksichtnahme auf die Privatsphäre der Bürger und die Notwendigkeit des Berufslebens suchen und verbessern.

Unsere Dorfentwicklung soll gemeinschaftlich unter Berücksichtigung eines demokratischen Führungsstils mit einem offenen, ehrlichen, toleranten, partnerschaftlichen, respektvollen und loyalen Umgang gestaltet werden.

Durch unsere ideale Gemeinde wollen wir Vorbildfunktion für kommende Generationen sein und die Pflege von Tradition und Verantwortung für schonenden Umgang mit der Natur übernehmen.

E. Erstpräsentation des Buches „Miteinander Bürger gewinnen" (als Vorabdruck) in Rheinland-Pfalz

Oberamtsrat Manfred Scherer

Vertreter aus den Landkreisen Rhein-Hunsrück-Kreis, Landkreis Bernkastel-Wittlich, Landkreis Mainz-Bingen und Landkreis Bad Kreuznach trafen sich in der Verbandsgemeinde Bad Kreuznach zur Erstpräsentation des Buches „Miteinander Bürger gewinnen".

Manfred Scherer und Michael Simon stellten Ing. Robert Moser, der mit seiner Frau Helga aus Österreich angereist war, vor und führten durch das Programm.

- Was bedeutet „Miteinander Bürger gewinnen"?
- Subsidiarität – der Schlüssel zu Bürgerbeteiligungsprozessen
- Gestaltung von Beteiligungsprozessen in Gemeinden
- Konfliktverhalten in unterschiedlichen Rollen
- Verwaltung als Dienstleistung für die Bürger
- Führungsprozesse in Parteien, Verwaltungen, in der Wirtschaft und in Gemeinden
- Von der Vision über Zielvereinbarungen zur praktischen Erledigung der Aufgaben
- Notwendigkeit von Bildungsprozessen
- Umgang mit Widerständen.

In Gruppenarbeiten wurden konkrete Maßnahmen entwickelt, wie Erkenntnisse auch in Gemeinden der vier Landkreise umgesetzt werden können. Ein Training für Verantwortungsträger, das im Herbst 2008 geplant ist, wird diese Umsetzungsarbeit durch Modellprojekte in den Gemeinden unterstützen.

Eine gemeinsame Nachlese in Oberwesel im „Günderodehaus“ mit einem wunderschönen Blick auf den Rhein war der Ausklang, und die an der Gestaltung der Präsentation Beteiligten freuten sich über das positive Feedback der Teilnehmer.

Blick nach Oberwesel vom Günderodehaus in Rheinland-Pfalz

Dipl.-Päd. Claudia Jörg (Trainerin), Susanne Thomas (Mediation und Konfliktberaterin), Oberamtsrat Manfred Scherer, Helga Moser (Trainerin)

Aussagen aus der Schlussrunde:

„Tolle Sache.“

„Man hätte ohne die Veranstaltung etwas vermisst.“

„Interesse wurde geweckt.“

„Es wurden neue Wege aufgezeigt.“

„Ich bin ermutigt worden, weiterzumachen.“

„Ich freue mich auf das Training für Verantwortungsträger im Herbst in Rheinland-Pfalz.“

26.8 Die Verwaltungsinnovation in Oberschützen

A. Ausgangslage

Gemeindeamt, Oberschützen, Bgld.

Durch den jungen, dynamischen Bürgermeister Günter Toth kommen viele neue Ideen und damit neue Ausrichtungen in die Gemeinde. Dies hat auch Folgen für die Aufgabenstellungen und Verhaltensweisen der Bediensteten der Gemeinde. Die Gemeindeverwaltung als Dienstleistungsbetrieb für die Bürger, die Einbindung der Bürger und der Bediensteten in die Weiterentwicklung ihrer Gemeinde und die intensive Zusammenarbeit zwischen den politischen Vertretern, den Bürgern und den Gemeindebediensteten bringen neue Qualitäten, aber auch Spannungsfelder.

Jeder Veränderungsprozess, jede Neuerung bewirkt zunächst eine Verunsicherung der Betroffenen. Besonderes wenn über Jahre hindurch konditionierte Verhaltensweisen durch „neues Denken und Handeln“ abgelöst werden. Dieser Verunsicherung und der aufkeimende Widerstand sowie die teilweise Demotivation bei den Bediensteten kann nur durch einen gemeinsamen Prozess in einer offenen und ehrlichen Atmosphäre, in dem alle Fragen und Unklarheiten sowohl der Mitarbeiter als auch der Führungskräfte bearbeitet werden, erfolgreich gestaltet werden.

Die Bediensteten und der Bürgermeister als Leiter der Verwaltung haben sich in einer gemeinsamen Aussprache im Jahre 2005 auf diesen Prozess eingelassen und diesen erfolgreich begonnen.

B. Strategie der Vorgangsweise

- Analyse der Situation (IST) durch
  - Kunden-(Bürger-)Zufriedenheitsmessungen
  - Aktivierende Befragung der Bediensteten
  - Messung der Unternehmenskultur in der Gemeindeverwaltung
- Unsere Verwaltungsphilosophie (SOLL)
- Gemeinsames Teamentwicklungstraining von GEMEINDE-*impulse* durchgeführt
  - Bürgermeister und Bedienstete der Gemeinde nahmen gemeinsam mit anderen Organisationen und Betrieben an dem Training teil.
- Umsetzungsschritte der Erkenntnisse aus der Situationsanalyse wurden entwickelt und durchgeführt sowohl im eigenen Bereich als auch als Praxis-

schritt und Trainingsvorgang in anderen Organisationen (Betrieben, die am Training teilnahmen)

- Die Durchführung der Analysen und die praktische Umsetzung in den Projekten wurden von den Trainingsteilnehmern unter Supervision von Trainern von GEMEINDE-*impulse* durchgeführt.

C. Analyse

DIE BÜRGERZUFRIEDENHEITSMESSUNG

Vorgangsweise

- Entwicklung der Fragen gemeinsam mit den Verantwortungsträgern
- Auswahl der Zielgruppe
- Einschulung der Befrager (Teilnehmer am Teamentwicklungstraining von GEMEINDE-*impulse* aus anderen Organisationen)
- Durchführung von Vieraugengesprächen mit den Bürgern. Diese dauern ca. eine Stunde. Es wird den Befragten Vertraulichkeit und Anonymität zugesichert. Es werden ausschließlich offene Fragen gestellt.
- Auswertung der Analysegespräche in Verbalauswertungen und grafischen Darstellungen
- Präsentation der Ergebnisse vor den Mitarbeitern der Organisationseinheit im Zuge des Teamentwicklungstrainings
  - Produktoptimierungen und neue Dienstleistungen
  - Konkrete Trainingsmaßnahmen für Mitarbeiter der Gemeindeverwaltung
  - Optimierung der Zusammenarbeit mit den Bürgern

Ergebnisse (Auszug):

	Gut	Verbesserungs-bedarf
Dienstleistungen der Gemeinde	72%	28%
Information über Gemeindeangelegenheiten	79%	21%
Image des Gemeindeamtes	65%	35%
Image des Chefs der Verwaltung (Bürgermeister)	94%	6%
Verhalten der Gemeindebediensteten	71%	29%
Fachkompetenz der Gemeindebediensteten	65%	35%
Leistungsfähigkeit und Leistungswilligkeit	65%	35%

Ergebnisse werden präsentiert, dritter von links Bgm. Günter Toth

Konkrete Verbesserungsvorschläge und neue Dienstleistungen werden von den Bürgern bei allen Fragen angegeben.

Sehr konkrete Antworten wurden zu den Verbesserungspotenzialen der Führungskräfte gegeben:

- des Bauhofleiters
- des Amtsleiters
- des Bürgermeisters

Die **Zukunftschancen der Gemeinde** werden allgemein als positiv gesehen, auf folgende Punkte wurde besonders eingegangen:

- Zuzug von Bewohnern
- Arbeitsplätze
- Wirtschaft
- ältere Bewohner
- Kinderbetreuung

Folgende Themen sollten in der Gemeinde vorrangig behandelt werden:

- Kinder
- Jugend
- Kommunikation und Zusammenarbeit
- ältere Bewohner
- Finanzen
- Information
- Arbeitsmarkt
- Integration

Die Analyse umfasst 30 Seiten und enthält eine Fülle von Antworten, die im Zuge der Teamentwicklung bearbeitet wurden.

DIE AKTIVIERENDE MITARBEITERBEFRAGUNG

Vorgangsweise

Vorbereitung

- Vorgespräche mit den Verantwortungsträgern der Gemeinde
- Entwicklung der Fragen gemeinsam mit den Verantwortungsträgern
- Einstimmung der Bediensteten auf die Analysegespräche und das Teamentwicklungstraining
- Einschulung der Befrager (Teilnehmer am Teamentwicklungstraining aus anderen Bereichen)
- Durchführung der aktivierenden Befragung durch Vieraugengespräche.

Ablauf

- Die Gespräche dauern in der Regel zwischen ein und eineinhalb Stunden. Es wird den Befragten Vertraulichkeit in Bezug auf die Aussagen und Anonymität zugesichert.
- Es werden ausschließlich offene Fragen gestellt, um das Bewusstsein, die Befindlichkeiten und Meinungen der Befragten feststellen zu können.
- Die Fragestellungen werden den Befragten vor der Befragung nicht mitgeteilt, um die Spontanität und die Echtheit der Antworten möglichst zu erhalten.

Hintergrund

- Der Mensch setzt seine Handlungen in der Regel nicht aufgrund abgesicherter Fakten. Sein Handeln wird hauptsächlich beeinflusst durch seine Befindlichkeiten, Meinungen und Emotionen. Deswegen sind offene Fragen und spontane Antworten als Grundlage für einen Teamentwicklungsprozess so wichtig.

Weiterarbeit

- Präsentation der Ergebnisse beim Teamentwicklungstraining.

ERGEBNISSE (AUSZUG)

Die Stärken der Verwaltung

- Kundenorientierung
- Kommunikation und Zusammenarbeit
- Fachkompetenz
- Führung
- Personal

- Ausstattung
- Weiterbildung
- Flexibilität

Die Verbesserungsmöglichkeiten

- Kommunikation und Zusammenarbeit
- Aufgaben und Kompetenzen
- Führung
- Öffentlichkeitsarbeit
- Kundenorientierung
- Personelles
- Konfliktbearbeitung
- Organisation
- Weiterbildung
- Flexibilität
- Fachkompetenz
- Ausstattung
- Bearbeitungstempo
- Persönlichkeitsentwicklung
- Besprechungen
- Information

Konkrete Stärken und Verbesserungsmöglichkeiten können in beiden Bereichen (bei Stärken und Verbesserungsmöglichkeiten) durch unterschiedliche Menschen, unterschiedliche Bereiche und unterschiedliche Ansichten auftreten.

In den 57 Seiten der umfassenden Analyse gibt es jede Menge konkreter Verbesserungsvorschläge und Zukunftsperspektiven. Der Stolz der Menschen auf die Gemeinde kommt zum Ausdruck.

DIE MESSUNG DER UNTERNEHMENSKULTUR

Vorgangsweise

- Am Ende des Vieraugengespräches, im Zuge der aktivierenden Mitarbeiterbefragung, wird der standardisierte Fragebogen den Mitarbeitern übergeben mit der Bitte, ihn auszufüllen
- Auswertung der Fragebögen in grafischen Darstellungen der Kultur- und Stärkenpotenziale der Gemeinde

- Diese Unternehmenskulturmessung bildet gemeinsam mit der Kundenzufriedenheitsmessung, der aktivierenden Befragung und der Unternehmensphilosophie die Grundlage für Verbesserungsaktivitäten sowie für Trainings- und Bildungsmaßnahmen
- Information der Gemeindeführung über die Analyseergebnisse
- Präsentation der Auswertung beim Teamentwicklungstraining

ERGEBNISSE

Verbesserungspotenziale

Hoch (viel zu tun)	Mittel	Gering (gut entwickelt)
Kommunikation	Führungspersönlichkeiten	Lieferantenbehandlung
Gruppenfähigkeit	Führungsprozess	Bürgerbehandlung
Konfliktbearbeitung	Arbeitsmethoden	Beziehungen zu anderen Behörden und Gemeinden
Gesundheit	Controlling	Marketing
Qualitätsmanagement	Betriebsklima	Zukunftschancen
	Kreativität	Öffentlichkeitsarbeit
	Mitarbeiterbehandlung	
	Weiterbildung	
	Personalmanagement	

D. Die Verwaltungsphilosophie von Oberschützen

Die Vewaltungsphilosophie von Oberschützen besteht aus Überlegungen zum gemeinsamen Wollen. Als Grundlage der gemeinsamen Erarbeitung durch die Mitarbeiter und den Bürgermeister als Verwaltungsleiter diente die **„Führungsphilosophie der WERT-*impulse*“**. Diese wurde in Arbeitsgruppen adaptiert und zur „Verwaltungsphilosophie von Oberschützen“ weiterentwickelt.

E. Das gemeinsames Teamentwicklungstraining

um nachhaltige Entwicklungen sicherzustellen und die Fähigkeit zu besserer Zusammenarbeit zu entwickeln.

Gruppenbildungsprozess

1. TEIL

- Selbstkompetenz (Präsentationsfähigkeit, Motivationsfähigkeit)
- soziale Kompetenz – partnerschaftliche Zusammenarbeit
- Führungskompetenz
- Konfliktlösungskompetenz

Sinn

- Befähigung der Teilnehmer, die Verwaltungsphilosophie bei der Tagesarbeit und bei der Führungsarbeit umzusetzen
- Befähigung der Führungskräfte zur Optimierung und Effizienzsteigerung in der Organisation bei gleichzeitiger Steigerung der Lebensqualität für Mitarbeiter, Kunden, Partner und Bürger
- Befähigung der Führungskräfte für Coaching, Trainings- und Bildungsprozesse, um in der Gemeindeverwaltung diese Kompetenzen aufzubauen (Verringerung von Fremdleistungen)

Zielgruppe

- Bürgermeister
- alle Bediensteten der Verwaltung
- Bauhofleiter

Trainingsablauf

- Das Training und die Umsetzung in die Praxis erfolgen parallel in Projekten
- Trainingseinheiten und Praxiserfahrungen wechseln sich ab
- Die Projektarbeit wird nicht im eigenen Verantwortungsbereich durchgeführt
- Die Durchführungsverantwortung auch für die Projektarbeit liegt bei den beauftragten Trainern

TRAININGSINHALTE

Modul 1 **Persönlichkeitsentwicklung/Präsentation**

- positiv denken und formulieren
- Selbstbild/Fremdbild
- Eigeninitiative/Selbstwert
- Hemmschwellen/Leistungsfähigkeit
- Reden/Überzeugung
- Wertorientierung
- weitere Lerninhalte für die nächsten Module fixieren

Praxisschritte fixieren

- konkrete Teamentwicklung in der Gemeinde Oberschützen im Verwaltungsbereich mit Kundenzufriedenheitsmessung und aktivierende Mitarbeiterzufriedenheit
- konkrete Teamentwicklung in einer Baufirma mit einer aktivierenden Mitarbeiterzufriedenheitsmessung

Modul 2 **Kommunikation/Gesprächsführung/Konfliktbearbeitung**

- Sinne, Wahrnehmung, nonverbale Kommunikation
- Feedback und Auswertung
- Streit/Konsens/Kompromiss
- Konfliktbearbeitung
- Beziehungen aufbauen und halten
- Gesprächsverhalten in schwierigen Situation

Praxisschritte, die seit dem letzten Modul umgesetzt wurden, analysieren und bewerten. Weitere Schritte in den Praxisprojekten vorbereiten und die Durchführung bis zum nächsten Modul planen.

Konfliktbearbeitung, Seminarhotel Knappenhof, Reichenau a. d. Rax, NÖ

Modul 3 Gruppenfähigkeit/Moderation/ Führungsverhalten/Führungsprozess

- Gruppen aufbauen sowie Menschen dafür begeistern
- Gruppenregeln entwickeln
- Aufgaben und Funktionen der Mitarbeiter, Gruppenleiter, Moderatoren
- Umgehen mit Gruppenmitgliedern und Moderationstechniken
- Umgehen mit Störfaktoren und Mobbing
- Entscheidungsvorbereitungen und Durchführungsprozesse
- Führungsprozess
- Führungspersönlichkeit
- Führungsgrundsätze
- Verwaltungsphilosophie

Praxisschritte, die seit dem letzten Mal umgesetzt wurden, analysieren und bewerten. Weitere Schritte in dem Praxisprojekten vorbereiten und die Durchführung konkret planen.

Zusatznutzen:

Nach Abschluss des Trainings und der Projektarbeit sind viele Teilnehmer in der Lage, selbstständig Projekte durchzuführen:

- optimales Zusammenwirken in größeren und kleineren Organisationseinheiten
- Teamentwicklungsprozesse zur Steigerung der Effizienz in der Organisation und der Lebensqualität der betroffenen Mitarbeiter
- Spannungs- und Konfliktbearbeitungen
- Messungen der „Kunden- und Mitarbeiterzufriedenheit“

Externe Trainer- und Beratungsleistungen werden dadurch auf ein Minimum reduziert. Die Kompetenzen im eigenen Bereich werden größer und die Projektabwicklungen können dadurch besser an die Bedürfnisse und Notwendigkeiten der Organisationseinheiten angepasst werden.

Trainingsvorgang

- Das Training für die Teamentwicklung umfasste drei Module.
- Es wurden alle drei Module im Frühjahr 2006 durchgeführt.
- Zusätzlich waren Praxisschritte vorgesehen, die schrittweise zwischen den Modulen durchgeführt wurden.
- Das gesamte Training dauerte sechs Monate.

- Ein Modul dauerte drei Tage, wobei auch an den Abenden gearbeitet wurde.
- Die Trainings fanden in einem gemütlichen Landgasthof in der Natur statt (außerhalb des Berufsfeldes – mit Übernachtungen).

F. Die Umsetzung der Erkenntnisse als Praxisschritte zwischen den Trainingseinheiten

Als Praxisschritte wurden Projekte durchgeführt.

- Bürgerzufriedenheitsmessung
- aktivierende Mitarbeiterbefragung
- Messung der Unternehmenskultur
- Teamentwicklung (Entwicklung der Persönlichkeit und der Organisation) als Modell in einer Organisationseinheit

Trainingsabschluss, Knappenhof, NÖ

G. Die konkreten Ergebnisse

Folgende konkreten Ergebnisse wurden erzielt:

1. **Gemeinsame Regeln** für die künftige Zusammenarbeit, die von allen Betroffenen auch unterschrieben wurden.
2. **Gemeinsame Entwicklung eines Organigramms** für die Gemeindeverwaltung.

   Dieses wurde von allen Mitarbeitern für positiv befunden und vom Bürgermeister bestätigt.
3. **Aufgaben und Kompetenzverteilung** gemeinsam mit den Mitarbeitern entwickelt und vom Bürgermeister bestätigt.
4. **Neue Bürogestaltung und Umbau** der Räumlichkeiten im Gemeindeamt mit folgenden Zielen:
   - bürgerfreundliches, für den Bürger offenes Gemeindeamt mit einem Ansprechpartner (Ausnahme Spezialthemen)
   - Räume, Sitzordnung und Raumverteilung entsprechend den neuen Aufgaben und Kompetenzen der Mitarbeiter und Führungskräfte

5. Aus den **Verbesserungsvorschlägen** der Analysen wurde ein Themenkatalog mit Prioritäten entwickelt. Diese Themen werden nun Schritt für Schritt von den Mitarbeitern in den nächsten Monaten abgearbeitet.
6. Die neue Organisation und die Dienstleistungen der Gemeindebediensteten wurden im Sommer 2007 von den Bediensteten den Bürgern im Zuge der Bürgermeisterstammtische in den Ortsgemeinden vorgestellt.

Training für Zusammenarbeit, Kindergarten Oberschützen, Bgld.

7. Spannungs- und Konfliktbearbeitung im Kindergarten.

   Vorhandene Spannungsfelder wurden offen ausgesprochen und gemeinsam mit allen Betroffenen bearbeitet. Nach einem Rollentausch wurden Regeln aufgestellt, die in Zukunft eine bessere Zusammenarbeit ermöglichen.
8. Führungskräftetraining für Verantwortungsträger in der Gemeinde. Dies ist mit konkreten Praxisschritten ab Herbst 2008 vorgesehen.

H. Schlusswort

Führungskräftetraining, Knappenhof, NÖ

Der bisher eingeschlagene Weg ist die konsequente Umsetzung der Verwaltungsphilosophie im Alltag. Dadurch wird die Effizienz in der Gemeindeverwaltung gesteigert und die Lebensqualität in der Zusammenarbeit der Bediensteten erhöht. Die Dienstleistungen werden entsprechend den Bürgerwünschen angepasst. Der nächste Schritt ist das Führungskräftetraining für Verantwortungsträger mit konkreten Bürgerbeteiligungsprozessen und Projekten in den Ortsteilen unter dem Motto „**Erfolge durch Effizienz und Lebensqualität**“.

26.9 Die Gemeindeoptimierung in Podersdorf am See, Burgenland

Die Tourismusgemeinde Podersdorf am See liegt als einzige Gemeinde direkt am Neusiedlersee (ohne Schilfgürtel) und Teile des Gemeindegebietes sind Weltkulturerbe.

Kirche, Podersdorf am See, Bgld.

Die Gemeindeanalyse

Im Herbst 2006 hat sich der damalige Bürgermeister Ökonomierat Johann Ettl gemeinsam mit dem Geschäftsführer der Tourismus- und Freizeitbetriebsgesellschaft m.b.H. Walter Gisch entschlossen, eine Verwaltungsoptimierung durchzuführen. Im Zuge dieser Reform wurden folgende Aktivitäten durchgeführt:

- Unternehmenskulturmessung
- aktivierende Mitarbeiterbefragung

Die Analysen wurden sowohl für die Gemeindeverwaltung als auch für die Gemeindebetriebe wie die Podersdorfer Tourismus- und Freizeitbetriebsgesellschaft m.b.H. erstellt.

Die Umsetzung der Erkenntnisse aus der Gemeindeanalyse

Präsentation der Bediensteten über die Ergebnisse der Tagung zur Optimierung der Verwaltung und der Betriebe vor dem Gemeinderat:

Der 2007 neu gewählte Bürgermeister Andreas Steiner führte die Aktivitäten verstärkt weiter. So konnte dem Podersdorfer Gemeinderat am 14. Mai 2007 folgender Bericht von der Tagung zur Gemeindeoptimierung von den Bediensteten der Gemeinde vorgetragen werden:

- Sinn und Zweck der Organisationsentwicklung für die Gemeinde
- Was bringt die Organisationsoptimierung den gemeindeeigenen Betrieben und den Gemeindeeinrichtungen
- Analyseergebnisse (Bürger, Bedienstete)
- Themenschwerpunkte
- Neu entwickeltes Organigramm für die Gemeindeverwaltung und die gemeindeeigenen Betriebe
- Neue Aufgaben- und Kompetenzverteilung im Gemeindeamt
- Neue Organisation im Bauhof
- Künftige Bürgerorientierung
- Bessere Information über Einkaufsmöglichkeiten und Zimmervermietung

Walter Gisch, Geschäftsführer der Tourismus- und Freizeitbetriebsgesellschaft m.b.H. Podersdorf

Gemeindeoptimierung, Podersdorf am See, Bgld.

- Organisations- und Optimierungsabsichten im Bereich des Strandes, des Mobilheimplatzes, des Campingplatzes und des Seebades
- Der Vorschlag für ein Leitbild der Podersdorfer Gemeindebediensteten

Führungskräftetraining:

Ab Herbst 2007 wurde ein Training für Führungskräfte aus der Verwaltung und den gemeindeeigenen Betrieben aus Podersdorf am See und anderen Gemeinden durchgeführt. Aus Podersdorf besuchen 14 Teilnehmer diesen Lehrgang. Dabei werden die Inhalte des Führungskräftetrainings in zehn Modulen, die jeweils drei Tage dauern, bearbeitet bzw. trainiert.

Praxisschritte:

Im Zuge des Führungskräftetrainings wurden bzw. werden auch konkrete Praxisprojekte von den Trainingsteilnehmern durchgeführt:

1. **Ortsbildgestaltung**

   wird als Arbeitskreis gemeinsam mit den Bürgern, die sich in der Bürgertagung für dieses Thema interessiert haben, durchgeführt.

2. **Informationsabende**

   für die Bürger über die Dienstleistungen der Gemeindeverwaltung und der gemeindeeigenen Betriebe.
   Im Herbst 2008 ist unter der Anwesenheit des Bürgermeisters Andreas Steiner geplant, den Bürgern die Dienstleistungen von den durchführenden bzw. betroffenen Mitarbeitern vortragen zu lassen. In der anschließenden Diskussion werden Fragen und Wünsche der Bürger bearbeitet. Die betroffenen Mitarbeiter bereiten zur Zeit übersichtliche Powerpoint-Präsentationen als Unterstützung für ihre Impulse bei den Informationsabenden vor.

Führungskräftetraining, Podersdorf am See, Bgld.

3. **Gästezufriedenheitsmessung**

   Um die Wünsche, Bedürfnisse, Probleme und Beschwerden der Gäste betreffend die Tourismuseinrichtungen der Gemeinde Podersdorf am See zu erfahren, wird eine umfangreiche Gästezufriedenheitsmessung ab 1. Mai 2008 durchgeführt. Es ist vorgesehen, cirka 2000 Gäste mit diversen offenen und geschlossenen Fragen zu befragen. Die Auswertung erfolgt zielgruppenorientiert in drei Abschnitten:

   - Vorsaison
   - Hauptsaison
   - Nachsaison

Im folgenden Winter ist zur Vorbereitung der neuen Saison eine Tagung mit allen Tourismusbetrieben und mit allen im Tourismus Beschäftigten zur Umsetzung der Befragungsergebnisse vorgesehen.

4. **Aktivierende Bürgerzufriedenheitsmessung**

   Im März 2008 wurden 117 Personen aus Podersdorf am See mit 59 offenen Fragen befragt. Davon waren

   - 71 Bürgerinnen und Bürger
   - 12 Wirtschaftstreibende
   - 14 Beschäftigte der Gemeinde und
   - 20 Gemeinderäte

Alle Bürger von Podersdorf am See konnten sich zur Befragung zur Verfügung stellen. Diese Aktivität wurde in der Gemeindezeitung veröffentlicht, vom Bürgermeister erklärt und beschrieben. Das Interesse war groß. Zirka 5% der Bürger wurden in einem bis zu zwei Stunden dauernden Interview, das von den Trainingsteilnehmern durchgeführt wurde, befragt.

Die Auswertung wurde nach Zielgruppen vorgenommen und bei einer folgenden Bürgertagung allen Teilnehmern zur Einsichtnahme zur Verfügung gestellt.

Alleine die Befragung brachte sehr viele Informationen und Anregungen, deren Umsetzung sicherlich die nächsten Jahre in Anspruch nehmen wird. Die Befragten wurden durch diese Aktivität auch dazu motiviert, sich mit Gemeindeangelegenheiten auseinanderzusetzen und an der folgenden Bürgertagung teilzunehmen.

5. **Die Bürgertagung zur Aufarbeitung der Analyseergebnisse**

   An den beiden Bürgertagungen im April 2008 konnte der Bürgermeister Andreas Steiner mehr als 80 Bürgerinnen und Bürger begrüßen.

Nach der Präsentation der Analyse wurden die Themen nach Dringlichkeit und Wichtigkeit bewertet. Die folgenden themenbezogenen Arbeitskreise wurden gegründet:

- Veranstaltungskonzept
- Verkehrskonzept
- Positionierung der Gemeinde
- Bauplätze
- Ortsbildpflege
- Jugend
- Zimmerstandards
- Optimierung Tourismus
- Gemeindeleitbild Podersdorf am See
- Strandanlagenkonzept
- Öffnungszeiten/Winterbetrieb
- Gemeinsame Schwerpunkte
- Marketing

Bei der Tagung wurden zu jedem Thema und Arbeitskreis die folgenden Punkte erarbeitet und fixiert:

Bürgermeister Andreas Steiner

Bürgertagung, Podersdorf am See, Bgld.

- Aufgaben bzw. Problemstellung
- Nutzen, Sinn und Zweck des Arbeitskreises
- Lösungsvorschläge
- Detailaufgaben
- Terminplan
- Wer muss aller eingebunden werden
- Arbeitskreisleiter und Stellvertreter
- Ort, Zeit und Tagesordnung für die nächste Zusammenkunft

Umgang mit Gästen, Podersdorf am See, Bgld.

An bis zu drei aufeinanderfolgenden Tagen wurde nachgedacht, diskutiert, geplant und ein tolles Ergebnis erarbeitet. In der Abschlussrunde, an der jeder Teilnehmer seine Eindrücke sagen konnte, wurden sehr positive Meinungen über den Bürgerbeteiligungsprozess geäußert und eine „allgemeine Aufbruchsstimmung" wurde spürbar.

6. **Umgang mit Gästen**

   Um die Gäste in Zukunft noch besser empfangen und mit ihnen besser umgehen zu können, wurde ein dreitägiges Training für alle Bediensteten der Gemeinde bzw. der gemeindeeigenen Betriebe durchgeführt.

Neben einem Verhaltenstraining wurden auch Maßnahmen überlegt, die zur Optimierung des Angebotes für die Gäste in Zukunft beitragen können.

Die Bewertung des Podersdorfer Weges

Der eingeschlagene „Podersdorfer Weg" hat bereits viele Früchte getragen. Die Motivation der Betroffenen und der Teilnehmer in den Trainings und bei den Veranstaltungen ist in dem folgenden Auszug aus Wortmeldungen ersichtlich:

Über die Bürgertagung

- sehr überrascht, dass so viele gekommen sind
- kürzere Abstände für solche Treffen
- sehr positiv überrascht über die guten Vorschläge
- positiv für die Zukunft
- sollten schon früher zusammenkommen

- wichtig, dass jeder etwas gesagt hat
- finde es super, dass so viele dabei waren
- wenn wir das umsetzen → Vorzeigegemeinde
- Grundstein und Basis gelegt für weitere Zusammenarbeit
- Grundstimmung sehr positiv
- konsequentes Durchziehen notwendig
- wichtig war, dass Betriebe gefragt wurden
- Koordination der Betriebe ist wichtig
- Dank an Bürgermeister; er hat es initiiert und garantiert für konsequente Durchführung
- es waren noch nie so viele Tourismusbetriebe anwesend
- abwägen, was möglich ist
- ist ein großer Erfolg für Selbstständige und für Unternehmer

Feedback nach dem 4. Modul des Führungskräftetrainings durch die Teilnehmer

- Von Modul zu Modul wird es immer interessanter
- Fast unglaublich, was im Menschen steckt, was er aufnehmen kann und glaubt zu besitzen – jetzt findet er es
- Hervorragende Sache – danke an die Arbeitgeber
- Jetzt glaube ich, kommen wir an das Maximum der Belastbarkeit – nichts mehr Zusätzliches dazugeben
- Danke bei Arbeitgeber, dass es möglich ist, mitzumachen
- Haben tolle Regeln aufgestellt zur Konfliktlösung
- Rollenspiel hat gezeigt, dass man oft zu schnell reagiert
- Fühle mich in dieser Runde sehr wohl
- Ich bin dankbar, dass ich dabei sein darf
- Praxisschritte sehr gewinnbringend
- Entwicklung erlebe ich sehr positiv
- Schöne Feste
- Am Seminarablauf nichts ändern, dauert nicht zu lange
- Man lernt immer wieder etwas dazu
- Regeln sehr hilfreich
- Mir gefällt immer wieder der sehr praktische Ansatz und das unmittelbare Lernen

- Vieles bleibt hängen – Strategie, Lösungsweg, Zukunftsorientierung
- Bin stolz auf uns, dass ihr so zufrieden seid mit dem Seminarzyklus und der Optimierung, die gestartet wurde. Beruhigt als Leiter einer Firma, dass das so positiv aufgenommen wird
- Vieles ist bewusst geworden
- Wieder in Erinnerung gerufen, wie wir uns in Situationen verhalten sollen
- Danke an Trainerteam für die abwechslungsreiche Gestaltung

Bgm. Andreas Steiner

- Bevölkerung merkt, dass Bewegung drinnen ist
- Positives wird nach außen getragen!
- Mitarbeiter sind unser Kapital – je besser die Mitarbeiter, desto mehr Kapital haben wir zur Verfügung
- Fortschritt ist gewaltig; super was ihr für Fortschritte macht
- Wichtig, dass die Gewerbetreibenden und Gastronomen bei der Bürgertagung waren
- Bin froh über den Schritt, den wir unternommen haben
- Wir haben die richtige Richtung und das richtige Tempo
- Danke für das Engagement!

Abendstimmung in Podersdorf am See, Bgld.

Zum Abschluss

Abendstimmung, Südtirol, Schlern

27. Schlusswort

Unser Beitrag zu einer neuen Kultur des „Miteinander“

Die Ursachen der Politikverdrossenheit

Die politische Kultur in unseren Gemeinden, in den Ländern und in der Bundesregierung ist ein Abbild der Kultur des Zusammenlebens in vielen Bereichen der Gesellschaft: Positiv ist, dass die nachfolgenden Erscheinungsformen nur in Teilbereichen der Gesellschaft auftreten.

- Andere Parteien sind Gegner (oft auch „Klassenfeinde“) und gehören daher bekämpft.
- Menschen mit anderen Gedanken oder Vorstellungen werden als Gegner betrachtet.
- Auf Angriff erfolgt Gegenangriff.
- Das Akzeptieren des Anderen, das Zuhören und das Lernen vom Anderen treten weitgehend in den Hintergrund.
- Der Fraktionszwang bedingt Entscheidungen, die oft gegen die persönliche Überzeugung und das Gewissen der abstimmenden Personen getroffen werden. Dabei handeln Abgeordnete unter Umständen auch gegen die Verfassung und damit gegen den Eid, den sie als Funktionsträger geleistet haben.
- Hass, Neid, Missgunst und Ausgrenzungen lösen Ängste und Unbehagen aus.
- Lügen, Intrigen, Unsicherheit und Unehrlichkeit beherrschen zunehmend den Alltag.
- Ziele einzelner Personen werden mit allen Mitteln durchgesetzt. Das Miteinander und das Gemeinwohl bleiben oft auf der Strecke.
- Der Weg ist nicht Teil des Zieles, sondern das Ziel heiligt die Mittel auf dem Weg.

Über das Fernsehen, den Rundfunk oder die Zeitungen bekommen wir täglich solche Verhaltensweisen „frei Haus“ geliefert. Das Handeln der politisch Verantwortlichen, die in den Medien präsent sind, hat große Wirkung – teilweise auch Vorbildwirkung – auf jene Menschen, die die Medien konsumieren.

Verstärkt wird diese Entwicklung durch die Berichterstattung in den Medien, wo über negative Informationen breit berichtet wird und positive Ereignisse viel zu kurz kommen oder verschwiegen werden („bad news are good news").

Die Menschen sind in der Regel auf Sensationen, Katastrophen, Kampf, Streit und Auseinandersetzungen programmiert. Sie greifen zu jenen Medien, die verstärkt darüber berichten und fördern so die Negativspirale. Positives verhallt in der schrillen Medienlandschaft und erinnert an Sandkörner in der Wüste.

Die Politikverdrossenheit wird zunehmend beängstigend und es ist nur noch eine Frage der Zeit, bis sie unser demokratisches System destabilisiert.

Das oben beschriebene Verhalten tritt im politischen Bereich verstärkt und öffentlichkeitswirksam aber auch im Berufsleben in den Familien und im Freizeitbereich in Erscheinung.

Die Beispielwirkung vor allem für unsere Kinder und Jugendlichen ist teilweise katastrophal. Die jungen Menschen müssen glauben, dass das Zusammenleben in der Welt vorwiegend so aussieht und orientieren sich danach.

Dieser negative Stil verbreitet sich wie eine Krebskrankheit mit Metastasen.

Diese Entwicklung begünstigt vorwiegend populistische und extreme Gruppierungen – demokratische Parteien bleiben eher auf der Strecke.

Der Weg zur Partnerschaft und zum Miteinander

Zunehmend erkennen Parteien aus allen politischen Richtungen die Notwendigkeit einer Veränderung und eines Zugehens auf die Bürger.

In manchen Gemeinden gibt es auch schon ein neues Miteinander über Parteigrenzen hinweg.

Michael Gorbatschow hat durch sein Wirken die sozialistische Denkungsweise weiterentwickelt und damit grundlegend geändert: „Vom Kampf der Gegensätze" kommend spricht und handelt er im Sinne der „Evolutionstheorie" – er spricht von Synergien, gegenseitigem Ergänzen und Lernen. Gegensätze werden plötzlich positiv gesehen und führen in einem Entwicklungsprozess zu neuen Erkenntnissen, neuen Entwicklungen, neuen Möglichkeiten, neuen Fähigkeiten und zu einem „Mehrwert" für alle Betroffenen. Dieses „neue Denken" hat er in einem gleichnamigen Buch beschrieben. Er löst damit integrative Entwicklungen in Europa und auch weltweit aus, die vorher undenkbar waren.

Viele Menschen sehnen sich heute nach Werten bzw. Verhaltensweisen wie

- Geborgenheit
- Gerechtigkeit
- Ehrlichkeit
- Freiheit

- Frieden
- Anerkennung
- Wertschätzung und
- die Möglichkeit, eine neue Lebensqualität entwickeln zu können.

Manchen ist es gelungen ihr Umfeld und auch ihre Persönlichkeit so zu entwickeln, dass sie danach handeln und diese „Lebenskultur" leben und erleben können. Oft erscheinen sie als Inseln wie aus einer anderen Welt.

Viele Menschen sind dazu aber nicht in der Lage, fühlen sich ohnmächtig, sind unzufrieden und hadern mit ihrem Leben. Jene, die sich in dieser Situation befinden, werden auch oft krank. Es gibt Fachleute, die der Meinung sind, dass 90% der Krankheiten auf psychisch bedingte Negativsituationen zurückzuführen sind.

Jene Menschen, die diese Situation in der Gesellschaft erkannt haben, tragen eine besondere Verantwortung. Sie sind berufen, Veränderungsprozesse einzuleiten und neue Lösungen zu suchen. Lösungswege bedeuten eine Änderung der Kultur des Zusammenlebens in der Gesellschaft und auch eine Änderung der politischen Kultur in unseren Ländern.

Die Voraussetzung dafür ist das Wollen der einzelnen Menschen, sich auch persönlich darauf einzulassen. Jeder Mensch kann auch in den Kleingruppen (5 bis 13 Personen), in denen er tätig ist, ein besseres „Miteinander" initiieren, trainieren und konditionieren.

Beinahe jeder Mensch ist in unterschiedlichen Kleingruppen und Rollen tätig. Naturgemäß ist der Wille zur Veränderung von Personen in Führungspositionen eher von Erfolg gekrönt. Es ist unerheblich in welchen Gruppen der Veränderungsprozess initiiert wird. Die Verantwortungsträger müssen es wollen und die betroffenen Personen von der Sinnhaftigkeit überzeugen.

Ob auf Bundes-, Landes- oder Gemeindeebene, ob in der Politik, im Berufsleben, in der Freizeit oder in der Familie: In Gruppen laufen immer ähnliche Prozesse ab, lediglich die Themen sind verschieden und die Wirkung in der Gesellschaft ist auf Bundes-, Landes- oder Konzernebene größer.

In diesem vorliegenden Buch sind die Strategien, die Vorgangsweise, das notwendige Training für Verantwortungsträger mit den Praxiserfahrungen in konkreten Projekten, die dahinterliegenden Werte und die davon abgeleiteten Verhaltensweisen, Grundsätze und Strukturen detailliert erklärt und dargestellt.

Es ist ein ganzheitlicher wertorientierter Prozess.

Der Veränderungsprozess vom Gegeneinander zu Miteinander ist in jeder Struktur sinnvoll und auch möglich, wenn die beteiligten Menschen es wollen.

Es hängt also vom Wollen der einzelnen Persönlichkeiten ab,

- das persönliche Verhalten in Richtung Partnerschaft zu verändern und
- in Gruppen, in denen wir tätig sind, Initiativen und Impulse zu setzen, die ein partnerschaftliches Miteinander zum Ziel haben.

Die Voraussetzungen, Notwendigkeiten und Vorgangsweisen sowie die Bedeutung, die den einzelnen Menschen und Gruppen dabei zukommt, sind erkannt. Jetzt geht es darum zu beginnen – den ersten Schritt zu tun.

Wenn wir bereit sind, uns persönlich und in Gruppen, in denen wir leben, weiterzuentwickeln, ist es nur eine Frage der Zeit, bis dieser Erfolgsweg und seine Wirkung in der gesamten Gesellschaft spürbar sind.

Wir können damit viel erreichen:

- Die Erfolgschancen werden größer
  - in unseren Gemeinden,
  - in unseren Betrieben und
  - in unseren Vereinen.
- Die Familien werden harmonischer; sie strahlen vermehrt wieder Geborgenheit und Sicherheit aus.
- Die psychisch bedingten Krankheiten werden weniger.
- Die Gesundheitskosten werden geringer.
- Die Effizienz und der Erfolg in Betrieben und Gemeinden wird größer.
- Die Lebensqualität der Menschen wird wieder steigen.

Was hindert uns daran mit der Umsetzung vom **Gegeneinander zum Miteinander** zu beginnen?

Ing. Robert Moser

28. Erkenntnisse

Wenn Sie Erfahrungen im Bereich Bürgerbeteiligung selbst erlebt haben, dann teilen Sie uns diese Erkenntnisse bitte mit. Wir stellen sie wiederum anderen zur Verfügung, um die Lebensqualität für möglichst viele weiter zu verbessern.

Südtirol, Geislerspitzen: Harmonie zwischen Mensch und Natur

Ihre Erkenntnisse:

Bitte senden Sie Ihre Gedanken, Erfahrungen, Erlebnisse, Erkenntnisse und erfolgreiche Projekte im Zusammenhang mit Bürgerbeteiligungsprozessen an GEMEINDE-*impulse*. Wir werden sie bei der Neuauflage dieses Buches bzw. im Band 2 berücksichtigen.

An
Firma GEMEINDE-*impulse*
Brunngasse 13
2540 Bad Vöslau
Tel.: +43 (0)2252/788 36
Fax: +43 (0)2252/788 36-99
Mail: office@wert-impulse.at
Homepage: www.wert-impulse.at

29. Begriffserklärungen

Bürgerbeteiligung

- ist die Beteiligung von Bürgern nicht nur an der Entscheidungsfindung, sondern auch bei der Ideenfindung und der Umsetzung

Effektivität

- ist die Wirkungskraft

Effizienz

- ist die Wirksamkeit

Erfolgsfaktoren

- Stärken und Einzigartigkeiten der Organisation, die in der Vergangenheit Erfolg gebracht haben und von denen zu erwarten ist, dass sie auch in Zukunft Erfolg bringen werden.
- Besonders auf die Entwicklung neuer, zeitgemäßer Stärken und Einzigartigkeiten ist dabei Bedacht zu nehmen.

Führung

- ist ein Prozess gegenseitigen Antriebs, der durch Kooperation menschlicher Persönlichkeiten die Verfolgung eines gemeinsamen Zieles initiiert, kontrolliert bzw. koordiniert.

Führungspersönlichkeit

- ist eine Persönlichkeit, die mit ihren Erfahrungen und Werten, Gefühlen und Einsichten andere bei der Verfolgung eines Zieles unterstützt, begleitet, leitet und kontrolliert.

Gemeindephilosophie

- enthält alle nutzbringenden Erkenntnisse, Erfahrungen und Zukunftsperspektiven der Bürger, Mitwirkenden, Mitarbeiter und Führungskräfte zur Führung unserer Gemeinde,

- enthält Visionen, Werte, Grundsätze, Organisationsrichtlinien usw.,
- entwickelt sich aufgrund des Erkenntnisgewinnes immer weiter,
- bleibt Teilwahrheit, da Menschen nicht alle Wirklichkeiten erkennen können,
- wenn sie zur absoluten Wahrheit erklärt wird und nicht mehr offen für Änderungen ist, so wird sie zur dogmatischen Ideologie,
- die Gemeindephilosophie zeigt unter anderem die angestrebte Organisationskultur.

Grundsätze

- Verhaltensweisen und Regeln, die es den Menschen ermöglichen, sich den Werten anzunähern oder Werte zu erhalten
  - z. B. Wert: Ehrlichkeit
  - Grundsatz: Sage nie die Unwahrheit.
- Um eine gewünschte Organisationskultur auch glaubhaft anzustreben, sind vor allem die Verantwortungsträger und die Führungskräfte verpflichtet, die vereinbarten Grundsätze beispielgebend einzuhalten. Sie heißen daher auch Führungsgrundsätze.

Leitbild

- Handlungsrichtlinien und Merksätze, abgeleitet vom Erfolgsweg (Gemeindephilosophie und deren Umsetzung). Das Leitbild geht auch auf die Beziehungen zu und zwischen den Interessenspartnern (Bürgern, Mitarbeitern, Mitwirkenden, Verantwortlichen, Führungskräften, Lieferanten, der Gesellschaft, der Umwelt usw.) ein.

Organisationsoptimierung

- Organisationsoptimierung bedeutet die Entwicklung von menschgerechten Strukturen, die zu höchster Effizienz und Lebensqualität führen; dabei ist eine Wechselwirkung zwischen Strukturen und Verhaltensweisen zu beachten.
- Organisationsoptimierung bedeutet aber auch, sämtliche Abläufe und Prozesse zu hinterfragen und zu optimieren.

Philosophie

Philo (griech.) = Freund, sophia (griech.) = Weisheit; Philosophie = Freund der Weisheit oder wie Ruppert Riedl sagte: „Philosophie ist die Liebe zur Wahrheit".

Strategische Planung

- Die strategische Planung ist die strukturiert geplante Zukunftsentwicklung unserer Gemeinde.
- Die langfristige Vorgehensweise bei der Umsetzung der Gemeindephilosophie unter Berücksichtigung der Realitäten im Tagesgeschäft wird aufgezeigt.

Struktur

- Hierarchisch gegliederte Organisationseinheiten

Vision

- Zukunftsperspektiven, die die Gemeinde, die Mitarbeiter, die Mitwirkenden, die Bürger und die Führungskräfte anstreben.
- Visionen sind nie ganz erreichbar, man kann sich ihnen nur annähern.
- Werden Visionen erreichbar, so werden sie zu Zielen.
- Rücken Visionen in unerreichbare Ferne, so werden sie zur Utopie oder zur Illusion.
- Visionen sind der Motor für Motivation und Hoffnung.
- Zukunftsperspektiven, die die Organisation, die Mitarbeiter und die Führungskräfte anstreben.

Vorhandene Organisationskultur

- ist der derzeitige Zustand einer Organisationseinheit im Bezug auf Aktivitäten, Beziehungen und Sinn
- entsteht durch die Aktivitäten in der Vergangenheit und die Projektion des Wollens in die Zukunft
- ist die von den Mitarbeitern und Führungskräften entwickelte Struktur, die für die konkrete Durchführung von Aufgaben zur Zielerreichung geeignet und notwendig erscheint.

Werte

- Zustände, die wir haben möchten oder erhalten wollen
  - wie z. B.: Freiheit, Gerechtigkeit, Sicherheit, Ordnung, Ehrlichkeit
- Die positive Wertung von Einzelelementen der Weltanschauung oder Weltsicht führt zu Werten.

- Die Weltanschauung enthält alle Sichten, Erkenntnisse, Erlebnisse und Erfahrungen.
  - Absolute Werte: Leben – Liebe – Wahrheit
  - Primärwerte: Freiheit – Ehrlichkeit – Gerechtigkeit
  - Sekundärwerte: Würde – Sicherheit – Ordnung – Geborgenheit

30. Stichwortverzeichnis

H

I

J

K

L

M